EXPOSITION UNIVERSELLE DE 1900

PUBLICATIONS DE LA COMMISSION
Chargée de préparer la participation du
MINISTÈRE DES COLONIES

LES
COLONIES FRANÇAISES

Introduction générale

PAR

J. CHARLES-ROUX
Ancien député
Délégué des ministères des Affaires étrangères et des Colonies

PARIS
AUGUSTIN CHALLAMEL, ÉDITEUR
Rue Jacob, 17
Librairie Maritime et Coloniale

1901

EXPOSITION UNIVERSELLE DE 1900

PUBLICATIONS DE LA COMMISSION

CHARGÉE DE PRÉPARER LA PARTICIPATION

DU MINISTÈRE DES COLONIES

COMMISSION

CHARGÉE DE PRÉPARER LA PARTICIPATION

DU

MINISTÈRE DES COLONIES

A L'EXPOSITION UNIVERSELLE DE 1900

PRÉSIDENT

J. CHARLES-ROUX, délégué des Ministères des Affaires Étrangères et des Colonies, à l'Exposition universelle de 1900.

VICE-PRÉSIDENT

Marcel DUBOIS, professeur à la Faculté des Lettres de Paris.

SECRÉTAIRE

Auguste BRUNET.

MEMBRES

Marcel DUBOIS Professeur à la Faculté des Lettres de Paris. Auguste TERRIER Secrétaire général du Comité de l'Afrique française.	Histoire du développement successif des Colonies françaises depuis 1800. — Voyages d'exploration, campagnes, traités, missions.
Camille GUY Chef du service géographique et des missions au Ministère des Colonies.	Evolution économique des colonies françaises. — Régime commercial, régime financier, régime agricole et minier dans les colonies. — L'agriculture, les mines, l'industrie, le commerce. — Les travaux publics, les voies de communication. — Les banques coloniales.
A. ARNAUD et H. MÉRAY Inspecteurs des Colonies	Organisation administrative, judiciaire, politique et financière des Colonies.

J. IMBART DE LA TOUR Auditeur au Conseil d'État	Régime de la propriété. — Domaine public et domaine privé. — Gestion et mise en valeur. — Droits des indigènes. — Concessions.
F. DORVAULT Ingénieur chimiste agronome Ancien chef-adjoint du cabinet du ministre des Colonies.	Régime de la main d'œuvre. — Historique : Esclavage ; Colonisation pénale. — Immigration.
Henri FROIDEVAUX Docteur ès-lettres Secrétaire de l'Office Colonial près la Faculté des Lettres de Paris.	L'œuvre scolaire de la France aux Colonies. — Histoire des progrès de l'instruction publique dans les Colonies. — Enseignement secondaire et primaire. — Instruction des indigènes.
Victor TANTET Bibliothécaire-archiviste au Ministère des Colonies.	L'Œuvre de la France aux Colonies perdues pendant le xixe siècle. — Survivance de l'influence française. — Louisiane. — Ile Maurice. — Saint-Domingue.
Henri LECOMTE Agrégé de l'Université Docteur ès-sciences	La production agricole et forestière des Colonies : Principales cultures. — Cultures nouvelles. — Exploitations forestières. — Situation agricole des Colonies et comparaison avec les colonies étrangères.

LES COLONIES FRANÇAISES

INTRODUCTION GÉNÉRALE

EXPOSITION UNIVERSELLE DE 1900

PUBLICATIONS DE LA COMMISSION
Chargée de préparer la participation du
MINISTÈRE DES COLONIES

LES
COLONIES FRANÇAISES

Introduction générale

PAR

J. CHARLES-ROUX

Ancien député
Délégué des ministères des Affaires étrangères et des Colonies

PARIS
Augustin CHALLAMEL, Éditeur
Rue Jacob, 17
Librairie Maritime et Coloniale

1901

NOS COLONIES
ET
L'EXPOSITION DE 1900

Par suite de circonstances résultant de l'organisation générale de l'Exposition et dont je n'ai pas à m'occuper ici, le Ministère des Colonies devint simple exposant dans la classe 113 : *Procédés de colonisation, groupe XVII.* Afin d'assurer dignement sa participation, M. le Ministre nomma une commission, chargée d'élaborer la série de travaux dont j'ai eu le grand honneur de diriger la publication et d'écrire la préface.

Étudier les questions fondamentales de la colonisation, envisager tout ce qui a pour but de peupler les colonies de Français immigrés, d'y mettre en valeur les richesses de tout ordre, d'y attirer les capitaux, d'y créer un outillage, d'y développer la civilisation, d'y retenir et d'y fixer les colons, d'y faire vivre côte à côte les Français et les indigènes ; prouver, l'histoire à la main, que les Français ont été de tout temps un des peuples les plus colonisateurs ; signaler leurs efforts constants pour reconstituer leur domaine colonial et les immenses progrès accomplis pendant le siècle et surtout sous la 3e République, tel est le vaste programme que la commission avait à aborder de front. Il me semble que les membres qui la composent ont su le réaliser grâce à leur dévouement, à la connaissance profonde des questions qu'ils avaient à traiter, et aux patientes recherches auxquelles ils se sont livrés.

Les travaux que la plupart des auteurs de ce grand ouvrage ont déjà publiés, et la notoriété dont ils jouissent, me dispensent de les présenter au public. Mais en lui donnant un aperçu de leurs livres, je tracerai, par cela même, le plan d'ensemble, les traits généraux de la collection tout entière. Je prendrai ensuite la liberté de donner mon opinion personnelle sur les principales questions que pose actuellement la mise en valeur de nos colonies.

Avant toute chose, il fallait relater les faits qui ont accompagné la formation et l'acquisition de notre empire colonial ; retracer les conquêtes, les occupations, les explorations, analyser les traités à la suite desquels nous avons établi notre domination sur d'aussi vastes territoires. C'est à MM. Marcel Dubois, professeur de géographie coloniale à la Sorbonne, et Auguste Terrier, secrétaire général du Comité de l'Afrique française, qu'incombait le soin de traiter cette partie historique de la collection.

MM. Marcel Dubois et Auguste Terrier exposent, dans

un volume intitulé : *Un siècle d'expansion coloniale française*, le développement de notre empire colonial de 1800 à 1900. Ils décrivent le domaine colonial au début du siècle, et montrent à la suite de quels efforts, de quelle persévérance, la France a acquis et étendu ses possessions d'outre-mer.

Ils ont adopté pour leur exposé une disposition nouvelle : chacun de leurs chapitres comprend deux parties, un texte où sont commentées les idées directrices de la politique coloniale à chaque époque du siècle, et des annexes apportant le récit des faits, campagnes, missions, négociations et traités. Il leur a paru qu'au temps de rigoureuse érudition où nous sommes, il n'était pas permis de faire une œuvre historique qui ne fût accompagnée de ses principales preuves. Car c'est bien une œuvre de science et non un simple récit, c'est une démonstration et non un panégyrique qu'ils étaient invités à faire à l'occasion de l'Exposition universelle. D'autre part une collection de documents et de cartes ne pouvait faire comprendre au lecteur même le plus exercé quelle avait été la continuité de la tradition coloniale française. Exposer les principales phases de l'expansion d'outre-mer de notre pays, c'est à la fois citer des faits et mettre en relief des idées. Le texte exprime les idées directrices dont se sont inspirés les artisans de la grandeur coloniale française ; les annexes montrent par quel labeur ingénieux et persévérant leur œuvre patriotique a pu être menée à bien, comment de l'idée ils ont passé à l'exécution, et du projet au succès.

Ils ont aussi été frappés d'une lacune que renferment presque tous les ouvrages traitant de l'expansion coloniale. Ils ont observé qu'on ne montrait pas assez souvent la répercussion directe de l'état de notre puissance navale et de notre richesse économique sur la nature propre de notre action au dehors. Bref, on se plaisait presque toujours à raconter des aventures d'outre-mer en oubliant comment les rejetons détachés de la métropole tenaient d'elle, à quelque distance qu'ils fussent replantés, certaines aptitudes et vertus bien particulières. Ils n'ont jamais perdu de vue la relation étroite et permanente qui existe entre la condition de l'organisme métropolitain et le caractère des éclosions coloniales.

Ce sont là des considérations qui viennent naturellement à l'esprit de l'historien qui a su lire attentivement, d'un œil philosophique et en se détachant des vaines querelles de partis, la suite remarquable des discussions parlementaires : il a été dépensé là beaucoup de savoir et de patriotisme, et les auteurs seraient bien ingrats de ne point rappeler qu'ils en ont recueilli le bénéfice et qu'ils ont largement puisé à cette source.

Il faut encore signaler que MM. Marcel Dubois et Terrier ont traité avec plus de détails les événements coloniaux du début du siècle que les faits contemporains. Ils ont pensé que leur œuvre serait plus originale, et plus instructive aussi, s'ils montraient la continuité de vues de la politique coloniale française sous l'Empire, la Restauration, la monarchie de Juillet et le second Empire, et ils ont particulièrement éclairé quelques faits capitaux de ces périodes : les idées de Napoléon Ier sur l'Inde et la mission du général Decaen dans l'océan Indien, la politique de réaction coloniale au début de la Restauration bientôt suivie de la reprise de la tradition, la campagne de Dupetit-Thouars dans l'océan Pacifique, l'œuvre de Clauzel en Algérie, les idées de Faidherbe, la politique en Indo-Chine sous le second Empire.

Pour la période contemporaine, ils n'ont pas cru devoir faire le récit détaillé des négociations, des conquêtes ou des missions que le public connaît pour les avoir suivies au jour le jour en ces dernières années. Mais ils ont montré le lien qui relie entre elles ces négociations, ces conquêtes, ces missions, de façon à mettre en relief, pour chaque groupe de possessions, le plan colonial de la France et les moyens employés pour le faire aboutir. Cette idée de coordonner à un plan d'ensemble ces missions, ces expéditions que leur multiplicité même, leur répétition nous ont empêché d'embrasser d'un coup d'œil général, est une des plus heureuses qu'ils aient eues. Ils ont tenu à honneur de justifier le titre de leur livre et d'y comprendre même la dernière année du siècle. C'est ce qui leur a permis de le terminer sur deux missions dont le souvenir est encore dans toutes les mémoires : l'une a traversé, du sud au nord, tout ce qui tombe sous notre domination ou sous notre influence en Afrique ; l'autre a traversé, de l'ouest à l'est, tout ce qui s'y trouve actuellement et tout ce qu'on espéra un instant y faire entrer. Dans ces deux traversées du continent africain, formant un angle droit sur la carte, on a reconnu les missions Foureau-Lamy et Marchand. On ne saurait fermer un livre sur deux pages plus glorieuses.

Après l'histoire proprement dite de nos colonies, devait venir leur histoire économique pendant le XIX° siècle, l'exposé des méthodes qui présidèrent à leur mise en valeur, le tableau des progrès réalisés dans leur exploitation et dans leur outillage. C'est ce que M. Camille Guy, agrégé d'histoire et de géographie, chef du service géographique et des missions au Ministère des Colonies, a fait dans un livre intitulé : *La Mise en valeur de notre domaine colonial*. L'histoire économique consistant principalement dans l'évolution des doctrines et des législations, dans les modifications subies par les conditions et les résultats du travail dans un pays déterminé. M. Camille Guy a été heureusement inspiré, selon moi, en n'adoptant pas la forme narrative, la division par époques qui ne convient qu'aux œuvres purement historiques. Dans une introduction consacrée à « l'évolution économique des colonies françaises de 1815 à 1900 », il a montré la répercussion exercée sur la situation de nos colonies par certains faits économiques d'une portée générale, tels que le percement de l'isthme de Suez et les traités de commerce de 1860 ; et par des événements d'un ordre plus particulièrement colonial, tels que la conquête de l'Algérie, envisagée au point de vue des routes de caravanes et du commerce africain, la crise sucrière de la Réunion, de la Martinique et de la Guadeloupe, la question de la traite des

nègres et de l'esclavage. Puis M. Guy prend une à une
les législations économique, financière, foncière, minière de nos colonies, et les étudie chacune en un chapitre spécial : il s'est efforcé de montrer l'évolution des
principes de législation, tout en discutant les régimes
en vigueur aux différentes époques du siècle. C'est en
quelque sorte une petite « rétrospective » qu'il organise
dans chacun de ces chapitres. Dans la seconde partie
de son livre, M. Guy étudie les ressources que notre
domaine colonial offre actuellement à l'activité des colons, et traite successivement de l'agriculture, des richesses minières, de l'industrie, de la pêche et du commerce. Dans chacun de ces chapitres il est obligé de
prendre, une à une, chacune de nos colonies, sous peine
de rester dans des généralités et de ne nous donner
qu'un vague aperçu de leur situation économique. Ici,
c'est un véritable cours de géographie économique,
auquel M. Guy se livre selon la meilleure méthode, celle
que son collègue M. Marcel Dubois exposait récemment
devant le congrès international de géographie commerciale. Enfin complétant l'étude des ressources naturelles
et industrielles de nos colonies par celle de leur outillage économique, M. Guy a traité, dans une troisième
partie, des voies de communication : voies terrestres,
voies fluviales, voies ferrées, communications télégraphiques et postales. Là encore, sous chacune de ces
rubriques, il a fait une étude particulière de chacune
de nos colonies : cette méthode me paraît avoir ce grand
avantage que, si le lecteur veut se renseigner sur l'état
des chemins de fer en Afrique occidentale, ou des fleuves

et canaux en Indo-Chine, il trouve ces renseignements rassemblés et coordonnés d'avance, au lieu d'avoir à les chercher en divers endroits. M. Guy termine par une étude des banques coloniales et de la question si complexe de la monnaie et du change. Dans ce tableau de l'outillage et de l'organisation économiques de nos colonies, M. Guy, ne perdant pas de vue l'aspect historique de son sujet, n'a pas négligé de mettre en regard le passé et le présent, d'indiquer, sans partialité ni parti pris, les progrès accomplis, ne se faisant pas scrupule de signaler, s'il y a lieu, la lenteur d'exécution de certains projets. J'aurai l'occasion de revenir sur quelques-unes des questions qu'il a traitées, mais ce ne sera pas pour corriger ce qu'il en a dit.

Après ces deux ouvrages, dont l'un est un ouvrage rétrospectif et l'autre un ouvrage de comparaison, entrons résolument dans le présent. Faisons un tableau d'ensemble des conditions administratives, politiques, judiciaires, financières, dans lesquelles vivent actuellement nos colonies, traçons en un mot le cadre dans lequel elles se meuvent. Ce soin a été confié à MM. Arnaud et Méray, inspecteurs des colonies, qui ont étudié *l'Organisation administrative, politique, judiciaire et financière;* les colonies régies par la loi et celles régies par décrets, l'administration des colonies dans la métropole; l'organisation administrative locale des colonies ou pays de protectorat; l'administration du personnel civil et militaire; l'organisation municipale des Antilles et de la Réunion et des autres colonies, ainsi que les municipalités d'Indo-Chine et de Madagascar; les conseils généraux et commissions coloniales; la représentation des colonies dans le parlement; le régime électoral et les délégations des colonies au conseil supérieur. Le titre III est consacré à l'organisation judiciaire et à la législation coloniale; le titre IV, à l'organisation financière, à la répartition des recettes et des dépenses entre le budget de l'Etat et les budgets locaux.

Dans ces trois ouvrages d'ensemble, l'étendue même de leur sujet empêche de serrer certaines questions de très près; aussi la commission a-t-elle pensé qu'il convenait de procéder à une étude particulière de chacune des grandes questions qui se posent au sujet de la mise en valeur des colonies, et ses membres se les sont réparties selon leur compétence spéciale.

M. Imbart de la Tour, auditeur au conseil d'Etat, a traité la question *domaniale et la constitution de la propriété aux colonies*, question doublement importante par l'étendue de ce domaine, et par le rôle qu'il est appelé à remplir. Il a étudié le domaine dans sa composition et dans sa mise en valeur. Le domaine, dans nos possessions, appartient-il à la colonie ou à l'Etat? Où finit le domaine public? Où commence le domaine privé? La solution rationnelle ne serait-elle pas dans le maintien d'une propriété consacrée par le temps, mais en rendant à la métropole tout ce qui intéresse la disposition ou l'utilisation des terres, seul point intéressant en ce qui concerne la colonisation? M. Imbart de la Tour définit les caractères du domaine public qui sont à peu près les mêmes que dans la Métropole, sauf l'extension de la domanialité aux cours d'eau non navigables ni flottables, et aux 50 pas géométriques (les 50 pas du roi). En abordant le domaine privé, M. Imbart de la Tour signale les difficultés pratiques que rencontre l'application de l'article 713 C. c. aux colonies, et il est naturellement amené à parler des droits des indigènes, jadis méconnus, mais qu'il faut aujourd'hui respecter. Il arrive enfin aux aliénations à titre onéreux ou gratuit, autrement dit aux concessions coloniales. Cette question est à l'ordre du jour, et bien que M. Guy l'ait également traitée, je donnerai tout à l'heure à son sujet mon opinion personnelle, en me plaçant à un point de vue essentiellement pratique.

M. Dorvault, ancien chef adjoint du cabinet du ministre des colonies, a traité *le Régime de la main-d'œuvre aux colonies*. Prenant pour point de départ l'état des anciennes colonies avant l'abolition de l'esclavage (Antilles, Guyane, Réunion, Sénégal, Gabon, Sainte-Marie de Madagascar), il a fait le dénombrement de la population libre et de la population esclave, avant d'étudier la grande œuvre de la république de 1848, l'abolition de l'esclavage. Passant ensuite aux autres colonies, il décompose les populations par races, en apprécie les aptitudes, ainsi que la proportion des travailleurs dans chaque colonie. Il compare les salaires des différents corps d'état à la date du premier, moyen et dernier recensement, avec les salaires des ouvriers des colonies étrangères et des ouvriers européens. Il jette enfin un coup d'œil sur les colonies pénitentiaires ; sur l'esprit de la loi du 30 mai 1854, relative à la transportation, et de la loi du 27 mai 1885 sur la relégation ; sur l'utilisation de la main-d'œuvre pénitentiaire et sur la colonisation pénale.

M. Froidevaux, agrégé de l'Université, avait pour mission de s'occuper de *l'Enseignement aux colonies*. Dans une introduction générale, il expose les rapports à établir entre les civilisations supérieures et les civilisations primitives ; les difficultés de l'œuvre, la nécessité de la pénétration lente et persévérante de la civilisation ; les divers modes d'action et le rôle particulier de la mission religieuse, dont il signale le caractère. Il définit le rôle de l'instituteur indigène et représente l'enseignement par la diffusion de la langue nationale, comme l'agent le plus actif de la colonisation. Dans son chapitre i, il fait le tableau sommaire de l'état des populations indigènes au commencement du xixe siècle, de l'organisation administrative de l'enseignement à ses divers degrés, des missions religieuses, de leur influence et de leurs rapports avec l'administration coloniale. Dans les chapitres ii et suivants, il étudie chacune de nos colonies au point de vue spécial de l'enseignement en s'appuyant sur les documents administratifs, les rapports des autorités scolaires, les relations de voyages et des documents divers. Il conclut par une vue d'ensemble sur l'œuvre scolaire aux colonies, sur les difficultés surmontées, les résultats obtenus et les perspectives d'avenir. Des tableaux statistiques, les principaux arrêtés et décrets régissant la matière, figurent en appendice.

L'importance toujours croissante que prend l'agriculture aux colonies a engagé M. le Ministre à prier M. Lecomte, professeur au Lycée Saint-Louis, de traiter cette difficile question.

M. Lecomte a donc résumé la marche et les conditions générales de la production coloniale, prise dans son ensemble. Il s'est efforcé de montrer que l'agriculture peut donner à certaines de nos colonies une activité qui leur fait défaut, et passant en revue l'exploitation forestière, la production du caoutchouc et des gommes, la culture de la canne à sucre, du café, du cacao, de la vanille, du thé, du riz, des fruits, du coton, du jute, etc., etc....., il a relaté les tentatives réalisées dans chaque colonie. L'auteur a, de parti pris, considéré les résultats généraux plutôt que les efforts isolés, et c'est surtout par des statistiques qu'il a montré le chemin parcouru et qu'il a fait voir ce qui reste à faire. Des comparaisons avec les colonies étrangères permettent d'apprécier ce qu'il est possible de réaliser avec un peu de persévérance. Enfin, M. Lecomte remarque que, si on tire de nos colonies du sucre, du riz, de la vanille, du poivre en assez grande quantité, elles ne produisent qu'une minime proportion du café, du cacao et du thé que nous consommons, qu'elles ne fournissent à notre industrie ni coton, ni jute. Il démontre par des statistiques qu'une notable portion des exportations de nos colonies de la côte occidentale d'Afrique sont dirigées vers les pays étrangers, et que, non seulement le coton des États-Unis et le jute des Indes sont amenés dans nos ports par des navires étrangers, mais même le sucre de la Guadeloupe nous parvient souvent par la même voie. L'auteur trouve que ces constatations sont peu flatteuses pour notre amour-propre national, et il se demande si nous avons fait ce que nous devions pour la prospérité de notre commerce en général, et du commerce colonial en particulier. Il ne paraît pas le penser, car dans les conclusions de son travail, tout en rendant justice aux efforts poursuivis, tout en montrant les inconvénients de la monoculture fatale à nos anciennes colonies, il indique ce que l'on pourrait tenter, et en particulier l'aide puissante que l'on trouverait dans une forte organisation des jardins d'essais des colonies, et dans la création ou l'amélioration des voies de communication.

Je reviendrai moi-même, dans la seconde partie de cette introduction, sur quelques-unes des questions traitées par ces Messieurs, mais je m'empresse de rendre hommage à la manière dont ils les ont exposées.

Il restait, pour compléter l'œuvre entreprise par la commission, à montrer les traces que la France a laissées dans celles de ses colonies qui lui ont été enlevées. La tâche de M. Tantet, bibliothécaire-archiviste au Ministère des colonies, était à la fois la plus douce et la plus pénible, car il devait faire l'*Histoire de nos Colonies perdues*, remuer de glorieux et d'amers souvenirs. Passant en revue les colonies que la France possédait en 1800, et dont elle a été dépossédée au cours du XIXᵉ siècle, — la Louisiane, l'île de France, Saint-Domingue, — M. Tantet s'est attaché à faire voir les adhérences de ces colonies à la Mère-Patrie au moment de leur séparation, et a retracé l'œuvre accomplie chez elles par la France à la même époque. Il a suivi ces anciennes possessions dans leur développement, soit autonome, soit sous une domination étrangère, pour y constater la persistance de l'influence française ; il a noté enfin ce qui reste, en 1900, de notre race, en retrouvant soit dans les institutions, soit dans les monuments, soit surtout dans la langue parlée ou écrite, la survivance du génie français. Par là, M. Tantet a montré que notre peuple, auquel on a dénié le génie colonisateur et l'esprit de suite, a su laisser sur ses possessions coloniales une empreinte si profonde et si durable, qu'on la reconnaît visiblement après un siècle de séparation entre la Mère-Patrie et ses anciennes colonies. Tenu de se renfermer strictement dans les limites du XIXᵉ siècle, dont il devait comparer, pour ainsi dire, les deux extrémités coloniales, M. Tantet n'a malheureusement pu jeter qu'un rapide coup d'œil sur le Canada, dans une annexe de son livre. L'éloge de la vitalité qu'atteste la race française au Canada n'est plus à faire : mais les preuves n'en sont jamais inutiles ni désagréables à recueillir, et je tiens à en citer au moins deux. La première nous est fournie par le discours prononcé à l'Académie française par M. Gaston Boissier, dans la séance du 23 novembre 1900.

« Pourquoi ne dirais-je pas l'émotion que nous avons éprouvée lorsqu'un jour, parmi les livres qui nous viennent d'un peu partout, nous en avons trouvé un qui portait pour épigraphe ces mots : « A la France, à la Mère-patrie, ce livre est dédié. » Il nous arrivait du Canada. A Montréal, la vieille capitale, dans le château de Ramezay, où résidèrent M. de Montcalm et M. de Lévis, quelques amis des bonnes lettres se réunissent une fois par semaine. Ils viennent y cultiver en commun le seul bien que nous leur ayons laissé, quand nous les avons si misérablement abandonnés : notre langue. Ils s'entretiennent ensemble, ils lisent les ouvrages qui leur viennent de chez nous, et quelquefois ceux qu'ils ont faits eux-mêmes. D'un choix de ces lectures, ils ont composé un volume qu'ils appellent *les Soirées du château de Ramezay*, et, en nous l'envoyant, ils réclament notre indulgence. « Les fleurs sacrées des bords de la Seine, disent-ils, que nous voulons cultiver ici, ont à souffrir de la neige et des grands vents ; pourtant, si elles sont chétives, l'espèce en est bonne, elles s'acclimateront ; nous verrons à ce qu'elles ne meurent pas. » Certainement, elles ne mourront pas. Ceux qui les soignent sont des gens d'esprit, qui ne les laisseront pas périr. Applaudissons, Messieurs, à ces efforts d'une race énergique et fidèle pour conserver son idiome, qui fait sa nationalité, et qu'à travers l'Océan la vieille France envoie ses encouragements et ses souvenirs à cette France lointaine. »

Le second exemple est un témoignage qui émane des Anglais eux-mêmes. C'est l'article suivant, que la *Saint-James's Gazette* n'hésite pas à attribuer à la signature d'un Canadien français :

« Entourés de tous côtés par une population de langue anglaise, dit-il, les Canadiens français, après un siècle et demi d'administration anglaise, sont, dans leur manière de penser et de sentir, dans leurs aspirations et leur génie, plus profondément Français qu'ils ne l'ont jamais été.

Lentement et graduellement, mais sûrement et fortement, s'est déjà développée sur ce sol anglais une population aussi éloignée de tout ce qui est anglais, que les Boers l'étaient au début des hostilités. On peut multiplier les exemples prouvant que les Canadiens de langue française ne sont pas Anglais, et qu'en cas de guerre entre l'Angleterre et la France il y aurait au Canada 1,500,000 sujets, nominalement anglais, qui tous en secret, sinon ouvertement, seraient hostiles au drapeau auquel ils doivent fidélité.

Il est parfaitement connu que sir Wilfrid Laurier a dû être poussé, l'épée dans les reins, par ses partisans anglo-saxons, pour consentir à envoyer un contingent au Transvaal.

Sans doute, on ne peut pas nier que, dans quelques cas, certains Canadiens français, doués d'une intelligence supérieure, sont devenus sincèrement anglais au contact des autres sujets britanniques; mais ils sont l'exception; la grande masse est française et antianglaise, mais elle est assez politique pour cacher ses animosités, afin de profiter des faveurs officielles. D'un bout à l'autre de la province de Québec, elle est en sympathie avec les Boers.

Pour un drapeau anglais arboré par les Français au Canada, on voit vingt drapeaux tricolores.

Voilà ce qui résulte de la survivance de la langue française. La concession faite aux Canadiens d'employer le français retarde les progrès du Canada.

Montcalm, quelques jours avant sa mort, écrivait : « La perte du Canada sera un jour plus avantageuse à la France qu'une victoire ; l'Angleterre y trouvera sa tombe ; son agrandissement la conduira à la ruine. » Montcalm a-t-il prononcé des paroles prophétiques? Quoi qu'il en soit, le résultat de la générosité de l'Angleterre envers les Canadiens français, loin d'être un exemple encourageant pour le maintien de la langue hollandaise en Afrique, est, au contraire, le plus puissant argument pour supprimer, coûte que coûte, l'emploi officiel de la langue hollandaise.

C'est le moment de le faire. Il faut éviter une fausse sentimentalité, qui infligerait aux générations futures des Anglais en Afrique les difficultés formidables dont souffrent actuellement les Canadiens anglais. »

Aucun témoignage ne saurait faire plus d'honneur aux Canadiens français, ni inspirer plus de fierté à leurs frères de France, qui, eux aussi, doivent tirer un enseignement des résultats signalés dans cet article : c'est que l'usage de leur langue nationale est le meilleur garant du maintien de leur influence.

De l'Inde, M. Tantet n'a rien cru devoir dire, parce que la domination française n'a imprimé dans cet empire aucune des traces qu'on relève au Canada. Ce n'est pas à dire qu'elle n'en a pas laissées. Ainsi que l'a très justement écrit M. Alfred Rambaud (1), « dans les régions où nous avons pénétré en conquérants et où nous n'étions qu'une minorité imperceptible au milieu de masses énormes de population indigène, dans l'Hindoustan, par exemple, rien n'a subsisté de nous, après que notre domination y eut pris fin. L'Inde est restée l'Inde, après que le drapeau français eut fait place au drapeau britannique. Le fond même de la vie indoue est resté intact et, le jour où la domination anglaise disparaîtrait de ces contrées, elle n'y laisserait pas plus de traces que la nôtre. »

Tâchons donc de préciser en quoi consiste l'héritage

(1) *La France Coloniale* — Histoire — Géographie — Commerce. Paris, Armand Colin et Cⁱᵉ, édition 1895.

de la France aux Indes? Il consiste dans la méthode coloniale, dans les procédés de conquête et de domination que les Anglais ont appliqués et appliquent encore. Ces procédés, ils les tiennent de Dupleix, qui les avait lui-même appris de ses prédécesseurs, les Martin, les Lenoir et les Dumas. L'historien anglais Seeley a soutenu cette thèse, que la conquête de l'Inde par les Anglais n'était pas à proprement parler une conquête, mais une révolution intérieure, la substitution du pouvoir d'un souverain local, la Compagnie anglaise des Indes, à celui de plusieurs dynasties indigènes. Si le gouvernement de Louis XV avait laissé faire Dupleix, s'il lui avait accordé le très faible appui dont il avait besoin pour affermir sa domination et ruiner à jamais la Compagnie anglaise, la conquête de l'Inde par les Français eût aussi été une révolution intérieure. Dans la manière dont Dupleix dominait l'Inde, par l'intermédiaire de princes hindous, auxquels il avait imposé sa suzeraineté, il y a plus qu'une première ébauche d'un système qui a fait son chemin, depuis le xvIII^e siècle, le système du *protectorat*. On voit par là ce que la France a laissé d'elle-même dans l'Inde : pour n'être pas matériellement sensibles, de telles traces n'en sont pas moins importantes et honorables.

Je viens de résumer rapidement l'œuvre poursuivie par la commission. Le but spécial de mes honorables collègues a été de donner un aperçu général de l'œuvre colonial du siècle, d'en faire la démonstration historique et scientifique, la preuve *par le livre*, tandis que les expositions contenues dans les pavillons réservés à chacune de nos possessions, en constituaient *la preuve par l'aspect*.

J'ai pensé que les travaux de la commission, d'ordre forcément général, seraient utilement complétés par des notices, illustrées et à bon marché, dont les commissaires ou les comités locaux de chacune de nos colonies ont bien voulu se charger de fournir les éléments.

De cette façon, les visiteurs de l'exposition, français et étrangers, ont pu, à peu de frais, se constituer une bibliothèque coloniale complète.

Il restait à faire la synthèse de l'œuvre colonial et nous avons essayé de procéder à cette troisième démonstration dans le Palais réservé au Ministère, dont nous avons converti une portion en panthéon réservé aux hommes d'Etat, aux généraux, aux explorateurs civils et militaires, aux missionnaires laïques et religieux qui ont consacré leur vie à cette noble cause et l'ont souvent sacrifiée pour elle. Nous nous sommes acquittés de ce devoir avec un complet éclectisme, puisque le buste du cardinal Lavigerie avoisinait la statue de Jules Ferry, que les noms du duc d'Aumale, du prince Henri d'Orléans et du duc d'Uzès étaient gravés à côté de celui de Paul Bert. Nous avons voulu, sans aucune arrière-pensée politique ou religieuse, rendre hommage à tous les hommes qui ont collaboré à l'œuvre colonial.

Un volume spécial est consacré au Palais du Ministère et contient non seulement la monographie du palais élevé par M. Scellier de Gisors, mais des renseignements détaillés sur les principaux services du Ministère des colonies : *service géographique et des missions*, par M. Antony ; *office colonial*, par M. Noufflard ; *service des postes, télégraphes et câbles*, par M. Laurent ; *école coloniale*, par M. Morel ; *jardin colonial*, par M. Dybowski ; *hygiène coloniale*, par M. le docteur Kermorgant ; le *musée colonial de Marseille*, par M. le docteur Heckel. M. Terrier a bien voulu y joindre un chapitre très documenté sur les *Auxiliaires de la colonisation ;* M. Max Choublier, sur l'*Ecole internationale de l'Exposition* et M. Vivien sur la *Presse coloniale*.

Nous espérons ainsi avoir parcouru le vaste champ qui s'ouvrait devant nous.

On m'a reproché, à l'occasion des notices concernant chaque colonie, le manque d'unité dans l'aspect extérieur et la couverture, le papier et les caractères, les illustrations et la division du sujet.

J'eusse certainement préféré pouvoir imposer à MM. les commissaires un type unique et un seul éditeur, comme nous l'avons fait pour les six volumes de la commission qui ont été édités par M. Challamel. Je n'étais malheureusement pas en mesure d'imposer ma volonté, par l'excellente raison qu'aucun crédit n'avait été prévu sur le budget primitif de l'Exposition coloniale pour ce travail, et que chaque colonie a dû prendre à sa charge les frais de publication de sa notice. Il était donc naturel que chacune agît d'après ses ressources et choisît l'éditeur qui lui faisait les meilleures conditions. J'ai dû me borner à prier MM. les commissaires d'adopter le format in-octavo.

Quant à l'unité dans la division du sujet et au développement à lui donner, j'avoue que je n'y ai pas tenu, et que je me félicite d'avoir laissé à chaque comité local et à chaque commissaire la faculté d'insister sur les points qui leur paraissaient les plus intéressants et les plus neufs.

Le Sénégal-Soudan a publié trois volumes : le premier consacré à une notice générale sur l'agriculture, le commerce et l'industrie ; le second sur l'organisation politique, l'administration, les finances et les travaux publics ; le troisième sur l'ethnographie, par M. le docteur Lasnet, médecin de 1re classe des colonies, la botanique par M. Aug. Chevalier, licencié ès-sciences, la zoologie par M. A. Cligny, docteur ès-sciences, et la géologie par M. Pierre Rambaud, licencié ès-sciences. Ces quatre savants ont composé leur volume à la suite d'une mission qu'ils ont brillamment remplie en 1899-1900.

La notice sur la Nouvelle-Calédonie a été rédigée par les soins de l'Union agricole calédonienne, avec la collaboration de spécialistes connaissant à fond la localité et y ayant longtemps séjourné, tels que MM. Caulry, Bernier, Escoudé, Camouilly, L. Colardeau, etc. et il était difficile d'espérer un travail à la fois plus sérieux, plus instructif et plus facile à lire.

Le Dahomey a publié deux notices : l'une par M. Fonssagrives, administrateur des colonies, secrétaire général par intérim au Dahomey, sous la direction de M. Pierre Pascal, gouverneur par intérim. Cet ouvrage a une sorte de caractère officiel, et s'attache à faire surtout ressortir le développement économique et commercial de la colonie, et les espérances que nous sommes en droit de former pour l'avenir. M. Brunet, commissaire-adjoint, a rédigé la sienne dans une forme plus littéraire, et a précisément insisté sur les points que M. Fonssagrives avait laissés dans l'ombre. Ces deux travaux, loin de faire double emploi, se complètent l'un par l'autre.

Mais pourquoi, me dit-on, deux volumes pour le Dahomey, trois volumes pour le Sénégal-Soudan, quand un seul est consacré à l'Indo-Chine? Vous n'avez tenu aucun compte de l'importance relative de chaque colonie. C'est vrai; mais j'avoue qu'en pareille matière, la symétrie et un juste dosage ne me paraissent pas nécessaires.

Je regrette de ne pouvoir passer en revue les dix-huit notices de nos dix-huit colonies, mais chacune a son originalité et je tiens à rendre hommage à la bonne volonté de tous les commissaires, et aux sacrifices que la plupart se sont imposés pour les illustrer et les accompagner des cartes les plus récentes.

Si nous avions enfermé les comités locaux et les commissaires dans une formule, nous aurions entravé leur esprit d'initiative. Nous aurions eu de nombreuses rééditions de tout ce qui a été déjà écrit, nous nous serions privés d'une foule de renseignements inédits qui me paraissent infiniment plus intéressants que de froides réponses à un questionnaire administratif.

Si le français est encore parlé par cinquante-huit millions

d'individus, l'allemand est parlé par quatre-vingt millions, l'anglais par cent seize millions. La proportion était inverse au siècle dernier. L'idée de ce rétrécissement de l'action française dans le monde est pour nous bien mélancolique.

Répandre notre langue, c'est répandre le génie et l'influence de notre patrie.

Ainsi s'exprimait M. Jules Lemaître, dans la séance de l'Académie française du 23 nov. 1900. La nécessité de propager notre langue est une de celles qui a été le plus vite et le mieux comprise par nos coloniaux. L'utile et active institution qui s'appelle *l'Alliance française* a tout de suite vu quel vaste champ d'action elle avait dans notre domaine colonial, et je ne peux effleurer ce sujet sans rendre hommage aux immenses résultats qu'elle a déjà atteints. Je n'entreprendrai cependant pas de les décrire, mais je veux au moins signaler le beau livre que son président, M. P. Foncin, a publié à l'occasion de l'Exposition, sous le titre *La Langue française dans le monde*. On y trouvera l'exposé simple, mais éloquent, des titres qui ont valu à l'Alliance française un grand prix bien mérité.

Parmi les nombreux sujets d'observations que le séjour en France des indigènes nous offrit, j'en connais peu d'aussi intéressants que l'expérience tentée suivant la méthode Berlitz. Un honorable représentant de cette école vint un jour me trouver, et me proposa d'expérimenter sa méthode sur nos indigènes, en présence du public, dans un pavillon construit à cet effet. Je lui concédai le terrain nécessaire pour élever son pavillon. D'abord celui-ci resta vide d'élèves ; les indigènes, à peine arrivés, étaient occupés à l'installation de leurs expositions respectives, construisant des huttes, montant des métiers, organisant des ateliers. Ses premiers clients furent les jeunes enfants d'une école communale du quartier. Enfin, les travaux des indigènes étant terminés, les commissaires purent en envoyer quelques-uns à l'école Berlitz. L'Alliance française s'était chargée de l'instruction des Malgaches : elle partagea avec son nouveau concurrent les Sénégalais et les Dahoméens. Pour faire connaître les résultats, je laisse la parole au Directeur de l'école de l'Exposition : « Les Sénégalais ont suivi régulièrement, tous les jours, leur cours de français, et plusieurs d'entre eux parlent maintenant couramment. Ils ont pu traiter leurs petites affaires dans notre langue, et ils sont retournés dans leur pays y porter le goût de la langue française, qu'ils ont tous du plaisir à parler. Nous nous sommes attachés à les faire parler aussi correctement que possible, mais ils ont une difficulté énorme à conjuguer, et ceux qui savaient quelques mots ne pouvaient s'empêcher de nous tutoyer. Les Dahoméens étaient moins cultivés et ont eu plus de difficulté au début. Malheureusement ils ne pouvaient venir que trois fois par semaine, et il y a eu tellement de fêtes, où ils formaient la garde d'honneur, qu'ils ont manqué bien des leçons. » L'expérience aurait pu être plus complète, je suis le premier à le reconnaître : mais sa valeur n'en est pas diminuée. Pour moi, je garderai un souvenir très vivace de cette distribution des prix de la méthode Berlitz, où nous fûmes harangués en français par des nègres, qui ne connaissaient pas un mot de notre langue trois mois auparavant, et en anglais par un sergent de ville, à qui cet idiome n'était certainement pas familier avant l'Exposition.

Je disais tout à l'heure que les indigènes venus à Paris pour figurer à l'Exposition étaient une inépuisable matière à observations : dans l'exercice de leur art ou de leur métier, tout d'abord.

Les quatre palais et les divers pavillons constituant l'exposition indo-chinoise ont été en partie décorés par des ouvriers indigènes (Cambodgiens, Annamites, Laotiens et Tonkinois) qui arrivèrent à Paris dès le commencement d'octobre 1899 et, à mon grand étonnement, supportèrent assez bien la température très froide que nous avions à ce moment. Il y avait des peintres, des doreurs, des charpentiers, des mouleurs, et leur nombre s'élevait à 53. Tous ces ouvriers se montrèrent d'un caractère doux et soumis, et, bien avant l'ouverture de l'exposition, le public suivait avec curiosité leurs travaux, soit qu'ils fussent occupés à tracer des arabesques d'or sur la laque rouge des colonnes du palais de Co-loa, à sculpter des dragons sur les toitures, à décorer la charpente de la pagode des Bouddhas sur le Pnôm, ou à monter les huttes du village laotien. Leur habileté est incontestable, mais leur nonchalance native et leur placidité au travail s'accordent peu avec la hâte qu'imposent les travaux d'exposition. Aussi, pour être prêts en temps opportun, le concours d'ouvriers parisiens ne leur a-t-il pas été inutile.

Ils furent remplacés en avril par 35 ouvriers (brodeurs, incrusteurs, laqueurs, éventaillistes, tisserands, bijoutiers, qui travaillaient sous les yeux du public et auraient certainement produit beaucoup plus d'ouvrage, si les maisons dans lesquelles ils travaillaient s'étaient trouvées plus vastes et n'avaient pas été du matin au soir entièrement envahies par la foule. Quant aux troupes indo-chinoises, elles étaient représentées par 1 phoquan, 1 doi de 1re classe, 1 doi de 2e classe, 1 cai de 1re classe, 1 cai de 2e classe, et 12 miliciens ou linhs de la milice tonkinoise, 1 doi de 2e classe, 1 cai de 2e classe et 12 miliciens de la milice laotienne, soit en tout 31 troupiers sous le commandement de M. Créach, inspecteur de la milice au Tonkin. Ces détachements de garde civile ont contribué, pendant toute la durée de l'exposition, au service d'ordre des différents pavillons de l'Indo-Chine, et ils ont été d'une conduite et d'une tenue exemplaires, dans l'enceinte de l'exposition.

Comme le règlement général interdisait de faire coucher les indigènes, quels qu'ils fussent, dans les palais ou pavillons, nous avions fait aménager pour les Indo-Chinois, un vaste local à Passy, rue du Docteur-Blanche, où ils se rendaient dès la fermeture. Chaque ménage y avait sa chambre; les célibataires couchaient en dortoir, et des cuisinières indigènes préparaient leur nourriture. D'après nos observations et les renseignements qui nous ont été fournis, les mœurs des Indo-Chinois sont assez légères, et le concierge de la rue du Docteur-Blanche éprouvait quelque peine à faire respecter la consigne et à les empêcher de sortir le soir. Ils étaient très friands des représentations théâtrales, des cafés-concerts, et des promenades dans Paris, plus encore la nuit que le jour.

Un rédacteur du *Temps* a noté, au sujet des ouvriers du Sénégal-Soudan, quelques remarques très justes, et les a trop bien présentées pour que j'y change un mot.

Devant le palais du Sénégal et du Soudan, des boutiques indigènes attirent les curieux. Des orfèvres, des brodeurs nous y vendent les marchandises qu'ils fabriquent. On dit qu'ils ont été choisis, à Saint-Louis, à la suite d'un concours parmi les plus habiles. En tout cas, regardez-les en passant et, à voir leur haute stature, leurs formes pleines et vigoureuses, leur visage intelligent, vous jugerez par vous-même que nous possédons dans quelques-unes des races de ces deux colonies les plus beaux types de l'espèce noire. Elles ont des qualités diverses, les unes préférant le commerce à l'agriculture, mais toutes ont des qualités; les Toucouleurs et les Bambaras nous fournissent ces incomparables tirailleurs avec lesquels nos officiers nous ont taillé un si large morceau dans l'Afrique. Vous vous rappelez, en voyant là leurs frères, les survivants de la mission Cazemajou à Zinder. La ville a plusieurs milliers d'habitants ; ils étaient une trentaine, et ils osèrent sommer la ville de leur rendre les restes de leurs chefs massacrés.

Vous pouvez remarquer aussi ce qu'il y a d'un peu insolent dans l'air d'assurance répandu sur toute leur physionomie. C'est là un défaut commun à tout l'Islam. Les musulmans ne connaissent pas les toujours renaissantes inquiétudes qui tourmentent les âmes chrétiennes ; ceux qui observent les cinq prescriptions de leur religion tiennent leur salut pour absolument certain. Ils se sentent les élus de Dieu, et cette conviction leur inspire un orgueil qui se traduit chez les nègres d'une façon inouïe. Un Toucouleur obéit avec discipline à son chef blanc ; il reconnaît sa supériorité dans la vie pratique ;

mais, dans le repli le plus secret de son âme, il se croit cependant d'une autre essence que lui : il ira en paradis et le blanc n'ira point. Vous démêlerez aisément ce sentiment dans la mine suffisante du marchand nègre qui essayera de vous arrêter à la porte de l'Exposition.

En comparant les objets indigènes exposés par le Dahomey, la Côte d'Ivoire et la Guinée, avec ceux qu'exposent le Sénégal et le Soudan, vous vous rendrez compte que, si les races de ces deux dernières colonies sont parmi les plus belles de l'Afrique noire, elles sont aussi les plus civilisées, ce qui s'explique parce qu'elles sont plus voisines des Arabes qui leur ont apporté leur religion et la plupart de leurs industries. Elles savent travailler la terre, le fer, les métaux précieux, le cuir. Leurs bijoux sont d'une finesse rare. Elles savent brocher et broder les étoffes et les teindre de nuances très variées.

Mais, en dehors des observations qu'un moment d'attention pouvait révéler au public, les rapports qui m'ont été adressés par les commissaires et par les médecins de chaque colonie m'ont signalé un certain nombre de faits à peu près ignorés. Disons d'abord que, d'une manière générale, l'état sanitaire des indigènes a été excellent, malgré les inquiétudes que pouvait inspirer leur acclimatation, et grâce aux précautions qui ont été prises pour leur assurer les meilleures conditions d'hygiène. Chaque colonie s'était efforcée d'envoyer à Paris des spécimens de toutes les races qu'elle contient et de tous les métiers industriels qui sont exercés par ses habitants. C'est ainsi, par exemple, que les 140 Tunisiens, qui figuraient à l'Exposition du protectorat, contenaient des spécimens des trois races musulmanes, Berbères, Maures, descendants des Turcs, ainsi que de la race juive. Les 37 corps de métiers qu'on voit à Tunis dans les « souks » étaient tous représentés dans le bazar, où l'on voyait chaque individu exercer sa profession respective. Ces indigènes ont presque tous retiré de la vente de leurs produits un bénéfice suffisant pour vivre, et assez rond, même pour quelques-uns. De leur part, nul perfectionnement professionnel à espérer comme suite de leur séjour à Paris. « L'artisan tunisien, — m'écrit le commissaire de la Régence (1), — n'ayant aucun point de ressemblance dans ses procédés de travail avec la main-d'œuvre des pays d'Europe, il lui est impossible de s'inspirer de ce qu'il a vu de l'industrie française, pour le perfectionnement de son art. C'est la routine qu'on lui a enseignée qu'il se borne à suivre la plupart du temps. » Parmi les vingt-deux Sénégalais, dont un rédacteur du *Temps* vantait la belle prestance et l'adresse, étaient représentées aussi les deux principales races de la colonie : les Ouolofs et les Bambaras, les premiers plus robustes, mieux découplés, les traits plus fins que les seconds ; les uns et les autres musulmans de religion, mais avec un fond de superstition innée, reconnaissable aux gris-gris qu'ils portent aux mains, aux pieds, au cou et à la ceinture. Parmi les Dahoméens, choisis selon les mêmes principes ethnologiques, il y avait des gardes civils et des artisans, les premiers témoignant aux seconds un certain mépris, qui résultait sans doute des fonctions de police dont ils étaient in-

---

(1) M. le docteur Loir.

vestis, et des deux ou trois campagnes qu'ils avaient presque tous faites au service de la France. Les artisans devaient inscrire sur un registre particulier tout ce qu'ils avaient vendu, non seulement pour se rendre compte de ce que leur métier pouvait leur rapporter, mais aussi pour surveiller l'emploi qu'ils faisaient de leur argent. L'administration voulait ainsi mettre les Dahoméens en garde contre leur propre générosité, et leur permettre de rapporter au pays un petit pécule. Les seuls d'ailleurs qui aient fait des affaires assez sérieuses sont les bijoutiers, auxquels le public fit des commandes et des achats importants. Quant aux femmes de tout ce monde, elles passaient leur temps dans l'oisiveté, fumant la cigarette, jouant quelquefois avec leurs maris aux cartes et à une sorte de tric-trac, où les pions sont remplacés par des pierres, ou bien chantant avec eux, accompagnées par des tams-tams.

Les personnes qui ont observé de près les indigènes d'Afrique, pendant leur séjour en France, ont confirmé cette assertion, déjà émise, que les plus réfractaires à la civilisation sont les Musulmans. Tandis que les fétichistes et les chrétiens — ce sont là les trois catégories entre lesquelles se partagent les âmes nègres — paraissent s'assimiler facilement nos mœurs et nos coutumes, les Musulmans s'efforcent de rester en dehors. On pourrait voir chez eux un parti-pris évident. « Les premiers s'accommoderaient très bien de nos vêtements européens, qu'ils portent avec orgueil, — m'écrit le docteur chargé des Dahoméens, — tandis que les seconds tiennent à leurs pagnes et surtout à leurs turbans. »

Il y avait, du reste, fort peu de chrétiens parmi nos sujets de la côte occidentale d'Afrique. Presque tous étaient fétichistes ou musulmans, et l'ardeur des missionnaires musulmans est telle qu'ils les avaient suivis jusqu'à Paris pour les catéchiser. Ils venaient les haranguer au sein même de l'Exposition et étaient toujours accueillis par eux avec autant d'empressement que de respect. On m'a même assuré que plusieurs fétichistes se sont convertis à la foi musulmane. Au risque d'être accusé de cléricalisme, et en bon colonial, j'avoue que j'eusse préféré les voir se faire chrétiens.

Quant aux Malgaches, la superstition est un des caractères communs à leurs différentes peuplades. « L'ensemble de l'île est fétichiste, — m'écrit M. Jully, délégué technique de Madagascar. — Au centre même d'action des diverses missions qui se sont succédées à Madagascar depuis 1820, dans la ville de Tananarive, les cérémonies fétichistes étaient encore pratiquées il y a peu de temps. Dans l'Imérina comme dans le Betsiléo, chez les Sakalaves comme chez les Betsimisarakas, les « ody » ou amulettes destinées, soit à corriger le mauvais sort, soit à protéger le propriétaire contre les calamités qui peuvent frapper l'homme, ont la même importance. Les pierres, les arbres, les sources et les montagnes consacrées se retrouvent partout ; partout aussi le culte des morts préoccupe les vivants. » J'ignore comment les Malgaches convertis par les missions catholiques et protestantes concilient cette superstition native avec leurs nouvelles croyances : ceux que la colonie avait envoyés à l'Exposition n'en ont pas moins pratiqué leurs divers cultes avec un zèle louable. C'est ce dont se félicitait récemment le *Bulletin des Missions luthériennes à Madagascar.*

Sur les 124 Malgaches (miliciens, artisans et musiciens), que l'on a pu voir au pavillon de Madagascar, il se trouvait 36 protestants de différentes dénominations. On a pu organiser pour eux un culte dans leur langue le dimanche, à 8 heures du matin, au temple de Passy ; ce culte a été présidé par différents pasteurs ou missionnaires de Madagascar se trouvant de passage à Paris : pendant deux dimanches même, en l'absence de tout pasteur, les assistants, munis de leurs cantiques et de leurs bibles, ont célébré le culte entre eux ; leur nombre a varié de 12 à 15, les exigences du service ne leur permettant pas de s'absenter tous ensemble (1).

Le Comité des Missions luthériennes se fait sans doute de grandes illusions, car je crois qu'il n'y a pas de peuple moins religieux, dans la véritable acception du mot, que les Malgaches. Ils vont très volontiers à l'église ou au temple ; ils y passent de longues heures confortablement assis à l'ombre, à entendre des *Kabarys*, à chanter des cantiques, occupations essentiellement conformes à leur goût. Quant à leur conviction religieuse, quant à leur foi dans la religion chrétienne, elles sont fort discutables, et la guerre que se font les religions catholique et protestante n'est pas faite pour les consolider.

Le nombre et la diversité des Malgaches a permis à des spécialistes de se livrer sur eux à des observations,

(1) *Bulletin du Comité auxiliaire des Missions luthériennes à Madagascar.*

ou plutôt à des études, de tous genres (1). Au point de vue des occupations, ils se répartissaient ainsi : 24 tirailleurs, 15 miliciens, 35 musiciens, 49 artisans ; total : 123. Au point de vue des races, les artisans avaient été recrutés parmi toutes les tribus de l'île et de ses dépendances ; les tirailleurs et miliciens comprenaient des Hovas, Betsimisarakas, Betsiléos, Sakalaves, Nossi-Béens. Parmi les 49 artisans se trouvaient des bijoutiers, des menuisiers, des forgerons, des charpentiers en cases, des piroguiers, des cordonniers, des fabricants d'objets en corne, des fileurs de soie, des tisseurs de rafia et de coton, des vanniers, des fabricants de sparterie, etc. Ainsi présentés, ces indigènes formaient un ensemble ethnographique présentant exactement tous les caractères distinctifs des différentes peuplades de Madagascar, ou du moins des principales. Ils avaient tous conservé le costume et la coiffure spéciaux à leur région ; les cases, dont tous les matériaux avaient été amenés en France, furent construites par eux à leur arrivée : ils étaient donc dans un cadre aussi exact que possible. Ces conditions minutieuses n'ont pas eu pour unique résultat de faire saisir au public les différences qui existent entre les tribus de l'île. Un choix judicieux et méthodique des principaux types devait permettre à la science une étude d'ensemble détaillée,

---

(1) Les Dahoméens se sont montrés rebelles à tout examen scientifique et surtout à la mensuration. Ils se sont énergiquement plaints au commissaire de la colonie, et considéraient les études auxquelles on voulait se livrer sur eux comme humiliantes et attentatoires à leur dignité. — Nous n'avons jamais pu leur faire entendre raison.

difficile à faire à Madagascar, par suite de l'éloignement de certaines tribus et de la nécessité de les visiter sur place. Le laboratoire d'anthropologie a pu ainsi prendre toutes les mensurations nécessaires et, de l'aveu des savants eux-mêmes qui les ont pratiquées, ces documents pourront servir à éclairer le problème encore si confus des origines malgaches. Une légende, transformée en tradition historique par certains écrivains, a voulu expliquer les différences physiques et morales qui séparent les tribus de Madagascar, par une invasion malaise. Objectant la similitude relative des dialectes parlés par ces tribus, et le nombre forcément restreint d'envahisseurs venus en pirogues, M. Jully croit au contraire à l'existence d'une race autochtone, et il exprime l'espoir que, grâce à l'Exposition, l'anthropologie démêlera bientôt la filiation des diverses races malgaches, déjà étudiée du reste par le savant M. Grandidier, ainsi que tout ce qui concerne Madagascar.

Le groupement de ces indigènes a également permis de constituer un vocabulaire franco-malgache en huit dialectes. Le seul dialecte hova avait jusqu'ici été étudié dans des vocabulaires, des dictionnaires et des grammaires. C'est dans l'une de ces grammaires qu'on lisait ce précepte inattendu : « tous les mots hovas se terminent par une voyelle euphonique... qui ne se prononce pas. » Il est vrai que les savants travaux publiés par les missions anglaises et françaises, en particulier ceux du R. P. Malzac, nous permettaient déjà de n'en pas rester, pour les Hovas, à cette notion insuffisante. Mais il n'existait encore aucun vocabulaire des autres dialectes de l'île. Le nouveau manuel composé par M. Jully contient 3.500 mots environ, et comprend les dialectes hova, betsileo, antankarana, betsimisaraka, antaimorona, antanossy, sakalava du sud, sonahely, ce dernier tel qu'il est parlé dans les Comores et sur la côte ouest de Madagascar. En recueillant ces différents dialectes, M. Jully a voulu faciliter à tous nos compatriotes, fonctionnaires, officiers et colons, les rapports avec les indigènes, en supprimant l'interprète local toujours insuffisant et quelquefois dangereux. Outre les services qu'il peut rendre à la colonisation, ce travail présente un ensemble de documents sur lesquels les philologues pourront aussi travailler. Il permettra de se rendre compte des influences étrangères qui ont déformé certains dialectes, et d'en dégager la langue primitive des Malgaches : ce sera un nouvel indice de leur véritable origine.

Signalons aussi que des amateurs ont noté plusieurs des airs, romances, marches, que les joueurs de « valiha » faisaient entendre à l'Exposition. Le « valiha », instrument national des Malgaches, est un bambou, dont les fibres sont taillées dans l'écorce et soutenues par des chevalets de rafia : les sons rappellent ceux de la mandoline. Le chant et la danse sont les bases de toute récréation malgache : le théâtre n'existe pas. Les tribus des côtes se réunissent, dans les nuits de clair de lune, sur la place du village réservée aux kabary (palabres), et là, tout en buvant les alcools de traite ou le betsa-betsa (rhum indigène), ils dansent et chantent jusqu'à l'aurore. Les Hovas et les Betsileos se réunissent dans leurs cases : leurs chants et leurs danses comportent plus de recherches. Le kabary enfin est aussi une véritable distraction, lutte oratoire mimée, dans laquelle viennent se mesurer les notables du pays. Le Malgache, en général, est très prolixe dans ses discours, et l'éloquence consiste à présenter la même idée plusieurs fois de suite sous des formes variées, dont les métaphores les plus hardies font tous les frais.

Les dispositions montrées, pour certains métiers et pour certains arts, par les Malgaches envoyés à l'Exposition, ont inspiré au délégué technique de la colonie, M. Jully, le désir d'en tirer le meilleur parti possible. Depuis plusieurs années déjà, le général Galliéni avait senti la nécessité de réagir contre le penchant des Malgaches pour les carrières administratives, en donnant une large part, dans l'instruction primaire, à l'enseignement manuel. Dès 1899, un nouveau programme, s'inspirant de ce principe, avait été mis en application, autant que le permettaient les ressources de chaque province. Le corollaire immédiat de cette mesure était de former des maîtres indigènes au courant de certaines spécialités.

Or la présence à Paris, pendant l'Exposition, des Malgaches de différentes tribus permettait de recruter dans leurs rangs des volontaires jeunes encore, déjà au courant de leur métier, et désireux d'en faire un apprentissage complet : sept indigènes furent ainsi choisis.

D'accord avec le Comité de Madagascar, que j'ai l'honneur de présider, le délégué technique de l'Exposition et le secrétaire général M. Delhorbe s'occupèrent de leur installation : l'accueil rencontré partout fut chaleureux, si bien qu'au 10 octobre, au moment du départ des Malgaches pour la colonie, ces sept apprentis étaient envoyés chez leurs patrons respectifs. Deux partaient pour la Meuse, dans des exploitations de laiterie-fromagerie ; un pour Rambouillet, à la bergerie nationale ; quatre restaient à Paris, l'un chez un bijoutier-orfèvre, le second dans une usine d'électricité, le troisième à l'école des Beaux-Arts, section d'architecture, et le quatrième au Conservatoire, classe de flûte. Ce dernier, fils de l'ancien chef de la musique de Tananarive, montrait des dispositions telles qu'elles ont paru devoir être encouragées (1). Ce groupe constitue, en réalité, le noyau d'une école d'apprentissage : et dans ce but, les professions les plus diverses ont été choisies afin de pratiquer un essai d'ensemble. Si cet essai donne des résultats satisfaisants, ce sera le moyen simple de former des maîtres indigènes dans un métier spécial, pourvus des perfectionnements modernes dont ils pourront pratiquer l'enseignement à leur retour dans la colonie. L'accueil fait par les divers industriels français à cette idée, le désintéressement avec

---

(1) Le goût des Malgaches pour la musique est, du reste, aussi indiscutable que leur grande facilité à progresser dans cet art. La musique malgache, que tout le monde a entendue pendant l'exposition, nous en a fourni la preuve indiscutable. Après trois mois d'études sérieuses sous une bonne direction, ces musiciens étaient arrivés à faire un excellent ensemble, et ils ont même obtenu un premier prix de lecture à vue dans un concours où figuraient nombre de musiques de la capitale, et des plus réputées.

lequel tous ont voulu favoriser ce début, a permis de tenter cet essai dans les meilleures conditions d'économie. En chargeant le Comité de Madagascar de la surveillance de ces jeunes gens, tant pour les conditions matérielles de leur existence en France, que pour leur progression intellectuelle et morale, le gouverneur général a tenu à assurer le résultat en s'entourant des précautions les plus complètes. Deux mois se sont déjà passés : une année suffira pour juger la valeur du système et en étendre l'application, si le succès, comme il y a tout lieu de le croire, confirme les espérances.

Un point particulièrement intéressant à connaître, c'est l'impression que le séjour de Paris a produit aux indigènes de nos colonies, et l'opinion qu'ils ont remportée de ce qu'ils ont vu. Une fois par semaine, sous la conduite d'un adjudant, ils allaient visiter quelques quartiers de Paris, et, trois fois par semaine, avaient lieu des sorties individuelles pour quelques-uns d'entre eux, spécialement désignés à cet effet. Les Sénégalais et Dahoméens revenaient généralement émerveillés. Est-ce à leur sujet, ou à celui d'une mission indo-chinoise, qu'on m'a rapporté ce trait significatif? Quand ils voyaient une belle maison à six étages, bien blanche et bien neuve, ils demandaient : « Cela, c'est à quel fonctionnaire? » Ils ont dû remporter de Paris l'impression d'une ville où les particuliers étaient mieux logés que les fonctionnaires, et il serait à souhaiter qu'il en fût de même aux colonies. « Je suis persuadé — m'écrit le Dr Binet, chargé des Dahoméens — que les indigènes retireront de leur séjour à Paris un bénéfice moral considérable : leur intelligence s'est sensiblement modifiée depuis leur arrivée, et ils ont appris une foule de choses, pour lesquelles ils ne semblent plus maintenant éprouver de surprise. »

Malgré ce témoignage, il me paraît douteux que des modifications profondes se soient produites dans la façon d'être de ces indigènes. Ils se méfient des gens et des choses. Les conditions mêmes dans lesquelles ils ont séjourné parmi nous ne favorisaient point une transformation de leur état moral et matériel.

M. Jully, dans une note qu'il m'a adressée, insiste sur cette considération, et en tire même un enseignement, pour l'organisation des expositions coloniales futures. « Les exigences du service de l'Exposition, dit-il, interdisant aux indigènes le séjour de leurs cases, ne leur ont pas permis de vivre de leur véritable existence. Il a fallu les caserner, les chambrer, au grand détriment de l'intérêt de leur exhibition en public, et aussi de leur vie quotidienne. Ces indigènes, dont plusieurs sont en effet à peu près nomades, ont souffert beaucoup, moralement et physiquement, du régime auquel ils étaient astreints, quelques efforts qui eussent été faits pour rendre leur installation irréprochable. » Ayant rendu hommage aux conditions hygiéniques et sanitaires qui ont tenu les Malgaches à peu près quittes des maladies et des épidémies, M. Jully continue : « Malgré ces précautions, il est douteux que les indigènes de Madagascar remportent chez eux un souvenir agréable de leur séjour en France. Il en est de même, du reste, de tous les indigènes, à quelques pays qu'ils appartiennent. Ceux-là seuls qui parlent leur langue et reçoivent leurs confidences savent à quoi s'en tenir. Il y aurait donc un intérêt majeur à concevoir, au cas où une exposition coloniale se renouvellerait, une installation susceptible de présenter au public l'indigène véritablement chez lui, et de laisser à celui-ci l'illusion de son intérieur, de l'air, de la verdure, enfin une apparence de liberté. » J'ai montré ci-dessus par quel moyen la colonie de Madagascar avait résolu de mettre ses indigènes à même de perfectionner leurs aptitudes industrielles ou artistiques. M. Jully estime qu'en dehors de cette période d'apprentissage, il ne peut y avoir de profit réel retiré par les indigènes de leur séjour à l'Exposition. « C'est une erreur malheureusement trop répandue de croire que les nègres que nous amenons en France se rendent compte des merveilles de notre industrie et des beautés de nos arts. Transplantés de leurs paillottes au milieu de nos monuments, ils manquent, pour juger ceux-ci, des termes intermédiaires. La Tour Eiffel ne les étonne pas plus qu'une voiture automobile, et la Seine avec ses quais n'est qu'une variante bien petite de leurs grands fleuves. Les magasins de nouveautés seuls ont excité leur curiosité..... par l'amoncellement des marchandises qui y sont entassées. Le résultat d'un apprentissage, au cours duquel ils pourront étudier de près les procédés mécaniques ou améliorés en usage pour le métier même qu'ils exercent, sera plus productif en quinze jours que leurs six mois de présence à Paris, au centre des inventions modernes. » Je suis obligé de reconnaître que cela me paraît parfaitement raisonné, et que le peu que j'ai observé confirme absolument l'opinion de M. Jully. Bornons donc nos prétentions à avoir renvoyé nos indigènes sachant un peu parler et écrire le français, et compter passablement. Je doute qu'une exposition coloniale, même autrement comprise, puisse jamais les rendre à leur pays natal très profondément modifiés, les nécessités de la figuration s'y opposant. Il faudra toujours, pour cet enseignement, recourir aux procédés des missions d'apprentissage.

Je ne veux pas quitter ce sujet sans montrer, par un exemple topique, quel genre de préoccupations certains de nos indigènes ont rapportées chez eux. Je transcris, en respectant l'orthographe, la lettre que m'a écrite de Saint-Louis le bijoutier sénégalais Gallo Thiam :

Saint-Louis, le 14 novembre 1900.

Monsieur Charles Roux,

J'ai l'honneur de vous en former que je suis arrivé de (à) Saint-Louis à bonne santé dieu merci. Je vous crois bien sur votre bienveillance. Cela qui me fait de te écrire cette lettre pour te rappeler que moi je ne t'oublie pas jusqu'à la fin de ma vie — et toi ne m'oublie pas à moi. Je te rappelle mon récompense que tu m'avais donner et de me l'envoyer plus tôt possible. Car mon ami Samba il me rigole, et dites les gens de Saint-Louis que Gallo voudrait bien avoir une croix, mais qu'il n'est pas décoré ! C'est pour cela que je suis pressé, et vous êtes mon protégé de tous les côtés. Si je peux l'avoir par le premier courrier, il me fera un grand plaisir. Mon fille Amadou Thiam vous dite bien des choses. Bien des choses à M. M..., et à sa femme et à tes femmes !

A toi,
Gallo Thiam,
Grand chef bijoutier à l'Exposition universelle de 1900,
Saint-Louis, rue de la Mosquée, 12.

Combien mes collègues de la section métropolitaine ont-ils dû recevoir de lettres, qui ne se distinguaient de celle de Gallo Thiam que par une rédaction et une syntaxe moins originales !

*_**

L'un des faits caractéristiques de la dernière exposition a été l'affluence des missions coloniales, des hauts fonctionnaires indigènes, des princes exotiques, sujets ou protégés de la France. Ce fut pour les mécontents l'objet de railleries et de réflexions ironiques sur les hôtes royaux de la République. Il faut pourtant que le public s'habitue à voir figurer dans nos cérémonies officielles et à recevoir avec sympathie ces mandarins, ces premiers ou seconds « honneurs » de Madagascar, ces rois à la manière de Toffa et d'Aguibou, absolument comme il s'est habitué à admirer les Cheiks, les Caïds et les Aghas d'Algérie-Tunisie. Il devrait lui paraître aussi tout naturel de voir la croix ou la cravate de la Légion d'honneur s'étaler sur la robe d'un mandarin que sur le burnous d'un Arabe. Le public français devrait surtout avoir de son empire colonial une connaissance suffisante pour ne pas confondre des Annamites avec des Chinois et ne pas faire d'avanies aux premiers, sous prétexte qu'il n'aime pas les seconds. La France a les mêmes raisons politiques de ménager et d'honorer un mandarin d'Indo-Chine, un roi nègre d'Afrique qu'un chef arabe.

C'est l'Indo-Chine qui nous a envoyé le plus de missions en 1900. Nous reçûmes en effet une mission tonkinoise, composée de trois hauts mandarins, le tong-doc de la province de Bac-Ninh, le directeur de l'Ecole de Han-Bo à Hanoï, et le tuan-phu de la province de Bac-Giang, — et d'une suite de secrétaires et lettrés de diverses classes. Puis arrivèrent une mission cochinchinoise également composée de trois dignitaires importants : Tran-Dai-Hoc, Phu, chef de la mission ; Thai-Van-Bon, Phu honoraire, conseiller d'arrondissement ; Son-Diep, Tri-huyen de 1re classe ; Nguyen-Hum-Nhieu, ancien professeur du collège Chasseloup-Laubat, industriel à Vinh-Long, et une mission Laotienne composée du second roi de Luang-Prabang, des fils du premier roi du Laos et de ses deux ministres.

Passons aux missions venues de nos colonies et pays de protectorat d'Afrique. Le Prince héritier de Tunisie, S. A. Mohammed-Bey, accompagné de son fils et de son gendre, les princes Tahar et Taïeb, est venu visiter l'Exposition. Le Fama Aguibou, roi du Macina, s'est aussi rendu à Paris, avec l'une de ses femmes, la petite reine Fatmata, son plus jeune fils, le prince Moktar, et son premier ministre Ahmadou. La Guinée nous a envoyé comme visiteurs sept indigènes, parmi lesquels le fils de l'ancien Almamy, un autre fils de chef et Boubou-Penda, l'interprète et le compagnon de M. Noirot. De Madagascar nous est arrivée une mission de gouverneurs et de hauts fonctionnaires, dont les plus éminents étaient le fils de l'ancien premier ministre Rainilaiarivony et le prince Saïdina, fils de l'ancien sultan d'Anjouan et frère d'un ancien sultan de la grande Comore qu'il ne faut pas confondre avec celui qui, jusqu'alors très fidèle à la France, a profité d'une escale à Zanzibar pour faire défection et passer à l'Angleterre. Un prince dahoméen et ses deux fils complètent la liste de nos visiteurs coloniaux. En y joignant la mission abyssine envoyée par l'empereur Ménélik, on a une idée du nombre de Majestés, d'Altesses et d'Excellences jaunes ou noires que nous avons eu l'honneur de recevoir. Le programme rempli par ces différentes missions n'a différé que dans les détails. Presque toutes ont été reçues par le Président de la République, les ministres de la marine et des colonies ; quelques-unes ont assisté aux fêtes officielles, à la revue de Longchamp, et je regrette infiniment qu'on n'ait pas offert aux mandarins indo-chinois le spectacle imposant de la revue navale de Cherbourg. Les missions ont visité l'Exposition et en particulier l'Exposition coloniale, où l'administration s'est efforcée de leur faire le meilleur accueil possible. En dehors des monuments de Paris, des principaux théâtres, de quelques palais des environs, nos hôtes coloniaux ont été conduits à la Banque de France et dans de grands établissements de crédit, tels que le Comptoir d'escompte et le Crédit Lyonnais, au Conservatoire des Arts et Métiers, dans des usines privées d'électricité, de téléphones, de cycles, d'automobiles, de verreries, etc., et dans les grands magasins. Ils n'ont pas limité leurs visites à Paris et à ses environs : ils ont séjourné quelques jours dans nos plus grandes villes de province, à Lyon, Marseille, Bordeaux, Toulouse, Saint-Etienne, Rouen, Toulon, afin d'étudier les industries locales, de visiter les ports, les docks, les arsenaux. Tel est, en résumé, le programme des spectacles amusants ou utiles auxquels ils furent conviés.

On ne peut appliquer au séjour de ces personnages parmi nous les réserves que j'ai faites au sujet du profit retiré et de l'impression reçue par les autres indigènes de leur séjour à Paris. Les princes et les grands dignitaires venus en mission ont certainement retiré de leur voyage un profit sérieux, et sont partis satisfaits de ce qu'ils avaient vu et de l'accueil qui leur a été fait. Toutefois, les impressions que j'ai recueillies moi-même de leur propre bouche pouvant être suspectées, j'ai voulu connaître l'opinion de visiteurs plus indépendants, les ambassadeurs abyssins. « On nous demande parfois ce qui nous a le plus frappés à l'Exposition, a déclaré le Liko Makonas Nado à un conseiller français de l'Empire d'Ethiopie. En vérité, il est impossible de répondre à une question ainsi posée. Ce que nous avons vu est si varié, répond à des buts si différents, qu'on ne peut qu'admirer séparément les diverses sections, et, là encore, tout est si intéressant qu'on ne peut choisir, sous peine de le faire sans discernement. Qu'il vous suffise de savoir que tout nous a intéressés au plus haut point et que nous ne saurions dire ce que nous avons admiré le plus. » Le Lika Makonas Nado me paraît s'entendre à ne pas faire de jaloux. Mais ce qui prouve la sincérité de son admiration et de celle de ses acolytes, c'est que, pendant leur voyage en Palestine, ils ne se lassaient pas de rappeler le souvenir des merveilles qu'ils avaient vues à Paris.

***

La présence à l'Exposition de ces grands personnages exotiques n'est pas seulement intéressante par les aptitudes qu'elle dénote chez eux à une civilisation plus avancée. Elle l'est aussi par l'usage que la France peut faire de leurs personnes pour gouverner des millions de sujets. Il ne faut pas oublier qu'une notable partie de notre empire colonial vit sous le régime du protectorat. Le crédit dont jouit en France ce régime a reçu une atteinte assez sérieuse par le fait de l'annexion de Madagascar. L'extension de pouvoirs que M. Doumer s'est attribuée sur certaines parties de l'Indo-Chine, et les incidents dont quelques colons tunisiens ont cru devoir marquer les dernières années d'administration de M. René Millet ont également affaibli, paraît-il, la confiance du public dans le protectorat. Si la mienne n'a pas été atteinte, ce n'est nullement par attachement aveugle à une formule : c'est parce qu'un examen superficiel des faits peut seul produire ce résultat. En 1898, M. Johnston, consul d'Angleterre à Tunis, adressa à son gouvernement un rapport dans lequel il vantait les bienfaits apportés à la Tunisie par l'administration du protectorat. « Comparée au gouvernement de l'Algérie, disait-il, l'administration de la Tunisie paraît si simple et relativement si peu coûteuse, qu'on souhaiterait presque que la grande colonie africaine, voisine du protectorat, fût gouvernée par le despotisme intelligent qui dirige les affaires de la Tunisie. » On ne peut critiquer plus finement et louer plus justement. Puisque M. René Millet a terminé son heureuse incursion dans le domaine colonial, qu'il reçoive les félicitations et les remerciements de ceux qui s'intéressent à la Tunisie. Quel tort se font à eux-mêmes les colons tunisiens qui réclament les institutions prétendues libérales dont procède en définitive la crise à laquelle l'Algérie est en proie ! Nulle part plus que dans les colonies, la politique n'a mérité l'épithète de « fâcheuse ». Hors de France, la politique ne saurait avoir d'autre programme que de resserrer les liens d'affection des colonies avec la métropole et, d'autre part, de seconder par tous les moyens possibles leur propre essor. Dans ces pays en voie de formation, où le développement économique prime tout, où les progrès de l'agriculture et du commerce importent autant à la métropole qu'à la colonie, la représentation intérieure devrait s'inspirer du principe qui dicta autrefois en France « l'adjonction des plus imposés ». De même que la somme des impôts payés par un citoyen constituait pour lui un titre à délibérer avec le Conseil municipal, alors même qu'il n'en faisait pas partie, de même la situation de commerçant, d'industriel ou d'agriculteur devrait être avant tout prise en considération pour la composition des corps élus dans nos colonies. Je n'ai nullement l'intention de dire quoi que ce soit de désobligeant à l'adresse des sénateurs, députés et conseillers généraux des colonies, dont beaucoup sont des hommes éminents et parmi lesquels je compte d'excellents amis. Mais dans des colonies jeunes comme les nôtres, et je n'en excepte même pas celles que nous possédons depuis longtemps, on doit éviter que des corps élus exercent un pouvoir trop étendu et provoquent, sans le chercher souvent, les colons à se passionner pour autre chose que la prospérité publique.

Il est fort délicat pour un ancien député de sembler critiquer le rôle des corps élus ; je tiens cependant à citer l'opinion du regretté Gabriel Charmes qui a traité cette question dans son livre sur « *La Politique extérieure et coloniale* » avec une entière indépendance.

Il est difficile peut-être, dit-il, de revenir sur un régime sanctionné par la Constitution, et qui semble entré dans nos mœurs. Mais il n'est que temps de réduire les sénateurs et les députés au rôle qui leur appartient. Ils ne sont pas autre chose que leurs collègues, ils n'ont pas d'autres droits qu'eux ; qu'ils prennent part à la confection des lois, soit ! bien qu'on puisse trouver étrange de voir voter ces lois par les représentants de contrées où elles ne doivent pas être appliquées ; mais qu'ils laissent au gouvernement le soin d'administrer les colonies, d'en surveiller les intérêts. Il faut que celui-ci mette fin au pouvoir absolu que s'attribuent certains conseils coloniaux, au mépris de tous les droits ; qu'il prépare une nouvelle constitution coloniale dans laquelle les attributions seront nettement définies et séparées ; qu'il oblige les assemblées locales à se soumettre, comme les conseils généraux français, au contrôle d'une autorité supérieure, assez forte pour les empêcher de dépasser le mandat qui leur appartient. Or, il ne pourra y arriver qu'à la condition de résister à cette pression des députés sous laquelle il est écrasé aujourd'hui.

Je crois me souvenir que j'ai entendu l'honorable baron d'Estournelles de Constant soutenir la même thèse, peut-être d'une façon encore plus radicale, à la tribune de la Chambre des députés.

Un des principaux mérites du *protectorat* réside, à mes yeux, dans la suppression de ce danger.

On évite également un écueil contre lequel notre nature nous porte à buter : c'est le transport dans des pays neufs d'institutions qui ont été créées pour un pays de civilisation avancée. Je trouve dans un livre de Loti cette curieuse description de la manière dont fonctionnent les ministères au Maroc. « La nouvelle enceinte où cette porte me conduit est pleine de monde et les abords en sont encombrés de chevaux, de mulets sellés à fauteuil, que l'on tient en main. C'est qu'au fond, sous de vieilles ogives formant niches de pierre, les ministères fonctionnent presque en plein vent, et avec très peu d'écrivains, très peu de papiers. Sous l'un de ces arceaux se tient le vizir de la guerre. Sous l'autre le vizir de la justice rend sur l'heure les jugements sans appel ; autour de lui, des soldats, à grands coups de bâton, écartent la foule, et les accusés, les prévenus, les plaignants, les témoins lui sont amenés de la même façon, empoignés à la nuque par deux gardes athlétiques. » Voilà qui est rudimentaire. Je m'empresse de dire que je n'ai aucune prédilection pour cette manière de traiter les affaires et de rendre la justice. Mais supposez un instant que nous portions un jour dans le pays, en même temps que notre drapeau, notre administration savante, compliquée, paperassière : croyez-vous que ce changement donnera de bons résultats, qu'il sera apprécié de ceux-là mêmes à qui nous croirons apporter un bienfait ? Notre administration, transportée aux colonies, me fait l'effet d'une machine non appropriée à la matière qu'elle doit traiter. Aussi les bons administrateurs coloniaux s'appliquent-ils à la simplifier, à la réduire au strict nécessaire et à se servir, chaque fois que la chose est possible, des rouages de l'administration indigène, sans nullement renoncer à améliorer, à perfectionner celle-ci. Mais ce perfectionnement doit se faire au fur et à mesure des progrès accomplis par les administrés dans leur travail, leurs habitudes et leurs besoins.

Ces principes sont aujourd'hui reconnus par un grand nombre de personnes et appliqués par les meilleurs de nos gouverneurs ; mais on dira que je n'ai pas répondu à l'objection tirée de l'échec du protectorat à Madagascar. Les raisons pour lesquelles ce régime a dû être supprimé sont tout à fait spéciales à la grande île. Le général Gallieni nous les a exposées en deux phrases laconiques, au cours d'une causerie qu'il fit à Marseille : « Au commencement de 1897, dit-il, nos soldats avaient rejeté dans la forêt toutes les bandes insurgées, mais celles-ci combattaient encore ; elles combattaient, disaient-elles, au nom de la reine. Je sentis qu'il y avait là une résistance qu'il fallait briser. Je n'eus pas le temps de demander des instructions en France et je dus prier S. M. Ranavalo de quitter le trône et de prendre le chemin de la Réunion. » Entrons dans quelques détails complémentaires. Aussitôt après la conquête de l'île, la grande majorité du public, de la presse et du Parlement se déclara partisan du protectorat, pour Madagascar. M. Hanotaux lui-même partageait ces idées et les fit prévaloir tant qu'il détint le portefeuille des affaires étrangères. Il avait remis au général Duchesne un traité à faire signer par la reine, traité qui établissait sur l'île un protectorat effectif, « *serré* » suivant le langage diplomatique, appuyé par la présence de troupes d'occupation. Mais le ministère dont M. Hanotaux faisait partie tomba avant que ce traité, signé le jour même de l'entrée des Français à Tananarive, eût pu être soumis à la ratification des Chambres, et ceux qui l'avaient critiqué se trouvèrent fort embarrassés, une fois au pouvoir, pour créer un autre modus vivendi. Ils inventèrent alors un régime mixte, qui n'était ni l'annexion, ni le protectorat, mais un mélange hybride de l'un et de l'autre : Madagascar passa sous la dépendance du ministère des colonies, on exigea de la reine qu'elle signât un nouveau traité, et on appela au poste de résident-général M. Laroche, un préfet. C'est alors que l'insurrection éclata et que le général Gallieni, nommé en remplacement de M. Laroche, dut prendre la mesure dont il est question.

Ces hésitations du gouvernement français sont la première raison de l'échec du protectorat à Madagascar; mais le pays lui-même nous en fournit deux autres : la formation d'une force insurrectionnelle dans le parti vieux-hova; l'animosité des autres races de l'île contre la race hova. La première de toutes les conditions pour gouverner un pays par l'intermédiaire de son gouvernement antérieur, est de tenir ce dernier à son entière et absolue discrétion. Sans cette condition, il n'y a pas de protectorat possible. Le métier qui consiste à endosser la responsabilité des actes d'un gouvernement qu'on ne dirige pas, à lui laisser bénévolement les moyens de vous combattre vous-même est un métier de dupe. Or c'est ce qui se passait à Madagascar. Le parti vieux-hova, en qui l'insurrection trouvait son point d'appui, recevait lui-même le mot d'ordre de la reine, de ses parents, de ses ministres, qui étaient en relations constantes avec les chefs insurgés. Exiler la reine, supprimer ce gouvernement central qui n'était qu'un comité occulte de défense contre les Français, c'était trancher la tête à l'insurrection. Le second obstacle au bon fonctionnement du protectorat résultait de ce fait que les Hovas étaient une race conquérante, dont la domination était impatiemment supportée par les autres races de l'île. Continuer à gouverner ces dernières par l'entremise de la première, c'était identifier la domination française avec une domination antipathique, haïe, et la faire détester par des peuplades dont l'affection était d'autant plus facile à gagner qu'elles désiraient changer de maîtres. S'étant dégagée de son association trompeuse avec les Hovas, la France pouvait pratiquer envers les autres populations de l'île la politique de races dont le général Gallieni a tracé le programme dans ses diverses instructions : « En dehors de l'Emyrne, se débarrasser des autorités hovas et former les populations en groupes séparés, constitués par des indigènes de même race, administrés par des chefs de cette race sous la direction des résidents; en un mot faire de la politique de races sans s'astreindre à un mode d'organisation et d'administration uniforme pour toutes les populations de l'île, puisqu'il est nécessaire avant tout de tenir compte des mœurs, des coutumes et du caractère de chaque tribu. »

Cela ne revient-il pas à dire précisément qu'on renonce au protectorat général par l'intermédiaire des Hovas, pour pratiquer la politique de protectorat à l'égard de chacune des autres races de Madagascar? « Partout le chef naturel de chaque région doit être recherché et nous servir d'intermédiaire avec ses sujets. » Cette phrase n'est-elle pas la définition même du régime connu sous le nom de protectorat? C'est de ce principe fondamental que découlent la plupart des avantages de ce régime; s'il est respecté, la substitution d'une administration centrale métropolitaine au gouvernement central indigène perd beaucoup de son importance. En réalité l'annexion de Madagascar n'a entraîné l'administration directe des populations que sur le plateau de l'Emyrne, habitat de la race hova. Partout ailleurs elle a restitué aux autres races leur autonomie et permis à la France de les gouverner par l'intermédiaire, non plus de chefs hovas, mais de chefs autochtones; c'est ce qui ressort clairement du rapport présenté au ministre par le général Gallieni. « Il faut, dit-il, prendre simplement les autorités indigènes, telles qu'elles existent traditionnellement dans le pays, en leur laissant le nom et le régime auxquels elles sont habituées et en utilisant le plus possible les rouages existants au lieu de leur superposer des rouages artificiels. Il y a lieu de se bien convaincre que Madagascar n'est pas une unité et que, si l'Emyrne et ses débouchés sur la côte sont constitués de manière à supporter immédiatement une organisation administrative presque européenne, dans le reste de l'île elle serait de beaucoup prématurée, inutile et nuisible. Il y a intérêt à n'avoir partout qu'un seul agent français de rang supérieur, assisté du strict minimum de personnel européen, qui, n'étant que le protecteur et le contrôleur, laisse agir sous sa surveillance le personnel indigène, ainsi que cela a lieu aux Indes dans les parties régies directement par l'administration anglaise. » On voit combien l'exemple de Madagascar est mal choisi pour alléguer l'inefficacité de la politique de protectorat. Aussi les avantages de cette politique ont-ils frappé le congrès de sociologie coloniale qui s'est tenu à Paris en l'année 1900. Voici en effet le vœu adopté par ce congrès.

« Le congrès, considérant que le bien-être des indigènes, leur développement physique, intellectuel et moral doit être le but suprême de toute politique coloniale ;

« Considérant que cette évolution des sociétés indigènes ne peut se faire que graduellement, n'étant elle-même que la conséquence naturelle des transformations économiques, qui décident du degré de civilisation d'un peuple ;

« Convaincu que la seule méthode rationnelle est

celle qui consiste à adapter autant que possible le régime colonial aux institutions existantes, aux lois et coutumes des races indigènes, tout en les améliorant pour faire disparaître ses injustices et en les appropriant aux besoins nouveaux qui se feraient sentir,

« Émet le vœu : que la politique coloniale tende en principe au maintien des organismes administratifs indigènes. »

***

La transformation opérée dans le régime politique de Madagascar m'amène à parler du changement, moins radical, que M. Doumer a apporté à celui de l'Indo-Chine. On s'est beaucoup occupé, dans le public, de l' « Union Indo-Chinoise », mais on n'a pas toujours bien su en quoi elle consistait. Avant la réalisation de cette union, les pays qui forment l'Indo-Chine française, c'est-à-dire l'Annam et le Tonkin d'une part, la Cochinchine et le Cambodge d'autre part, étaient séparés non seulement quant à l'administration locale, mais aussi quant à l'administration métropolitaine. Le protectorat de l'Annam et du Tonkin était gouverné par un résident général, dépendant du ministre des affaires étrangères ; la colonie de Cochinchine et le protectorat du Cambodge ressortissaient au département des colonies. Les inconvénients de ce système furent tels, dans l'ordre politique, administratif et financier, que le gouvernement dut reconnaître que l'Indo-Chine, pour prospérer, devait former un empire unifié sous ce triple rapport.

La première mesure d'unification à prendre consistait à faire cesser la dualité d'attributions de deux ministères par rapport au même objet : elle fut prise au bénéfice du département des colonies, auquel le protectorat de l'Annam et du Tonkin fut rattaché. C'est pour compléter cette mesure, pour assurer définitivement l'unité de direction des affaires de la presqu'île, que fut créé le gouvernement général de l'Indo-Chine. « A l'unité de direction dans la métropole, dit M. Pierre Nicolas (1), devait correspondre l'unité de commandement en Indo-Chine ». Mais les divers pays dont se compose l'Indo-Chine française sont placés dans des conditions géographiques et surtout politiques assez différentes, qui modifient la situation du pouvoir central à l'égard de chacun d'eux, et dont il a été nécessaire de tenir compte. Dans une communication faite au congrès colonial de 1900, M. Pierre Nicolas a très clairement expliqué comment on a concilié ces deux nécessités contraires. « La constitution de l'union Indo-Chinoise a eu pour objet de concentrer entre les mains du gouverneur général tous les pouvoirs politiques et administratifs précédemment dévolus, tant en Cochinchine qu'au Cambodge, en Annam et au Tonkin, aux différents fonctionnaires chargés de représenter le gouvernement de la République. Mais tandis qu'en Indo-Chine, par exemple, le gouverneur général administre directement une colonie française proprement dite, avec le concours d'un lieutenant gouverneur; en Annam, au Cambodge

---

(1) Commissaire de l'Indo-Chine à l'exposition coloniale de 1900.

et au Tonkin, il a sous ses ordres des résidents supérieurs qui administrent ces protectorats. Au Tonkin, le résident supérieur dont les pouvoirs et les attributions ont été révisés et refondus après la création du budget de l'Indo-Chine, prépare le budget local et en assure l'exécution ». Telles sont, exactement définies, les réformes dont résulte l'unification politique et administrative de l'Indo-Chine.

Sous le rapport financier, l'Indo-Chine a été également unifiée selon les mêmes principes, c'est-à-dire en respectant la spécialité des budgets de chacun des quatre pays, dans tous les cas où elle pouvait subsister sans inconvénients. Le Tonkin, l'Annam, la Cochinchine et le Cambodge ont donc encore des budgets distincts, qu'on appelle budgets locaux : ils doivent pourvoir aux dépenses des services locaux et bénéficient de toutes les recettes qui n'ont pas été attribuées au budget général. Car il y a maintenant un budget général de l'Indo-Chine où sont inscrites, d'une part certaines dépenses incombant autrefois aux services locaux, d'autre part un certain nombre de dépenses nouvelles, telles que travaux publics d'intérêt général, douanes et régies, postes et télégraphes, une partie des dépenses militaires, etc. Le budget général est alimenté par les recettes des douanes et régies et des contributions indirectes. On voit par ce qui précède que M. Doumer a accepté de porter une charge singulièrement plus lourde que celle de ses prédécesseurs.

Il ne l'a pas fait impunément : car l'extension et l'accroissement de ses pouvoirs de gouverneur général ont déchaîné contre lui une opposition d'autant plus impitoyable qu'elle est plus injuste. L'accusation d'absolutisme et de tyrannie ne lui a pas été épargnée. Un journal de Saïgon, *le Mekong*, lui consacrait, dans son numéro du 6 novembre 1900, un article intitulé : « *Nouveau Louis XIV.* » Cet article est une critique passionnée de la politique d'unification suivie par le gouverneur.

« Il achève l'unification des services des différentes provinces de notre colonie, en faisant du Cambodge, de la Cochinchine, du Tonkin, du Laos et de l'Annam un vaste empire dont il est le chef presque absolu, le Roi, l'Empereur. Il n'a point, comme le Président de la République, de Chambre des députés et de Sénat pour rédiger les décrets, les discuter et les proposer à sa signature.

« M. le gouverneur général de l'Indo-Chine a bien un conseil supérieur (c'est lui qui s'est donné ce conseil, dans sa haute sollicitude pour le bien, le vrai, le juste), mais c'est lui qui propose les projets de décrets au conseil, qui les défend et qui, s'ils sont acceptés ou rejetés, les signe et les fait appliquer si tel est son bon plaisir. Parodiant Louis XIV, notre gouverneur général dit : *L'Indo-Chine c'est moi*, et rien n'est plus vrai; il peut absolument faire ce qu'il veut, il ne relève que du conseil des ministres et du Président de la République. Voilà pourquoi les impôts se sont succédés si nombreux et si variés, voilà pourquoi les décrets de fusion naissent et organisent l'administration de notre colonie d'une façon qui, peut-être, sera meilleure, mais qui certainement ne sera pas plus mauvaise que l'ancienne organisation.

« Le conseil supérieur de l'Indo-Chine est bien un *conseil*; le titre est fort exact, mais ses avis ne sont pas toujours suivis et M. Doumer, gouverneur général, reste seul maître des destinées de notre colonie.

« Dans le public, on se fait une idée bien inexacte des pouvoirs du gouverneur général de l'Indo-Chine ; on écrit que cette fonction est placée sous la dépendance directe du ministre des colonies, il n'en est rien. Le gouverneur général ne peut être rappelé que par une décision prise par le conseil des ministres sur la proposition du ministre des colonies approuvée et signée par le Président de la République.

« Il suffit donc que le gouverneur général possède l'amitié du chef de l'Etat ou de quelques ministres pour être et rester le maître presque absolu de notre colonie. »

Souhaitons que la confiance, et non l'amitié, de nos gouvernants maintienne longtemps M. Doumer à la tête de l'Indo-Chine : car on ne peut qu'applaudir aux résultats de son administration, à l'impulsion imprimée aux travaux publics, aux progrès accomplis dans la colonisation, à l'activité communiquée à tous les organes de ce vaste corps. Si quelques journaux se sont faits l'écho de bruits alarmants au sujet de l'Indo-Chine, c'est que telle est la rançon habituelle de toute administration réformatrice. Il n'est pas vrai que les indigènes, accablés d'impôts arbitraires, soient prêts à se soulever ; que la situation financière soit loin de répondre aux espérances du gouverneur; que les fonds d'emprunt aient été gaspillés; que M. Doumer mène la colonie à la ruine. L'examen rapide de quelques documents officiels aura bientôt fait justice de ces affirmations erronées.

Veut-on se faire une idée de la multiplicité et de l'importance des projets, en cours d'exécution ou sur le point d'être entrepris, qui préoccupent le gouverneur général? Qu'on jette un coup d'œil sur le bulletin des questions soumises à l'examen du conseil supérieur de l'Indo-Chine (première commission).

PREMIÈRE COMMISSION

1. — Montant et répartition des crédits nécessaires aux services militaires de l'Indo-Chine en 1901.
2. — Création d'un peloton de cavaliers de remonte.
3. — Nomenclature des travaux publics d'intérêt général à exécuter en 1901.
4. — Nomenclature des travaux publics d'intérêt local à exécuter en 1901.
5. — Travaux du port de Saïgon.
6. — Travaux du port de Tourane.
7. — Programme de construction et de réfection des voies navigables de la Cochinchine et du Cambodge.
8. — État d'avancement des chemins de fer de l'Indo-Chine.
9. — Tramway de Sontay.
10. — État d'avancement des grands ponts métalliques en construction.

Voilà un tableau qui parle aux yeux. Mais la situation financière de l'Indo-Chine lui permet-elle d'affronter une besogne aussi ardue? Le 30 octobre 1900, M. Doumer a fait connaître au conseil supérieur de l'Indo-Chine le règlement financier de l'exercice 1899. L'excédent total, pour le budget général et les budgets locaux, monte à 11.107.268 francs. C'est le budget général de l'Indo-Chine qui concourt, pour la plus grande part, à cet excédent total : sa part est de 8.720.000 fr. Pour un premier exercice, c'est un joli denier ; il dépasse d'un tiers les prévisions établies le 4 octobre 1899 sur les résultats de l'exercice alors en cours. C'est d'un tiers aussi que l'excédent total donné pour l'Indo-Chine entière par l'exercice 1899 dépasse celui de l'exercice 1898. Parmi les budgets locaux, ceux du Tonkin, de l'Annam et du Cambodge ont donné les excédents les plus forts.

EXCÉDENTS NETS CONSTATÉS DES RECETTES SUR LES DÉPENSES EN 1899 (ÉVALUÉS EN PIASTRES).

	Piastres.
Budget général de l'Indo-Chine . .	3.290.508 47
Budget local de la Cochinchine . .	31.874 07
— — du Tonkin.	332.714 03
— — de l'Annam	279.642 56
— — du Cambodge . . .	240.976 13
— — du Laos	15.706 80
EXCÉDENT TOTAL :	4.191.422 06

soit, au cours de 2 fr. 65 la piastre = 11.107.268 fr.

« Ce résultat excellent, ajoute M. Doumer, au point d'en être inespéré, de l'exercice 1899, pour le budget général de l'Indo-Chine, est d'autant plus encourageant que cet exercice a eu à supporter, avec un accroissement de 2,000,000 de francs des charges militaires de l'Indo-Chine, la première annuité d'amortissement de l'emprunt de 50,000,000 fr. contracté pour la construction des chemins de fer. » Le gouverneur va donc pouvoir immédiatement donner suite à son projet de verser dans les caisses de réserve de l'Indo-Chine et de ses cinq provinces les excédents constatés dans leurs budgets. La caisse de réserve de l'Indo-Chine, instituée tout dernièrement, a reçu pour premier versement 3,290,000 piastres ou 8,710,000 francs. Les prévisions établies pour l'exercice 1900 lui permettent de compter, à la fin de cet exercice, sur un actif de 14 à 17,000,000 fr. Grâce aux versements supplémentaires effectués à la clôture de l'exercice 1899, les caisses de réserve locales se trouvent posséder :

Celle du Tonkin. . 1,177,000 piastres.
— de l'Annam . 635,000 —
— du Cambodge 7,177,000 —

Quant à la Cochinchine et au Laos, la première traîne après elle un arriéré que les excédents constatés dans son budget doivent d'abord combler, avant d'être versés à une caisse de réserve ; le second n'a pas non plus de caisse de réserve et, en vertu d'un arrêté du 30 juin 1900, l'excédent de ses recettes sur ses dépenses sera porté aux recettes de l'exercice 1900, pour y être imputé sur la contribution du budget général de l'Indo-Chine. Pour expliquer la somme à laquelle j'évaluais à l'instant l'actif de la caisse de réserve de l'Indo-Chine à la fin de l'exercice 1900, je dois dire que les résultats prévus pour cet exercice permettent d'espérer, pour le budget général, un excédent variant entre 5 millions et demi et 8 millions de francs.

Ces quelques chiffres obligent les personnes les plus prévenues à souscrire aux conclusions formulées par M. Doumer à la fin de son rapport.

La situation financière de l'Indo-Chine, si heureusement changée en ces dernières années, est due autant au développement économique du pays qu'à l'application d'un régime fiscal qui lui est approprié. Elle permet au budget général de supporter des charges militaires croissantes, qui montent déjà annuellement à 12 millions de francs, d'entreprendre de grands travaux publics et de créer des œuvres d'intérêt général.

Tout cela est possible, et la prospérité des finances se révèle, alors que la Colonie est seulement dans la période des sacrifices, et que l'effet ne s'en produira que dans l'avenir. Le grand réseau de chemins de fer en construction, la création et la réfection des voies navigables, les ports entrepris donneront à la richesse publique un essor rapide dont l'importance est difficile à calculer. Mais c'est quand ce puissant outillage économique sera partiellement au moins en fonctionnement que le budget récoltera, multipliés, les millions semés actuellement.

L'avenir financier de l'Indo-Chine se présente donc sous le jour le plus favorable. Sans effort nouveau, par le développement rationnel du régime fiscal dont elle est dotée, le montant de ses recettes doit s'élever, dans un temps très court, à un chiffre considérable. Les ressources de son budget général, dont le total est présentement inférieur à 60 millions de francs, seront facilement doublées et aisément supportées par la population quand le grand réseau des chemins de fer en construction ou à l'étude pourra être mis tout entier en exploitation.

A ce moment, l'Indo-Chine aura incorporé à son budget les

dépenses militaires que la Métropole supporte encore, et, par les débouchés qu'elle ouvrira à l'industrie et au commerce français, comme aux intelligences et aux capitaux, par l'armée et la flotte qu'elle entretiendra, elle fournira à la France en Extrême-Orient une solide base d'opération économique et politique qui la dédommagera amplement des sacrifices consentis dans le passé.

Saigon, le 30 octobre 1900.

Nous verrons plus loin quels immenses travaux la colonie est à la veille d'entreprendre.

L'administration de nos colonies de la Côte occidentale d'Afrique a été également unifiée, et elles ont été toutes placées sous l'autorité d'un gouverneur général.

Par décret du 17 octobre 1899, portant réorganisation du gouvernement général de l'Afrique Occidentale française, l'ancienne colonie du Soudan a été supprimée et les diverses possessions qui la composaient ont été réparties entre les colonies limitrophes.

Au Sénégal ont été attribués les cercles de Kayes, de Bafoulabé, de Kita, de Satadougou, de Bammako, de Ségou, de Djenné, de Nioro, de Goumbou, de Sokoto et de Bougouni.

A la Guinée française, les cercles de Dinguiray, Siguiri, Kouroussa, Kissidougou et Beyla.

A la Côte d'Ivoire, les cercles ou résidences de Odjenné, Kong et Bouna.

Au Dahomey, les cantons de Kouata ou Nebba, au sud de Liptako, et le territoire de Say comprenant les cantons de Djennaré, Diongeri, Folmongani et Botou.

Les autres possessions du Soudan français ont été

constituées en deux territoires militaires comprenant : le premier, les cercles de la région nord et nord-est, savoir : Tombouctou, Jumpi, Goundam, Bandiagara, Dori et Ouahigouya ; — le second, les cercles et résidences de la région Volta, savoir : San, Ouagadougou, Léo, Kori, Sikasso, Bobo, Dioulasso et Dyebougou. Ces territoires, géographiquement indépendants chacun dans ses limites, sont administrativement rattachés au Sénégal. Financièrement ils sont réunis aux cercles attachés au Sénégal, et confondent avec eux leurs recettes et leurs dépenses en un budget unique et autonome qui est arrêté en conseil privé par le gouverneur général de l'Afrique occidentale française.

Le gouverneur général est représenté à Kayes par un délégué ; les services militaires sont confiés au commandant supérieur des troupes de l'Afrique occidentale qui siège à Saint-Louis et exerce son autorité selon les instructions du gouverneur général, le courageux docteur Ballay, qui est resté dix ans gouverneur de la Guinée française et en a fait un des joyaux de notre couronne coloniale. « *Guidé par une haute et fière conscience, incité par la seule ambition de créer une œuvre digne de la France et de lui-même, il a donné à sa colonie tout ce qu'il a de forces, d'intelligence et de dévouement.* » Tel est le portrait très ressemblant qu'en a tracé M. Étienne. Le gouvernement ne pouvait donc placer en des mains plus expérimentées la direction générale de notre politique coloniale dans l'Afrique occidentale, et nous ne tarderons certainement pas à en constater les heureux effets. Ces colonies ne demandent qu'à grandir, et n'attendent pour prendre leur entier développement que la rapide exécution d'intelligents travaux publics.

Après ces considérations générales, je voudrais examiner une à une les principales questions dont dépend, à mon avis, notre avenir colonial. Elles exigent une prompte solution, si l'on ne veut pas arrêter le mouvement en avant qui se dessine depuis quelques années, et qu'il serait d'autant plus fâcheux et maladroit d'enrayer que le principal effort est fait.

J'aborderai en premier lieu le « *Régime des concessions* ».

Loin de moi la pensée de m'élever contre la création de compagnies coloniales pour favoriser la mise en valeur des vastes territoires que le courage de nos soldats et de nos explorateurs a acquis à la France : mais les concessions accordées doivent réserver les droits des indigènes et n'entraîner aucun monopole commercial. Je ne pense pas non plus qu'en matière de concessions, il soit possible de les couler toutes dans le même moule et de procéder par une vue d'ensemble. Chaque colonie a son caractère propre et mérite d'être traitée suivant son degré de civilisation et de prospérité, suivant les aptitudes de ses habitants et leurs facultés de travail. Le Congo français a été découpé en tranches géographiques et attribué à divers concessionnaires ; — je fais les vœux les plus ardents pour que cet essai réussisse, mais il faut en attendre les résultats. — Le Congo du reste est un pays conquis, dont les indigènes, très clairsemés, n'ont jamais eu de droits définis sur le sol, et on peut espérer qu'ils trouveront, grâce à la civilisation qu'on leur importera, de larges compensations au monopole qu'ils vont subir. Leur état social est si peu développé que les difficultés ultérieures d'ordre politique ne sont guère à craindre. De plus, l'organisation commerciale est presque nulle dans ces territoires dont l'accès est difficile et qui se prêtent ainsi fort bien à une expérience, quelque hardie qu'elle soit. Il était à craindre, en effet, que, dans ce pays très imparfaitement connu, l'initiative individuelle des colons ne puisse de longtemps s'exercer utilement, et l'établissement de vastes périmètres de colonisation a eu pour principal but la constitution, entre les mains des concessionnaires, de monopoles commerciaux les mettant en mesure de drainer, au profit du négoce français, et d'amener jusqu'à la côte les produits de l'intérieur qui, sans ce privilège, pourraient être détournés par les colonies étrangères voisines. Doit-on conclure, avant même que l'expérience soit accomplie, qu'il convient d'étendre le même système de concessions à nos autres possessions : à Madagascar, au Sénégal, au Soudan, à la Guinée, à la Côte d'Ivoire et au Dahomey, à l'Indo-Chine, à la Nouvelle-Calédonie ?

Pour Madagascar, ce n'est point l'avis d'hommes qui connaissent à fond cette région : MM. Alfred Grandidier, Lallier du Coudray, le Myre de Villers et le général Galliéni lui-même. Par ce fait que Madagascar est une île, que les indigènes, en contact depuis longtemps avec les traitants européens, connaissent la valeur des produits naturels, le drainage de ces produits s'opère par le jeu normal de l'offre et de la demande, jusqu'à la côte où se trouve, en dernière analyse, leur unique débouché. D'autre part, les études activement poursuivies depuis quatre ans sur les ressources qu'offre la grande île à la colonisation, ont démontré que l'activité des colons peut et doit s'exercer, non seulement en vue de l'accroissement du commerce d'échange avec les indigènes, mais, de plus, en vue de la mise en valeur effective du sol par la culture, l'élevage et l'industrie. Madagascar présente à la fois les caractères d'une colonie de commerce, d'une colonie d'exploitation et d'une colonie de peuplement. Sur une superficie de 600.000 kilomètres carrés, notre nouvelle possession compte au maximum 4 millions d'habitants très inégalement répartis. L'Imerina et le Betsiléo, qui occupent à peine le dixième de la superficie totale, ont environ 1.400.000 âmes, soit plus des deux tiers de la population entière, et leurs habitants sont relativement plus intelligents et plus laborieux que ceux des autres régions. Cette partie de l'île n'offre donc pas de vastes territoires vacants et sans maîtres, susceptibles de faire l'objet de grandes concessions. Grâce à la salubrité du climat, les régions centrales se prêteront au contraire à la colonisation de peuplement lorsque leur accès sera devenu plus facile.

La zone côtière orientale présente, dans les vallées, de nombreuses rivières qui la parcourent, des terrains fertiles. Son climat, assez insalubre, est éminemment favorable aux cultures tropicales, en raison de la moyenne élevée de la température et de l'abondance des pluies. Les peuplades qui s'y trouvent sont de mœurs douces. Les régions du versant oriental doivent donc être réservées à la moyenne colonisation, et il serait inopportun d'y concéder de vastes territoires d'un seul tenant.

A l'exception des groupements signalés, on ne rencontre, dans les régions du versant occidental et du sud, qu'une population très clairsemée, aux mœurs encore primitives, incapable, par son initiative propre, non seulement de mettre le sol en valeur, mais encore d'exploiter, autrement que par des procédés barbares et destructifs, les richesses naturelles du pays, telles que le caoutchouc. L'effort individuel ne parviendrait pas à triompher des obstacles qu'opposent, dans cette partie de Madagascar, à la création d'une entreprise de colonisation, l'absence de routes, le défrichement des terres vierges, l'apathie et parfois la méfiance des indigènes. Il faut, cependant, qu'il s'établisse entre ces contrées et nous un contact de plus en plus étroit qui permette la pénétration progressive de notre civilisation, en même temps que le développement économique du pays par l'utilisation rationnelle du sol. C'est dans ces conditions que l'attribution de concessions dans cette portion de la grande île peut être avantageuse. Mais il ne saurait être question de constituer, par l'octroi de vastes territoires, des monopoles commerciaux, et la base de l'entreprise motivant la concession doit être la mise en valeur du sol.

Il s'agit donc de questions d'*espèce* dont la solution ne peut être utilement donnée au moyen d'un type unique de réglementation. La détermination des conditions dans lesquelles il convient d'accorder une concession à Madagascar doit donner lieu à une étude particulière, suivant chacun des cas qui se présentent; car à la région choisie, à la population avec laquelle le futur concessionnaire devra se mettre en contact, correspondent des formes spéciales d'occupation et de mise en valeur du sol.

Le régime de la propriété indigène à Madagascar est fixé par le code hova de 1881 et par la loi locale du 9 mars 1896, reconnaissant aux Malgaches la propriété des terrains bâtis ou cultivés. C'est par application de ce principe et du décret du 16 juillet 1897, que de nombreux indigènes ont fait immatriculer, en qualité de propriétaires, des maisons et des terres.

Voici du reste l'opinion que le général Galliéni a émise à ce sujet devant la Commission des concessions :

J'estime qu'il serait inopportun de procéder, au préalable, à l'établissement général des territoires susceptibles de se prêter à la grande colonisation, pour les concéder ensuite, dans des conditions uniformes, à des sociétés financières.

La mise en valeur de ces régions ne sera pas, de ce fait, entravée. Mais on évitera de provoquer, par une offre spontanée, des demandes de concessions qui pourraient n'être inspirées que par une pensée de spéculation. Par contre, les demandeurs sérieux sauront que leurs projets de colonisation à Madagascar seront mûrement étudiés et que toutes les indications de nature à en faciliter l'heureuse réalisation leur seront consciencieusement fournies. Ainsi seront prévenus des erreurs et des mécomptes. Les considérations qui précèdent sont déjà — en partie du moins — confirmées par les faits. Depuis deux ans, le département a été saisi de plusieurs demandes de grandes concessions qui ont fait l'objet sur place, de la part tant de l'administration locale que de la plupart des intéressés, d'un examen approfondi. Les demandeurs, à l'exception de deux dont les projets ont été soumis au département dans des conditions et des circonstances particulières, ont envoyé des représentants dans la grande île, avec mission de reconnaître les territoires à exploiter. La mise en valeur des territoires, d'ores et déjà choisis, assurera le développement économique d'une notable partie des régions du nord-ouest, du centre-ouest et du sud-sud-ouest.

Je m'empresse d'indiquer que l'administration locale ne saurait utilement se prononcer que sur les dispositions des projets de grande colonisation ayant trait au choix et à la superficie du territoire à concéder, aux conditions d'exploitation, aux relations réciproques des indigènes et du concessionnaire, enfin aux charges à imposer à ce dernier dans l'intérêt général et pour la sauvegarde des droits des tiers.

Il est d'autres questions que soulève l'attribution des grandes concessions; elles n'ont pas une moindre importance que les précédentes, je veux parler des garanties que doivent réunir les futurs concessionnaires, des conditions de constitution des sociétés. Ces questions ne peuvent être avantageusement résolues que dans la métropole, en raison de la compétence spéciale qu'exige leur étude, des points très délicats qu'elles présentent, des moyens d'information dont dispose le département. Ainsi, par cette collaboration étroite du gouvernement de la Colonie avec l'administration centrale, sera assurée, autant que possible, semble-t-il, sans hâte intempestive, mais sans entrave, la mise en valeur rationnelle des territoires de Madagascar où peut s'exercer l'initiative des Sociétés de colonisation.

Nos colonies de la côte occidentale d'Afrique : le Sénégal-Soudan, la Guinée, la Côte d'Ivoire et le Dahomey, sont, pour ainsi dire, de vieilles colonies, parce qu'elles ont été longtemps sous notre influence directe avant d'être placées sous notre domination effective. La France y a pris pied depuis le xviie siècle ; des comptoirs y ont été fondés, des traités réguliers passés avec les autorités du pays : il existe donc de part et d'autre des droits qui ne sauraient être méconnus, et le respect de ces droits n'est compatible, ni avec les systèmes de concession qui ont prévalu au Congo, ni avec ceux dont je suis partisan pour Madagascar.

On comprend aisément que le partage du Congo ait éveillé les appétits au sujet de l'Afrique occidentale : la Guinée, par exemple, est un morceau tout à fait bon à prendre. Une colonie qui, en dix ans, a porté son commerce à plus de 20 millions ; qui a su, malgré le voisinage de la colonie anglaise, attirer à elle et enlever à Sierra-Leone tout le commerce de son hinterland ; qui a fait passer ses recettes budgétaires de 300,000 francs à 2,000,000, serait évidemment la terre promise des concessionnaires. Mais précisément cette fortune prouve qu'elle n'a pas besoin, pour vivre et prospérer, d'un régime de monopole. J'admets parfaitement, je le répète, l'existence de puissantes compagnies coloniales pour la mise en valeur de territoires qui, sans un tel organisme, resteraient inexploités. J'admets encore que de telles concessions puissent se justifier, même dans les colonies où la libre concurrence suffit au développement normal du commerce, lorsqu'il s'agit d'œuvres hors de proportion avec les facultés individuelles, telles que la construction d'une voie ferrée. Mais, en dehors de ces cas, la concurrence est encore le moyen le plus énergique d'assurer le progrès régulier d'une colonie déjà bien constituée, comme aussi le seul qui respecte les droits de ceux de nos nationaux qui ont jadis, à leurs risques et périls, sur des plages dangereuses et malsaines, fondé des comptoirs, base de la colonisation ultérieure; les droits des étrangers qui se sont établis à l'ombre de notre pavillon; les droits enfin des indigènes qu'il est plus nécessaire que jamais de protéger et d'attacher au sol, en leur assurant un régime foncier qui tienne compte des usages de la population et des droits légitimes des immigrants.

La richesse coloniale ne s'évalue point par le nombre des actions émises. Elle se chiffre par la quantité et l'importance des transactions commerciales, par les travaux publics entrepris, par les kilomètres de voies ferrées construits, par le nombre de navires qui relient les colonies à la Mère-patrie.

Ces observations s'appliquent également au Dahomey et à la Côte d'Ivoire: mais au sujet de cette dernière colonie vient s'ajouter une circonstance tout à fait aggravante. C'est que le système des concessions y a déjà fait son inquiétante apparition, il y a quelques années, et que, sur les plaintes unanimes de l'Administration locale et du commerce menacé dans ses intérêts vitaux, le Gouvernement métropolitain décida le retrait de la concession accordée. Ce retrait fut opéré moyennant la lourde indemnité de 2,000,000 de francs, infligée à la colonie au profit de la compagnie concessionnaire.

Quant aux indigènes, qui ont, pour la plupart, accepté volontiers la domination de la France, qui ont été délivrés par elle du joug de maîtres odieux tels que Samory, est-il admissible qu'au lieu de leur donner aide, protection et justice, comme nous le leur avons promis, nous leur apportions une nouvelle forme d'esclavage, — l'esclavage économique, — qui les privera à la fois de la propriété de leur sol, des produits de leur travail et même de leur légitime salaire? Et il faut bien se persuader qu'il ne s'agit pas ici de sauvages, mais de races d'une culture relativement avancée, et qui, depuis de longues années, ont appris à goûter les bienfaits résultant de la liberté des transactions commerciales.

L'avis des gouverneurs de ces colonies, dont il est difficile de nier la compétence, est identique à celui que je défends en ce moment : eux aussi considèrent, comme une véritable calamité l'application du régime des concessions à leurs territoires.

Je crois enfin que l'Etat, le pays tout entier, se trouvent directement intéressés dans cette question. Sans m'arrêter aux difficultés d'ordre diplomatique qui pourraient résulter du préjudice que de nombreux sujets étrangers éprouveraient par suite de l'application du système des concessions, je ne ferai plus qu'une objection : c'est qu'une grande nation comme la France ne peut voir avec indifférence un régime de faveurs et de privilèges se substituer au régime d'initiative personnelle et de libre concurrence qui a jusqu'ici prévalu dans nos colonies de l'Afrique occidentale, à leur plus grand profit. Alors que des hommes clairvoyants proclament que l'avenir appartiendra aux nations qui feront preuve d'énergie, de combativité, d'initiative, notre pays ne peut pas retourner de propos délibéré à un système suranné, condamné par l'expérience de tous les grands peuples colonisateurs.

En Indo-Chine, où les moyens de communication ont fait des progrès réels, la colonisation agricole est en train de prendre une assez grande extension, et le système des concessions à accorder diffère des principes appliqués au Congo et dans certaines régions de Madagascar. Jusqu'à présent, la production du riz était la plus répandue ; or, le sol de l'Indo-Chine permet d'autres cultures, telles que le thé, le tabac, le cacao, le manioc, la vanille, le coton, et je ne doute pas que les nouveaux concessionnaires ne se livrent à la culture de ces produits dont l'écoulement sera facile, grâce au réseau de voies ferrées actuellement en construction et dont je parlerai plus loin. Les progrès de l'agriculture enrichiront ainsi colons et indigènes, et développeront les relations commerciales. L'Indo-Chine cependant n'est pas un pays de petite colonisation et exige des capitaux importants pour fonder une entreprise. Cette opinion m'est confirmée par les conversations que j'ai échangées avec bon nombre de nos compatriotes établis en Indo-Chine et qui apprécient tous qu'un capital de 50 à 100,000 francs est indispensable au début pour réussir.

La Nouvelle-Calédonie, au contraire, est, au point de vue agricole, une colonie de petite colonisation, et, grâce aux persévérants efforts de M. le gouverneur Feillet, le problème paraît résolu. Je ne parle, bien entendu, que des concessions agricoles et non des concessions minières, qui exigent au contraire d'importants capitaux. Depuis 4 ans, cinq cents propriétés agricoles ont été fondées dans la colonie ; 148 jeunes gens du pays ont pris des concessions ; 379 familles d'émigrants, de fonctionnaires retraités ou de militaires s'y sont installées ; on peut évaluer à plus de 1200 personnes l'augmentation de population qui a été le résultat de ce mouvement, et à plus de 4 millions de francs l'introduction des capitaux nouveaux. Ainsi que le fait remarquer M. Feillet (1), ce qui est le plus significatif, ce qui démontre le plus clairement que nous ne sommes pas en présence d'un mouvement factice et que les concessionnaires installés sont satisfaits des résultats de leurs exploitations, c'est la proportion croissante des émigrants dus à l'auto-recrutement, c'est-à-dire au recrutement par les colons eux-mêmes, qui font venir de France leurs parents et leurs amis.

On voit, d'après ce rapide aperçu et les quelques exemples que j'ai cités, que chaque colonie réclame son régime spécial de concession, et que dans une même colonie on doit recourir à des systèmes différents suivant les zones, le climat, la nature du sol et la densité de la population. Il est donc chimérique de prétendre procéder par voie de règlements généraux et uniformes. Ainsi que je l'ai déjà dit, chaque concession est en quelque sorte une question d'espèce et le gouvernement local doit jouer en la matière un rôle prépondérant, le

(1) Discours à la session ordinaire du Conseil général du 19 juin 1890.

gouvernement métropolitain se réservant le soin de s'assurer de la moralité, de la nationalité et des moyens financiers des concessionnaires.

Enfin, pour exprimer toute ma pensée sur cette question, l'une des plus graves pour notre avenir colonial, je souhaite plus que personne que le gouvernement, avant de concéder une fraction grande ou petite du sol colonial, dans les régions où il est opportun de le faire, commence par y régler définitivement le régime foncier, par sauvegarder les droits primordiaux de l'État et de la colonie, par s'assurer de la moralité, de la capacité, de la nationalité et des moyens financiers du postulant. Mais, une fois ces précautions prises, je voudrais qu'on laissât les concessionnaires tranquilles ; qu'on ne mît pas à leurs trousses une nuée de fonctionnaires chargés de les contrôler, de vérifier leurs livres, de savoir s'ils perdent ou s'ils gagnent ; je voudrais, en un mot, que l'État restât étranger à la direction de leurs affaires, ou s'y immisçât le moins possible. Si les concessionnaires gagnent de l'argent, tant mieux....... il est même indispensable qu'ils en gagnent pour que d'autres suivent leur exemple, et il faut bien se mettre dans l'esprit qu'une concession coloniale, si avantageuse qu'elle soit en apparence, vaut surtout par l'activité, l'expérience de celui qui est chargé de la mettre en valeur, et qu'en faisant bien ses propres affaires, le concessionnaire, comme le commerçant, assure la prospérité de la colonie où il s'est établi. En soumettant au contraire les concessionnaires à des règlements vexatoires et quasi-uniformes, le gouvernement écarte les citoyens qu'il aurait le plus d'avantage à s'attacher, et il acquiert des concours parfois douteux, le plus souvent incertains, et même dangereux pour le succès de la colonisation.

Les coloniaux se plaignent souvent et avec raison des difficultés qu'ils éprouvent à trouver de l'argent pour exploiter telle ou telle concession obtenue dans une de nos colonies et je parle bien entendu de gens sérieux, ayant étudié leur affaire sur place, et offrant les garanties de moralité et de capacité qu'on est en droit d'exiger. Ils s'en prennent assez volontiers à nos grandes sociétés de crédit de la capitale et de la province et les accusent de faire la sourde oreille, presque systématiquement, toutes les fois qu'il s'agit d'une affaire coloniale. La raison en est très simple, c'est que nos sociétés de crédit ne sont pas instituées pour ce genre d'affaires. A l'exception de la banque d'Indo-Chine, qui est une banque d'émission et opère dans un rayon déterminé, les autres sont des banques de dépôts qui ont toujours à se préoccuper d'avoir un portefeuille négociable et ne peuvent par conséquent placer des fonds et les immobiliser dans des affaires d'aussi longue haleine que les affaires coloniales, dont il faut, la plupart du temps, savoir et pouvoir attendre les résultats.

On ne peut donc résoudre le problème qu'en créant un établissement spécial, dont le but sera de favoriser les entreprises coloniales qu'il jugera bonnes et dont les intéressés, les actionnaires, sauront parfaitement qu'ils ont donné leur argent dans ce but. Il existe dans les pays étrangers et notamment en Belgique des établissements de ce genre qui rendent les plus grands services mais dont le capital est étranger ou tout au moins international. Il faudrait en créer un à Paris sur ce modèle, mais exclusivement français, parce que le règlement imposé aux concessionnaires coloniaux leur interdit de composer leur capital avec plus d'un tiers d'argent étranger.

Cette question présente une très grande importance car bon nombre de coloniaux n'ont pas d'argent mignon et, faute d'en pouvoir trouver, ne peuvent employer leur activité, leur expérience et même tirer parti des concessions qui leur ont été octroyées, en échange des services qu'ils ont rendus au pays et après de longues années de travail et de séjour aux colonies.

Cette étude sur le régime des concessions m'amène à parler de *la colonisation par l'armée*. La méthode que le général Galliéni a mise en pratique à Madagascar, et dont il a lui-même donné la théorie dans son rapport d'ensemble sur la pacification, l'organisation et la colonisation de Madagascar, et dans son livre sur la Pacification de Madagascar, est incontestablement un des faits capitaux de l'histoire coloniale des dix dernières années. Déjà, il y a quelque cinquante ans, le maréchal Bugeaud, aux prises avec une situation analogue à celle où se trouvait Madagascar en 1896, quoique plus grave, avait cherché le moyen de conserver et de mettre immédiatement en valeur le terrain que nous conquérions sur les Arabes, et songé à employer ses soldats à cette tâche, en attendant l'arrivée de colons civils. Il avait créé des fermes et des villages militaires, composés d'une population de soldats-laboureurs, qui restaient enrégimentés et travaillaient au son du clairon et du tambour, prêts à reprendre le fusil au premier signal. Il avait résumé son système dans une formule heureuse, que l'histoire ne sépare plus de son nom : *Ense et aratro*. Cette formule, on peut aussi l'appliquer à la méthode coloniale du général Galliéni, bien que cette méthode présente avec celle du maréchal Bugeaud des différences capitales. Le trait fondamental de son système consiste dans l'emploi de l'armée aux différentes besognes que nécessite un territoire, sans s'occuper de savoir si cette besogne est d'ordre civil ou d'ordre militaire. L'armée conquiert, occupe, pacifie et colonise. Il n'y aurait pas grande originalité à dire que l'armée conquiert et occupe, ni même qu'elle pacifie, si le général Gallieni entendait la conquête, l'occupation et la pacification dans le sens traditionnel de ces mots. L'occupation militaire, telle que l'entend le général Galliéni, se définit : une *organisation qui marche*. Autrefois nos généraux procédaient contre l'ennemi, ou contre les bandes insurrectionnelles qui se forment presque toujours après la conquête proprement dite d'un pays, par *colonnes* qui se lançaient à la poursuite de ces bandes, tâchaient de les atteindre et de les exterminer. Le travail de ces colonnes ressemblait fort, dit M. Lavisse, à un travail de Pénélope. Les mauvais résultats de cette méthode apparurent dans la lutte que nos troupes durent soutenir au Tonkin contre les pirates, les célèbres Pavillons noirs. « Dans la chasse à courre que représente la poursuite d'une bande déterminée, écrivait en 1895 le général Duchemin au gouverneur-général de l'Indo-Chine, M. Rousseau, tous les avantages restent du côté de l'adversaire avec une évidence telle qu'il est superflu de la détailler ici ; et un résultat toujours partiel ne s'obtient qu'au prix de fatigues, de pertes, de dépenses qui ne sont certes pas compensées par le succès. » Ces raisons déterminèrent le général Duchemin et le gouverneur Rousseau à jeter les bases d'une méthode nouvelle, qui est celle que le général Galliéni appliqua à Madagascar sur une plus grande échelle et en la perfectionnant : au lieu de s'acharner à poursuivre le pirate ou l'insurgé, s'efforcer de lui rendre le terrain réfractaire, de lui en interdire l'accès ; « couvrir le pays d'un réseau serré de secteurs, à chacun desquels correspondent des unités militaires réparties en postes, constituant autant de noyaux de réorganisation locale sous la direction d'un personnel essentiellement dévoué et intègre, et formant ainsi une population provisoire, à l'abri de laquelle se reconstituent la population réelle et la remise en exploitation du sol » (gouverneur Rousseau). Le général Galliéni, ayant expérimenté cette méthode au Tonkin, qui doit à ces nouveaux errements la destruction de la grande piraterie, l'apporta avec lui à Madagascar. Pour venir à bout de l'insurrection qu'entretenaient la reine et ses ministres, il eut recours non pas à des marches rapides effectuées au moyen de colonnes, mais à l'occupation progressive. Les documents émanés de lui ont popularisé ces mots de *secteur*, de *cercle* et de *territoire*, qui sont les éléments essentiels de toute l'organisation. Ces trois termes représentent une hiérarchie de subdivisions territoriales, à la fois militaires et administratives, dont les chefs ou commandants sont uniformément des officiers, lieutenants ou capitaines pour le secteur, chef de bataillon pour le cercle, colonel pour le territoire, entre les mains de qui sont réunies les attributions militaires et les attributions civiles. « Le système appliqué par le général Galliéni, dit le colonel Lyautey, repose sur l'identité du commandement militaire et du commandement territorial. » Le second caractère essentiel de ce système c'est de précéder, et non pas de suivre l'occupation du pays. « Tous les éléments de l'occupation définitive et de l'organisation sont assurés d'avance ; chaque chef d'unité, chaque soldat sait que le pays qui va lui échoir sera celui où il restera, et chefs et troupes sont formés en conséquence. Et ainsi l'occupation successive dépose les unités sur le sol comme des couches sédimentaires. C'est bien une organisation qui marche » (colonel Lyautey). C'est sur cette répartition préalable des rôles, sur cette organisation progressive que le général Galliéni compte le plus pour donner à la conquête et à l'occupation un caractère tout différent de celui qu'elles ont eu jusqu'alors. Si l'expédition est dirigée par un chef désigné pour être le premier administrateur du pays ; si la troupe qui marche sous ses ordres sait qu'elle doit y séjourner, le coloniser ; si chacun de ceux qui conquièrent est directement intéressé à préserver, l'occupation militaire perd son caractère de destruction et d'extermination et prend un caractère, sinon pacifique, beaucoup moins violent du moins. Pas d'incendies de villages, pas de pillages, pas de massacres, pas de razzias : mais une modération exempte de faiblesse, qui préserve de la ruine pays et habitants ; « peu d'actions brillantes, peu de grands coups d'éclat, dit M. Lavisse : mais beaucoup de petits actes consciencieux. » Par suite se modifient aussi les qualités exigées des officiers qui dirigent cette occupation : de telles conditions supposent chez eux, outre le courage militaire, qui est indispensable, ce qu'on a coutume d'appeler le courage civique, et par surcroît un sens pratique aiguisé. Le modèle qui leur est offert, c'est ce colonel qui, guerroyant contre les Pavillons noirs, « se préoccupait bien moins de l'enlèvement du repaire que du marché qu'il y établirait le lendemain » (colonel Lyautey). L'acte de courage, d'après ces nouveaux principes, peut consister, au rebours des idées généralement admises, dans le fait de ne pas user de ses forces, de retenir ses hommes, d'éviter une action. « Chargé, il y a un an, de soumettre une région sakalave insurgée, le commandant d'infanterie de marine Ditte, raconte le colonel Lyautey, s'était fait une loi absolue d'épargner, de pacifier, de ramener cette population. Je le revois encore abordant un village hostile, et, malgré les coups de fusil de l'ennemi, déployant toute son autorité à empêcher qu'un seul coup ne partît de nos rangs, et y réussissant, ce qui, avec les tirailleurs sénégalais, n'était pas facile. Je le revois, lui et ses officiers, en avant, à petite portée de la lisière des jardins, la poitrine aux balles, et, avec ses émissaires et ses interprètes, multipliant les appels et les encouragements. Et, comme cet officier était aussi un très bon et très habile militaire et qu'il avait pris d'heureuses dispositions, menaçant les communications, rendant difficile l'évacuation des troupeaux, il réussit, après des heures de la plus périlleuse palabre, à obtenir qu'un Sakalave se décidât à sortir des abris et à entrer en pourparlers. Et ce fut la joie aux yeux que, le soir venu, il me présenta le village réoccupé, en fête, les habitants fraternisant avec notre bivouac, à l'abri du drapeau tricolore, emblème de paix. » Voilà le type de l'action d'éclat, du fait de guerre selon le nouveau système. M. Lavisse en a dégagé la philosophie dans quelques lignes d'une grande portée. « Ce système, dit-il, fait appel surtout aux forces morales du soldat et de l'officier, à la patience, à l'énergie, à l'intelligence, à la bonne humeur : en cela il est bien français. Il suppose un chef assez sûr et conscient de son courage et de son autorité pour n'avoir pas besoin de faire montre de sa bravoure, pour n'avoir pas de plaisir à limiter l'initiative de ses subordonnés : le système en cela est moderne. Il suppose chez les subordonnés une notion du devoir, une compréhension et un respect de l'intérêt commun, une soumission raisonnée de l'individu au bien général et à l'utilité commune, qui en font quelque chose de vraiment démocratique. »

Cet appel à l'intelligence et à l'initiative de ses subordonnés, le général Galliéni en donne l'exemple dans ses rapports avec ses officiers. Dans les instructions et les circulaires qu'il leur adresse, souvent il ne leur donne pas d'ordres ; il leur explique sa pensée, leur expose ses principes et leur trace les grandes lignes de leur rôle. Le mot de « collaboration » convient parfaitement à cette manière d'entendre le commandement. Aussi son instruction du 22 mai 1898 est-elle un véritable manifeste. « Le meilleur moyen, pour arriver à la pacification dans notre nouvelle et immense colonie, est d'employer l'action combinée de la force et de la politique. Il faut vous rappeler que, dans les luttes coloniales, nous ne devons détruire qu'à la dernière extrémité, et, dans ce cas encore, ne détruire que pour mieux bâtir. Toujours nous devons ménager le pays et ses habitants, puisque celui-là est destiné à recevoir nos entreprises de colonisation futures, et que ceux-ci seront nos principaux agents et collaborateurs pour mener à bien ces entreprises. Chaque fois que les incidents de guerre obligent l'un de nos officiers coloniaux à agir contre un village ou un centre habité, il ne doit pas perdre de vue que son premier soin, la soumission des habitants obtenue, sera de reconstruire le village, d'y créer un marché, d'y établir une école. C'est de l'action combinée de la politique et de la force que doit résulter la pacification du pays et l'organisation à lui donner plus tard. L'action politique est de beaucoup la plus importante. Elle tire sa plus grande force de l'organisation du pays et de ses habitants. »

Au fur et à mesure que la pacification s'affirme, que le pays se cultive, que les marchés se rouvrent et que le commerce reprend, le rôle du soldat passe au second plan, celui de l'administrateur commence. Il faut, d'une part, étudier et satisfaire les besoins sociaux des populations soumises ; favoriser, d'autre part, l'extension de la colonisation qui va mettre en valeur les richesses naturelles du sol, ouvrir les débouchés au commerce européen.

Ces fonctions administratives semblent incompatibles, au premier abord, avec l'idée que l'on se fait du militaire dans certains milieux. C'est là, cependant, le véritable rôle de l'officier colonial et de ses dévoués et intelligents collaborateurs, les sous-officiers et soldats qu'il commande. C'est aussi le plus délicat, celui qui exige le plus d'application et d'efforts, celui où il peut révéler ses qualités personnelles, car détruire n'est rien, reconstruire est plus difficile. D'ailleurs les circonstances imposent inéluctablement ces obligations. Un pays n'est pas conquis et pacifié quand une opération militaire y a décimé les habitants et courbé toutes les têtes sous la terreur qu'inspirent les procédés qu'elle est obligée d'employer ; le premier effroi calmé, il germera dans la masse des ferments de révolte, que les rancunes accumulées par l'action brutale de la force multiplieraient et feraient croître encore. Tout au moins il restera dans les esprits une méfiance instinctive qu'il faut à tout prix calmer. L'organisation des territoires militaires, avec sa surveillance étroite, est seule capable de pénétrer assez profondément le pays pour y détruire les germes de rébellion. Enfin, comprenant que ses officiers pourraient se trouver pris entre ses instructions et des règlements militaires édictés pour la métropole, il coupe court d'avance à leurs hésitations et lève leurs scrupules. « Les commandants territoriaux devront comprendre leur rôle administratif de la façon la moins formaliste. Des règlements, surtout aux colonies et en matière économique, ne posent jamais que des formules générales, prévues pour un ensemble de cas, mais inapplicables souvent au cas particulier. Nos administrateurs et officiers doivent défendre au nom du bon sens les intérêts qui leur sont confiés, et non les combattre au nom du règlement. » Voilà donc un territoire conquis et occupé en le conservant intact à la colonisation : le rôle de l'armée se borne-t-il à cela? Va-t-elle céder la place à l'administrateur civil, au colon civil, ou attendre l'arme au pied leur arrivée? On pensait jusqu'alors que le plus qu'elle pût faire était de tenir compte, en conquérant, de la colonisation future : le général Galliéni pense qu'elle doit la commencer. « Le rôle du soldat et de l'officier ne doit pas se borner à l'action militaire, mais il a une mission plus étendue et plus élevée au début de nos nouvelles colonies, et il lui appartient de commencer l'organisation et la mise en valeur des territoires que sa bravoure a donnés à la France. » Dès le moment où le premier village a été occupé commence « l'utilisation civile de l'armée. » Le général Galliéni n'aime pas le spectacle de la force perdue ; le rôle du bataillon qui tient garnison, l'arme au pied, dans un village malgache lui paraît aussi déprimant que stérile. Ce qu'il poursuit, c'est « l'utilisation coloniale de chaque homme du corps d'occupation conformément à ses aptitudes. »

(Colonel Lyautey). Par son ordre, les soldats de la compagnie qui viennent de pacifier un secteur se transforment en laboureurs, en jardiniers, en ouvriers, en contre-maîtres, en instituteurs. Ils se répartissent entre les villages, deviennent les instructeurs des indigènes réconciliés avec eux, leur enseignent les bonnes méthodes agricoles, les métiers de nos artisans, fondent des fermes modèles, des ateliers, des écoles où les petits Malgaches viennent apprendre la langue française et des notions élémentaires de calcul. Pendant ce temps, leurs camarades sont employés à faire des routes, à construire des ponts, à élever des maisons, enfin à exécuter tous les travaux nécessaires pour mettre une région en exploitation. Au bout de quelques mois de ce labeur, non seulement le pays s'est repris à sa vie normale et régulière, mais il s'ouvre à une vie supérieure, plus active, plus moderne, plus heureuse, en un mot, à la civilisation. Le général Galliéni a encore donné lui-même la théorie de cette méthode, dont les heureux effets peuvent s'apprécier à Madagascar, par tant de cultures, de fermes, d'écoles professionnelles, d'écoles primaires en plein fonctionnement, de routes aujourd'hui livrées à la circulation. « Pendant la période qui suit la conquête, les troupes n'ont plus qu'un rôle de police, qui passe bientôt à des troupes spéciales, milice et police proprement dite ; mais il est sage de mettre à profit les inépuisables qualités de dévouement et d'ingéniosité du soldat français. Comme surveillant de travaux, comme instituteur, comme ouvrier d'art, comme chef de petit poste, partout où l'on fait appel à son initiative, à son amour-propre, à son intelligence, il se montre à la hauteur de sa tâche. Et il ne faudrait pas croire que cet abandon momentané du champ de manœuvre soit préjudiciable à l'esprit de discipline et au sentiment du devoir militaire. Le soldat des troupes coloniales est assez vieux, en général, pour avoir parcouru maintes fois le cycle des exercices et n'avoir plus grand chose à apprendre dans les théories et assouplissements auxquels on exerce les recrues en France. Les services qu'on réclame de lui, au contraire, entretiennent une activité morale et physique qui est décuplée par l'intérêt de la besogne qui lui est confiée. » La confiance que le général Galliéni plaçait dans les ressources de ses soldats, n'a pas été trompée. « Je les ai employés, disait-il naguère, à tous les métiers ; j'en ai même fait des instituteurs. Dans une de mes tournées, visitant une de nos écoles, les jeunes Malgaches entonnèrent devant moi la « Marseillaise », mais avec un petit accent marseillais que je ne pus m'empêcher de remarquer. Toutefois le « présent, mon général » de notre instituteur m'en donna bien vite l'explication : c'était un soldat marseillais et, en même temps qu'il apprenait la « Marseillaise » à ses élèves, il avait voulu qu'on sache bien qu'il était de la Provence. » Il faut lire, dans les remarquables articles de M. Lavisse, la description si vivante des multiples établissements scolaires, agricoles, industriels dont nos soldats se sont improvisés directeurs, et l'on partagera alors l'étonnement de ce consul étranger qui s'exclamait : « Mais ils font donc tout, vos sous-officiers, ils sont donc bons à tout ! » Un passage du colonel Lyautey nous permettra de saisir sur le vif cette transformation d'un corps de troupes en tout un personnel ouvrier, d'y assister pour ainsi dire. « Il me souvient d'avoir trouvé, dans un poste où je comptais établir le siège d'un commandement important, une compagnie d'infanterie de marine, épuisée par les trois années de campagne et d'insurrection, anémiée, oisive, incapable de fournir un service actif, mais d'ailleurs concentrée dans la main de son chef et accomplissant les rites métropolitains aux heures traditionnelles du tableau de service. Il était visible que ces hommes, à 3,000 lieues de leur village, mal abrités, inoccupés, périssaient d'ennui, de spleen et de mal du pays. Malgré les objections tirées de l'état de santé de ces hommes, de l'impossibilité qui en résultait de les livrer à eux-mêmes, loin de l'infirmerie et de la surveillance, de leur état de dépression, de la nécessité de les avoir sous la main, je les ai dispersés sur l'heure. Ils se sont transformés en contre-maîtres d'une école professionnelle, en chefs d'exploitation agricole, en jardiniers, en constructeurs de routes et, deux mois après, à ce ramassis d'infirmes s'était bien réellement substituée une compagnie prête à se rassembler au coup de sifflet, l'œil clair, le jarret sec, l'allure dégagée et le fusil prêt. C'est que chacun d'eux, en face d'une responsabilité et d'une initiative, s'était ressaisi : qu'ils avaient retrouvé une raison de vivre. » Ce qui a frappé le colonel Lyautey dans ce fait, c'est la résurrection morale et physique de ces hommes sous l'influence du travail, l'argument fourni par leur exemple contre l'objection classique de la « démilitarisation » ; ce qui nous frappe nous, en dehors de toute préoccupation militaire, c'est ce coup de baguette qui, d'un certain nombre de « marsouins », fait autant d'ouvriers, et de bons ouvriers.

L'officier qui donne ce coup de baguette espère cependant qu'il aura une action encore plus grande, plus lointaine, et que, du marsouin devenu ouvrier, il fera un colon. « En intéressant ainsi le soldat à notre œuvre dans le pays, dit le général Galliéni, on finit par l'intéresser au pays lui-même. Il observe, il retient, il calcule même et, souvent, au moment de sa libération, il sera décidé à mettre en valeur quelque coin de terre, à utiliser dans la colonie les ressources de son art, à la faire bénéficier, en un mot, de son dévouement et de sa bonne volonté. Il devient un des plus précieux éléments de la petite colonisation, complément indispensable de la grande. »

La colonisation militaire apparaît donc comme le couronnement de tout ce système. Et en effet, le soldat qui est arrivé à Madagascar depuis deux ou trois ans, est acclimaté, connaît le pays, la langue, les habitants, a déjà fait son apprentissage de colon dans le poste où l'on a mis ses talents à contribution ; c'est un colon tout porté et tout formé. L'emploi civil auquel il a été utilisé après la pacification de son secteur, représente pour lui la période de tâtonnements aux termes de laquelle tant d'émigrés ne parviennent même pas. « A Madagascar, dit le colonel Lyautey, la petite colonisation par le soldat libérable (et non libéré), donne lieu à une expérience intéressante et jusqu'ici satisfaisante. Le soldat désireux de se fixer dans la colonie, et présentant d'ailleurs toutes les garanties, reçoit une concession dès sa dernière année de service et est mis en mesure d'en commencer immédiatement l'exploitation. En lui attribuant une concession tandis qu'il est encore au service, tandis que l'état pourvoit encore à ses besoins, et en lui faisant des avances de semences et de matériel, on l'amène graduellement à sa libération, qui coïncide avec le moment où il entre de plain-pied dans la période de rendement utile de son exploitation. »

Pour qu'il n'y ait pas seulement colonisation, mais encore peuplement, il faudrait marier ces anciens soldats avec des femmes françaises, et si, grâce à la Société d'émigration des femmes, fondée par Mme Péjard, on arrive à résoudre ce problème, on peut entrevoir, « sur ce plateau central si sain de Madagascar, la formation d'une race de petits colons de bon sang français, trempés, habitués à peu, tenant à ce sol qu'ils auront mis en œuvre, ayant gardé l'habitude héréditaire du fusil. Et qui sait, ce sont peut-être des Boers français que l'on préparerait ainsi ! » (col. Lyautey). Il existe déjà de telles familles qui se sont établies sur l'Imerina, exploitent une petite concession et ne se repentent pas du parti qu'elles ont pris. « Dernièrement, raconte M. Jully, sur la route de Tananarive, aux environs de Manjakandriana, je voyais marcher devant moi l'un de ces soldats libérés. Je le hêlai : il allait au marché voisin vendre des bestiaux, rayonnant et guilleret. Il était arrivé en 1897, sans argent ; pourvu d'un petit emploi près de la forêt, il travailla, étudia les ressources du pays, se mit en relations avec les indigènes. Toutes les facilités lui furent données : il obtint une concession, fit venir sa femme, et aujourd'hui la culture et l'élevage, en lui garantissant l'existence, lui donnent encore les moyens d'augmenter son exploitation. « Vous allez voir le général avant moi, me disait-il tout ému, dites-lui que ça marche bien, et grâce à lui. »

Telle est la méthode coloniale que le général Galliéni a appliquée et applique encore à Madagascar. La clarté de l'exposition oblige à distinguer plusieurs phases ; en réalité, l'emploi des divers procédés qui la composent est simultané, vu l'immensité de l'île et le degré de soumission de ses différentes parties, et telle région, le sud par exemple, n'en est encore qu'à l'occupation tutélaire que nous décrivons, tandis que dans l'Emyrne, la colonisation militaire a déjà fait son apparition. Cette simultanéité résulte d'ailleurs de l'idée maîtresse à laquelle obéit la méthode entière, idée qui paraît être de ne pas retarder d'un instant la mise en valeur d'un territoire, et de se servir pour cela des instruments que l'on a sous la main, en les adaptant au nouveau travail que l'on exige d'eux. Et c'est en cela qu'elle tient compte autant des intérêts de la colonie que de ceux de la métropole, qui a tout avantage à ne pas conserver longtemps une colonie improductive, un capital mort. L'existence d'un commandant de territoire nous le montre faisant jouer tour à tour tous les rouages de cette machine si simple, accomplissant tous les actes d'une mission à la fois très bien définie dans son esprit et volontairement vague dans ses moyens, tour à tour administrateur et capitaine. Le commandant supérieur du sud de Madagascar, par exemple, va prendre possession de son territoire. Un de ses officiers l'a précédé à Fianarantsoa, sa capitale, pour y installer la résidence et tout préparer en vue de son arrivée : il traînait avec lui tout un convoi, des étalons, des juments, des ânes, car son chef a l'intention de créer un haras. En descendant de son filanzane, le colonel, sans perdre un instant, organise son commandement, prend connaissance des multiples rapports des commandants de cercles et leur envoie ses ordres : besogne intéressante, mais combien abondante. Trois officiers, qui composent son cabinet, y suffisent à peine. La correspondance expédiée, il va visiter la jumenterie qui s'organise ; les murs commencent à sortir de terre, et l'on espère que dans un mois tous les animaux seront installés. On se préoccupe déjà de semer pour eux des prairies artificielles et l'on écrit en Europe de faire venir de chez Vilmorin des carottes et des graines de plantes fourragères. Que de personnes seraient étonnées si on leur disait quelles sont les commissions d'un lieutenant de cavalerie à Madagascar! Puis il faut recevoir les colons et écouter leurs doléances. En l'absence du maître, tout ce petit monde s'est désuni : l'un demande de la main-d'œuvre gratuite, l'autre réclame contre un fonctionnaire de la province, les jésuites et les missionnaires protestants s'accusent mutuellement de s'enlever leurs élèves. Le colonel les reçoit tous bien, leur parle des intérêts de la colonisation, rappelle aux jésuites des souvenirs de la rue des Postes, et, comme il est un érudit, il « colle » les protestants sur l'œuvre de Luther et de Calvin ; il les renvoie tous enchantés. Mais voici que reviennent d'une expédition dans le sud, deux lieutenants, tous deux blessés : ils annoncent que la soumission des Mahafales est encore incomplète et a besoin d'être affermie ; et le colonel décide de prendre lui-même le commandement d'une reconnaissance qui se dirigera sur Farafanghana, afin de tenir, dans les principaux villages, quelques kabarys, et tâcher d'obtenir la soumission définitive de ces peuplades.

Tel est le cycle immense dans lequel doit s'exercer l'activité d'un commandant de territoire. Personne ne met en doute la bonne volonté de nos officiers ; mais on s'est demandé s'ils avaient les qualités et les connaissances voulues pour s'acquitter comme il faut des fonctions les moins militaires d'un tel commandement. On se trompe en s'imaginant qu'ils n'ont pas l'intelligence ouverte aux questions pratiques, qu'ils ne sont pas aptes à faire de bons directeurs de colonisation. La correspondance de ceux qui entourent le général Galliéni lève à ce sujet tous les doutes : elle abonde en détails précis et en observations justes sur l'agriculture, le commerce, la population, les ressources et les besoins de l'île. J'emprunterai à l'une de ces lettres l'exposé, alerte et familier, d'une des questions les plus délicates que suscite la colonisation de Madagascar : celle de la main-d'œuvre. « Après le climat, le plus grand défaut de ce bon pays, c'est qu'il est peuplé de quatre millions d'habitants. Vu l'étendue du pays, c'est maigre, et certaines régions très riches ne peuvent être cultivées, faute de bras. Il faut ajouter à cela que le Malgache réalise le type parfait du fainéant. Ce sont des gens qui vivent avec peu d'argent : dès qu'ils ont ramassé quelques sous, ils cessent de travailler et passent leur temps assis devant leur case, à « pétraker ». Ce mot vient du verbe malgache « pétrak » ; cela veut dire être assis à ne rien faire, flâner, rêvasser. Un Malgache qui a gagné cinq ou six francs et payé son impôt, n'a plus d'autre souci que de manger son riz tous les jours, de consacrer au pétrak la plus grande partie de la journée, et si, de plus, il peut avaler quelques verres de cette horrible eau-de-vie anisée que lui vendent les mercantis, et trouver une femme pour passer la nuit, il est le plus heureux des hommes. Vous jugez, d'après cela, le mal qu'on aura pour faire de ces gens des cultivateurs sérieux, ou des ouvriers aptes à abattre des besognes pénibles. Aussi, la grosse question dont se plaignent ici tous les colons, c'est toujours la main-d'œuvre, si rare et si médiocre. La solution la meilleure serait, de l'avis de tous, de faire venir de la main-d'œuvre chinoise ou indienne, de favoriser l'émigration des Indiens que la famine et la misère chassent de leur pays. Il faudrait traiter la question avec le gouvernement anglais et faire venir du monde le plus vite possible. Il n'y a qu'une partie de la population qui soit véritablement intéressante et laborieuse, c'est le bourjane. Malgré leur métier plutôt abrutissant, les bourjanes sont intelligents, très bons enfants, pleins d'entrain et, avec la promesse d'une pièce de 20 sous, on leur fait faire allègrement 80 kilomètres par jour à une vitesse de 6 kilomètres à l'heure. Ceux qui ont porté le sac savent que c'est là un résultat extraordinaire. » C'est à juste titre que cet officier se préoccupe de la question de la main-d'œuvre, car les grands travaux que le général Galliéni se propose d'exécuter prochainement vont exiger une main-d'œuvre bien plus nombreuse encore que les entreprises agricoles et industrielles. Pour parer à cette nécessité, on aura donc recours à la main-d'œuvre étrangère. L'idée fut un instant agitée, dans l'entourage du général, d'offrir un asile aux Boers. Cette fois, ce n'était pas avec le gouvernement anglais qu'il s'agissait de traiter la question, bien que ce fût peut-être en s'adressant à lui qu'on eût le plus de chances de s'entendre : ce ne fut là d'ailleurs, qu'une idée en l'air. On a déjà employé des Somalis, des Zanzibaristes et des Chinois à la construction de la route charretière de Tamatave à Tananarive. Les Somalis et les Zanzibaristes ne donnèrent pas de bons résultats. Seuls, les Chinois rendirent de véritables services, mais leur instinct mercantile les poussait à quitter le travail dès qu'ils avaient réuni un pécule suffisant pour faire du commerce, et le colonel Roques dut limiter l'emploi des coolies pour éviter les inconvénients de l'invasion asiatique. Il ne trouva d'abord à les remplacer, en fait d'indigènes, que par quelques Antaymoros ; mais la bienveillance et l'habileté dont le colonel Roques, ses officiers et le général Galliéni lui-même firent preuve envers cette première équipe, leur en amenèrent 3,000 sur les chantiers. Il y a donc une expérience à faire avec quelques-unes des peuplades de

Madagascar ; celle de la main-d'œuvre hindoue sera, paraît-il, bientôt tentée : je souhaite qu'elle réussisse.

Des efforts très sérieux ont déjà été faits pour résoudre ce difficile problème par l'introduction de main-d'œuvre étrangère à Madagascar. Dans la dernière assemblée générale du comité de Madagascar, MM. Guyon, Lacaze et Prudhomme nous ont rendu compte de la mission dont ils avaient été chargés aux Indes, à Java, en Chine et au Japon, pour étudier l'opportunité et les moyens de recruter des travailleurs dans ces pays. Les résultats de ces missions ont été très heureux. A Java, les délégués se sont mis en relations avec les autorités locales, ont entamé des pourparlers avec le gouverneur et le secrétaire général de la colonie ; à leur retour, ils ont soumis au ministre des colonies les mesures à prendre pour obtenir l'assentiment du gouvernement néerlandais. Ayant vu les travailleurs javanais à l'œuvre dans les plantations, ils estiment que ce seraient de bonnes recrues, capables d'apporter un concours précieux et pas trop dispendieux à la colonisation de Madagascar. Au Japon, où les délégués français ont visité les fermes-écoles, les établissements agricoles, les chantiers de travaux, le travailleur leur a laissé la meilleure impression. « C'est, disent-ils, un homme civilisé, qu'il faudra traiter en travailleur libre, en tenant compte de son caractère, en montrant surtout beaucoup de politesse à son égard... La main-d'œuvre japonaise représente comme rendement 65 0/0 de la main-d'œuvre européenne. Il serait essentiel de la choisir dans le sud du Japon, dans les districts agricoles, et de ne la dis-

tribuer à Madagascar que dans les régions saines, sur les hauts plateaux et dans certaines provinces côtières. »
Grâce aux pourparlers entamés par les délégués avec le gouvernement japonais et les principales maisons d'émigration, il dépend du gouvernement français de faire venir à Madagascar un lot important de Japonais.

M. le Dr Lacaze, qui s'est rendu seul en Chine, n'a pas été moins satisfait de ce qu'il a observé. Il a vu des provinces entières où le Chinois est essentiellement agriculteur, loin d'être le commerçant de naissance qu'est le Chinois originaire des villes côtières : c'est dans ces provinces qu'il faudrait recruter nos ouvriers, afin de ne pas susciter une redoutable concurrence commerciale à nos nationaux. Les Chinois ont paru à M. Lacaze être d'excellents ouvriers, qui ont d'ailleurs fait leurs preuves dans nombre de colonies étrangères. Cette main-d'œuvre lui paraît être aussi la moins chère de toutes. Il a donc déterminé, d'après des renseignements recueillis aux consulats de France, les villes qui serviraient de centres de recrutement, et ouvert des négociations avec les maisons européennes qui s'occupent de ces sortes d'engagements. Là encore, les conditions de recrutement et de transport sont déterminées : c'est au gouvernement français, d'accord avec le général Galliéni, à approuver les projets de contrat et à prendre les mesures nécessaires pour les exécuter. Or, depuis son retour à Madagascar, le général Galliéni a eu garde de négliger cette question : c'est au contraire une de celles auxquelles il a consacré le plus de temps et de soins. Souhaitons donc que le gouvernement métropolitain fasse preuve du même empressement, dans l'exécution des actes qu'il lui appartient seul de faire pour hâter la solution de ce problème vital. Il n'a pas à se laisser arrêter par la crainte de l'inconnu, car on a déjà recouru à la main-d'œuvre étrangère dans la grande île, et elle a donné d'excellents résultats. « A Diégo-Suarez, écrivait récemment un des plus utiles collaborateurs du général, on a fait appel de tous côtés pour suppléer au défaut de main-d'œuvre locale. Ce sont des Chinois qui terrassent, des conducteurs tunisiens avec leur voiture nationale, l'« Araba », si légère et pratique, qui assurent les transports, des Betsileos qui desservent les batteries de montagne, des Hindous qui font le trafic quotidien des camps. » Ainsi, ne compromettons pas le succès des grands travaux qui restent à accomplir, en négligeant d'assurer à la colonie les moyens de les mener à bonne fin.

L'application méthodique, intelligente, des principes de colonisation du général Galliéni par les collaborateurs dont il a su s'entourer a déjà produit un résultat significatif : elle lui a valu l'affection des indigènes, gagnés à la cause française par les bienfaits de son administration. C'est ce que vient de démontrer la réception qu'ils lui ont faite à son retour dans l'île. A l'arrivée du « Natal », à bord duquel se trouvait le général, Majunga pavoisée, avec ses maisons en planches à toiture de zinc, telles des baraques de forains, ressemblait à « une vaste foire de Neuilly ; » tous les Malgaches s'étaient réunis avec leurs femmes et leurs enfants, qui chantaient un refrain bizarre, où l'on reconnaissait vaguement la « Marseillaise. » A Tamatave, réception superbe : *l'Illustration* nous montrait dernièrement le général passant sous des arcs de triomphe. Mais l'accueil de Tananarive a dépassé tous les précédents : je cède la parole à un témoin oculaire. « Jamais on n'avait vu à Tananarive, même du temps des Hovas, une manifestation pareille. Les habitants de tous les villages des environs étaient venus et formaient la haie tout le long de la route jusqu'à plus de 20 kilomètres de la ville. C'était un spectacle extraordinaire que celui de cette foule énorme, vêtue de ses lambas de fête et agitant de petits drapeaux français. Lorsque le général a paru dans son automobile, l'enthousiasme a été fantastique : jamais on n'avait vu d'automobile à Tananarive. Dans la ville, l'aspect de la fête était également très curieux. Je ne parlerai pas de la partie officielle du programme qui n'avait rien d'original : mais les indigènes avaient décoré leurs maisons d'une façon très curieuse, avec des branches de rafia, des fleurs et de grands lambas de toutes couleurs. Ils avaient de plus fait des quantités d'arcs de triomphe, avec des inscriptions comiques; en voici quelques-unes : *Général, tous les jours où nous étions privés de votre présence étaient des moments où nous voulions vous voir; Les Malgaches entiers demandent comment se porte votre fatigue; Monsieur le général, comptez sur vos Malgaches à qui vous avez appris à aimer la France. Le père est revenu sur le pays où il a répandu ses bienfaits*, etc., etc. Arrivé à la résidence, le général a tenu un grand kabary, car il n'y a pas ici de bonne fête sans kabary. Il avait avec lui les anciens chefs rebelles pris pendant la répression de l'insurrection; ils ont tous été graciés, et le général leur a rendu la liberté. Cette cérémonie a produit un grand effet sur les populations. » Le général Galliéni avait réservé pour son retour l'annonce d'une bonne nouvelle : la suppression des prestations, qu'il proclama au cours de ce kabary. Jusqu'à ces derniers temps en effet, tous les Malgaches qui n'avaient pas de quoi se racheter devaient à l'Etat trois mois de travail comme prestataires. « Or ce régime, continue notre correspondant, avait le grand inconvénient de frapper uniquement la classe pauvre, celle qui travaille, et, comme la population est peu nombreuse, les colons trouvaient difficilement de la main-d'œuvre. Un autre inconvénient, c'est que les Hovas ne peuvent supporter le climat des régions de l'île autres que le plateau de l'Imérina. On envoyait les prestataires sur les routes, où ils mouraient dans des proportions plus grandes que les Européens. Vous voyez d'ici la joie avec laquelle la promesse du général a été reçue. Désormais c'est à la main-d'œuvre étrangère (Chinois et Hindous) que reviendra le travail des routes et du chemin de fer. Les indigènes pourront y contribuer comme ouvriers volontaires seulement. » Le général Galliéni ne pouvait agir d'une manière plus habile qu'en faisant coïncider son retour avec l'abolition de la corvée.

J'espère qu'on me pardonnera d'avoir consacré d'aussi longs développements à la méthode coloniale du général Galliéni. Elle peut d'abord servir d'exemple, je ne dis pas à nos conquérants, mais à nos colonisateurs de l'avenir, et ce qui me donne confiance dans l'efficacité de cet exemple, c'est que le général a déjà formé des élèves. Et ces élèves à leur tour en formeront d'autres, car cet enthousiasme, que l'un des plus dévoués auxiliaires du gouverneur de Madagascar m'avouait avoir éprouvé lorsqu'il fit au Tonkin la rencontre du colonel Galliéni, de nouveaux débutants le ressentent à leur tour en allant servir sous ses lieutenants. Ensuite, malgré les exposés magistraux qui en ont été faits dans la *Revue de Paris* et la *Revue des Deux-Mondes*, ce système est peut-être moins bien connu qu'on le croit, puisque, dans la séance du 27 novembre 1900, à la tribune de la Chambre, un député s'étonnait qu'un grand nombre des officiers du corps d'occupation de Madagascar eussent reçu « des affectations fort peu militaires ». Je m'étonne qu'il ne se soit trouvé personne pour faire observer à M. Pelletan qu'il avait défini la méthode même du général Galliéni. Enfin, j'estime qu'il vaut mieux insister sur les actes de nos compatriotes qui font honneur à leur humanité, à leur mansuétude, à leur penchant pour la civilisation, que de faire le jeu de nos ennemis, en révélant des atrocités, heureusement exceptionnelles, et dont les auteurs sont hors de notre atteinte. Jusqu'à ces dernières années, c'était un lieu commun que de vanter le caractère humanitaire de la colonisation française, et les gravures montraient tel de nos explorateurs, M. de Brazza par exemple, un rameau d'olivier à la main, donnant asile à des esclaves sous les plis du drapeau français. Ce sujet servait même de thème à des comparaisons peu flatteuses pour la colonisation britannique. Je ne veux pas chercher ce qu'il y a de vrai et d'exagéré dans ces déclamations, mais je ne crois pas que nous ayons démérité depuis lors et, en tout état de cause, je ne vois pas l'intérêt que nous avons à forger des armes contre nous-mêmes ; à moins que l'on ne veuille accréditer, après la légende du négociant sans conscience, celle du colonial sans entrailles.

*

Le développement des voies de communication, et, particulièrement, des lignes de chemins de fer, est une des nécessités qui s'impose avec le plus de force à notre gouvernement, s'il veut activer la mise en valeur de nos colonies. Il paraît l'avoir compris, et des efforts sont faits en ce moment même pour doter notre empire colonial d'un outillage économique en rapport avec les ressources qu'il offre. Il n'en est pas moins vrai que le besoin de voies de communication rapides se fait sentir dans presque toutes les colonies. « Notre réseau de chemins de fer coloniaux est des plus précaires, disait M. Étienne à l'un des derniers banquets de l'Union coloniale. A l'exception de l'Afrique du Nord, de l'Algérie et de la Tunisie, où nous possédons un réseau de 4.500 kilomètres, nos autres possessions se trouvent, sauf quelques rares exceptions, sans un kilomètre de rail. Au Sénégal, nous avons une ligne de 264 kilomètres, qui relie Dakar à Saint-Louis. Au Soudan, le chemin de fer de Kayes à Bafoulabé, après n'être sorti des sables que grâce à l'intervention personnelle d'un commandant d'infanterie de marine, qui avait charge d'administrer le Soudan, le commandant Galliéni, — mesure 132 kilomètres. Ajoutez les 127 kilomètres en exploitation à l'île de la Réunion, les 102 kilomètres de Phu-Luang-Thuong à Langson, au Tonkin, et vous aurez le total de nos lignes de chemins de fer dans nos colonies ». Combien c'est peu de chose, comparativement aux réseaux ferrés des colonies anglaises : 31.000 kil. dans l'Inde, 22.000 au Canada, 25.000 en Australie !

Il est vrai que de nouvelles lignes sont ou bien en cours d'exécution, ou bien à l'état de projets. Au Soudan, on a travaillé, jusqu'à présent, avec une lenteur déplorable, à la voie ferrée qui doit relier Kayes, sur le Haut Sénégal, à Toulimandio, sur le Niger moyen, avec embranchement sur Bammako. Si l'on met à construire les 426 kilomètres qui séparent Bafoulabé de Toulimandio, le temps que l'on a mis à franchir les 248 kilomètres qui séparent Kayes de Bafoulabé, soit dix ans, il est probable que cette ligne ne sera pas achevée en 1905. En outre, ce projet ne comportant aucune voie ferrée entre Saint-Louis et Kayes et la navigation du Sénégal présentant de grandes difficultés, « cette ligne, ainsi que le remarque M. Bohn (1), ne pourra être utilisée d'une manière régulière et ne rendra des services efficaces que le jour où l'on se décidera à construire un embranchement qui, d'un point de la ligne Dakar-Saint-Louis,

---

(1) M. Bohn, directeur de la Cie française de la Côte Occidentale d'Afrique.

ira atteindre Bakel et Kayes. » En Guinée française, une ligne de chemin de fer doit relier Konakry à Kardamania sur le Haut-Niger, en passant par Timbo et Kouroussa. Le gouvernement ne doit pas perdre de vue l'urgence de l'exécution de ce projet, s'il ne veut compromettre les résultats déjà atteints grâce à la construction de la route de Konakry au Niger, et le but même que se propose M. Ballay, à savoir d'attirer le commerce de cette région vers Konakry au détriment de Sierra-Leone. Quant à la Côte d'Ivoire, il existe un projet de chemin de fer qui doit se diriger soit de Grand-Bassam, soit d'Abidjean (Bingerville) sur le Baoulé, avec prolongement éventuel sur Kong; un embranchement relierait cette ligne à Bettré, sur la Comoé. Il est fâcheux que ce projet ne soit pas exécuté d'un seul tenant, et que la voie ferrée ne soit pas du premier coup portée jusqu'à Kong, qui est la véritable métropole commerciale de cette région. Enfin, au Dahomey, un chemin de fer partira de Kotonou, rencontrera à Paou un embranchement venu de Ouïdah, se dirigera ensuite vers Abomey, Carnotville et Say, sur le Niger, après un parcours de 750 kilomètres environ. Cela fait au total, pour l'Afrique occidentale française, quatre voies de pénétration, destinées à drainer vers la côte les produits des bassins du Sénégal et du Niger. Il n'existera, à proprement parler, de réseau complet que le jour où toutes ces lignes se rejoindront dans l'intérieur, au moyen d'une ligne médiane; quelques audacieux ajoutent : le jour où ce Transsoudanais ira se souder au Transsaharien, dans les environs de Tombouctou ou du lac Tchad. Mais, abstraction faite de ces espérances grandioses, l'établissement des quatres voies de pénétration que nous avons indiquées est de toute nécessité; M. Bohn en a remarquablement résumé les raisons. « Il est d'autant plus nécessaire d'agir promptement et avec résolution, dit-il, que nos entreprenants et énergiques voisins, les Anglais, ayant compris, un peu tard, la situation inférieure et difficile faite à leurs colonies de la côte occidentale d'Afrique par suite de l'extension des nôtres, se sont rapidement décidés à remédier à cet état de choses inquiétant pour eux, en dotant leurs principales colonies d'un réseau de voies ferrées qui pourrait bien, si nous n'y prenons garde, faire détourner vers leurs colonies la plus grande partie du mouvement commercial de nos possessions soudaniennes. Deux de ces chemins de fer sont déjà en construction : l'un part de Freetown (colonie de Sierra-Leone) et se dirige vers les sources du Niger, l'autre a pour tête de ligne le port de Lagos, et doit aboutir au point terminus du cours navigable du Bas-Niger. Un troisième chemin de fer est à l'étude, celui de la Côte-d'Or qui, partant d'un point non encore déterminé de cette colonie, sera très certainement poussé jusqu'à sa frontière septentrionale, et pénétrera ainsi au centre même des territoires que nous venons d'acquérir. Il ne faut pas être grand prophète pour prévoir qu'à moins d'agir de notre côté avec la même énergie, nous devons nous attendre, dans une dizaine d'années au plus, à voir se former dans le Soudan central français trois grands courants commerciaux aboutissant aux trois colonies anglaises de Sierra-Leone, de la Côte-d'Or et de Lagos. » Hâtons-nous donc d'agir, pour éviter ce danger, puisqu'il en est encore temps : j'ajouterai, qu'indépendamment de cette perspective inquiétante, l'intérêt immédiat de nos colonies de la côte occidentale devrait suffire à nous y déterminer. Leur commerce ne pourra prendre une extension réelle que par l'établissement de voies de communication rapides. Les fleuves ne sont navigables que sur une portion de leur cours et pendant une partie de l'année ; la nature friable du sol et la rareté des cailloux rendent difficile la construction de routes solides ; des obstacles naturels s'opposent presque partout à l'emploi d'animaux porteurs : ces différentes raisons font que les transports s'opèrent encore aujourd'hui à dos d'homme, ou plus exactement à tête d'homme et à la file indienne, le long des sentiers qui sillonnent le Dahomey ou la Guinée. Et, comme les distances à franchir sont considérables, les frais de transport sont très élevés et paralysent le développement des transactions. Seule la construction du réseau ferré précédemment indiqué peut déterminer la création d'un courant commercial plus fréquent entre la côte et les « hinterlands », et drainer vers nos comptoirs les produits de régions fertiles, mais restées jusqu'à présent sans débouchés.

Au Congo, le gouvernement français n'a su, comme l'a montré M. Guy, ni construire un chemin de fer, ni prendre une part d'intérêt dans la construction et l'exploitation du chemin de fer belge, malgré les avertissements réitérés de M. de Brazza, malgré le consentement et même les offres de la compagnie belge. Seulement, je ne m'accorde pas avec M. Guy pour faire retomber la responsabilité de cette négligence sur l'opinion publique qui, dit-il, « n'aurait pas compris que cette solution était la seule qui permît, étant donnée la construction inévitable de la voie belge, la défense des intérêts français menacés. » Les ministres ne sont pas les serviteurs de l'opinion publique et, s'ils y voient plus clair qu'elle, il n'appartient qu'à eux de la détromper et d'agir en conséquence. Il s'ensuit non seulement que nous n'avons pas actuellement de chemin de fer au Congo, mais que le programme des travaux publics à exécuter dans nos colonies ne comporte pas la construction de la ligne Loango-Brazzaville, car il est douteux, comme le fait observer M. Guy, que le commerce de cette région puisse alimenter deux lignes parallèles.

A Madagascar, nous nous retrouvons en face d'un projet de chemin de fer, dont l'exécution va être entamée incessamment. Je rappellerai simplement, sans refaire ici leur histoire, les propositions des diverses sociétés qui se sont créées et offertes pour construire une voie ferrée à Madagascar. En mars 1896, la société des Batignolles envoie à Madagascar une mission d'ingénieurs, dirigée par M. Duportal; cette mission conclut à une garantie d'intérêt de la part de l'Etat, que le ministre des colonies ne jugea pas opportun de lui accorder. Egalement, dans les premiers mois de 1896, M. de Coriolis, natif de Maurice, s'étant vu refuser, en raison de sa nationalité, la concession d'un chemin de fer de Tamatave à Tananarive, sans garantie d'intérêt ni subvention, constitue, avec des capitalistes bordelais, la « Société française d'Études et d'Explorations à Madagascar » : une convention est passée entre M. Lebon et cette société et un projet de loi déposé (11 mars 1897), aux termes duquel le gouvernement lui accorde une concession de 520,000 hectares de terres ; la nouveauté du système effraie à tel point le monde financier et le Parlement, que la société ne peut constituer son capital définitif. M. Lebon passe avec la « Société auxiliaire de la colonisation à Madagascar » une convention lui accordant la concession d'une route à péage, pouvant être ultérieurement convertie en voie ferrée, entre Fianarantsoa et la côte Est de Madagascar, et dépose, le 16 janvier 1897, un projet de loi en portant approbation ; puis sur l'avis d'une mission débarquée à Tamatave le 15 mai 1897, la société auxiliaire soumet au ministre, en mars 1898, de nouvelles propositions consistant dans l'établissement d'un chemin de fer entre Fianarantsoa et Ambinany, à l'embouchure du fleuve Faraony, sur la côte orientale : il n'est pas donné suite à ces propositions, parce que le ministre vient de confier à un commandant du génie, aujourd'hui le colonel Roques, l'étude d'un chemin de fer de Tamatave à Tananarive pour le compte de l'État. Cependant une convention intervient entre le ministre et la « Compagnie coloniale de Madagascar », qui accepte le tracé du colonel Roques et s'engage à le réaliser, en retour de certaines concessions et contre la garantie, donnée par l'État et la colonie, d'un minimum annuel de transports équivalent à 2,800,000 francs pendant 15 ans (projet du 22 mars 1898). La compagnie choisit un entrepreneur, M. Vitalis, et envoie à Madagascar une mission d'études qui débarque à Tamatave le 6 juin 1898. De nouvelles conditions présentées par la compagnie, au retour de cette mission, et jugées onéreuses pour la colonie, ont fait rompre la convention. Le général Gallieni a pris la résolution de diviser l'entreprise à exécuter en plusieurs lots, qui viennent d'être mis en adjudication et concédés à divers entrepreneurs, dont les ingénieurs de la colonie dirigeront les travaux partiels. Les négociations poursuivies avec les sociétés financières n'ont donc servi qu'à retarder de trois ans la construction du chemin de fer.

De 1896 à 1898, quatre tracés avaient été proposés : de Diego-Suarez à Tananarive; de Majunga à Tananarive; de Tamatave à Tananarive; de l'embouchure du Faraony à Fianarantsoa. L'insuffisance de Diego-Suarez comme marché, comme débouché commercial, malgré les avantages de sa rade, firent écarter le premier tracé; la distance qui sépare Majunga de Tananarive, distance supérieure à celle qui sépare Tamatave de la capitale, a fait écarter le second; le désir de placer à Tananarive le point de départ de la nouvelle voie ferrée et la perspective d'une ligne de 700 kilomètres à construire, pour relier l'embouchure du Faraony à cette ville, en passant par Fianarantsoa, a fait écarter le quatrième; restait donc le troisième. Ce tracé, de Tamatave à Tananarive, comportait 370 kilomètres de voie ferrée, tandis que le tracé Majunga-Tananarive en comportait 640; quant aux difficultés d'exécution, il n'existait pas, en faveur de ce dernier, d'avantage assez sérieux pour compenser la supériorité de la distance ; enfin Tamatave était le centre commercial le plus important de Madagascar, et rien n'est plus hasardeux que d'essayer de déplacer les centres et les courants commerciaux d'un pays. On a donc eu raison d'adopter le tracé de Tamatave-Tananarive ; ce n'est pas à dire que l'on doive renoncer à diriger, un peu plus tard, une voie ferrée de Tananarive sur Majunga, et de Fianarantsoa sur un point quelconque de la côte Est. Il serait regrettable de ne pas tirer des sûretés offertes par la baie de Majunga à la navigation un plus grand profit, en donnant accès dans cette ville aux produits du versant ouest de l'Imerina, en y amenant un fret plus considérable. Il serait également fâcheux de ne pas ouvrir un débouché à la région si fertile et si peuplée du Betsileo, une de celles pour lesquelles nos colons font déjà preuve d'une certaine prédilection. En somme, l'outillage économique de Madagascar ne sera parachevé que le jour où, des quatre points cardinaux du haut plateau central, descendront vers la côte quatre lignes de chemin de fer qui, parties de Tananarive et desservant les principaux centres de colonisation, aboutiront à quatre ports bien aménagés, entre lesquels un service maritime régulier assurera des communications fréquentes.

Mais nous sommes encore loin de compte, et c'est même en anticipant sur l'avenir que j'ai pu parler d'un chemin de fer allant de Tamatave à Tananarive. Celui auquel le premier coup de pioche est peut-être déjà donné ne doit aller, à proprement parler, que d'Andevorante à Tananarive. D'Andevorante à Tamatave, marchandises et voyageurs emprunteront la voie du « canal des Pangalanes », qui longe la côte orientale entre Andevorante et un point nommé Ivondro, distant de Tamatave de douze kilomètres; entre Ivondro et Tamatave, il existe un chemin de fer déjà livré à la circulation. La nécessité de faire vite et à peu de frais a contraint le gouvernement général de Madagascar à adopter cette solution, et à ajourner l'exécution du tracé direct du colonel Roques. L'usage du canal des Pangalanes nécessitera plusieurs transbordements successifs de la marchandise : débarquée du paquebot à Tamatave et chargée sur le chemin de fer qui la conduira à Ivondro; déchargée du wagon à Ivondro et embarquée sur les chalands à vapeur qui la conduiront à Andevorante; débarquée de ces chalands à Andevorante et chargée dans le train qui la conduira à Tananarive ; la marchandise sera nécessairement grevée de frais de transport importants. Cet inconvénient n'a pas manqué d'être relevé avec amertume, par les adversaires du tracé adopté. « Tamatave ne pouvant être reliée directement à Tananarive, écrit l'auteur anonyme d'articles parus dans *l'Eclair*, on en a été réduit à faire partir la ligne du chemin de fer projeté d'un point de la côte inaccessible à la navigation : Andevorante ! Pour pallier cette inconséquence, on a soin de faire remarquer que, de Tamatave, le trafic sera conduit à Andevorante, et vice-versa, au moyen d'un canal de 110 kil. qui longera la côte, le canal dit des Pangalanes, qu'une société se disposerait à construire. En sorte que, en admettant que ce canal soit construit et praticable, toute marchandise expédiée à Tananarive devra subir à Tamatave un premier transbordement en vue de son transport à Andevorante, et un second à Andevorante pour son expédition en chemin de fer. Et l'on compte toujours sans les difficultés de débarquement à Tamatave, dont la rade est des plus dangereuses. » Je ferai observer à l'auteur de ces lignes : 1° que ce n'est pas du tout en raison d'une impossibilité matérielle que la seconde partie du parcours est différée, et que le tracé en a été établi par le colonel Roques ; 2° que le canal des Pangalanes, grâce aux efforts de la société des Messageries françaises, est « construit et navigable » depuis Ivondro jusqu'à 20 kilom. au Nord d'Andevorante, et permet le passage de chalands ayant 90 centimètres de tirant d'eau ; 3° que les difficultés de débarquement sont déjà considérablement diminuées à Tamatave depuis que le warf, construit par la Société de Levallois-Perret, est presque terminé. La véritable raison pour laquelle la construction de la voie ferrée entre Tamatave et Andevorante est différée, c'est précisément que l'on a voulu ménager la Société qui avait entrepris le creusement des Pangalanes et ne pas entraver le creusement du canal. Aujourd'hui terminé, à l'exception d'un parcours de 20 kilomètres, ce canal peut rendre dès à présent des services signalés, alors que le chemin de fer se fera attendre au moins trois ou quatre ans. Enfin, et surtout, la colonie compte sur la Société des Messageries françaises pour prolonger le canal des Pangalanes de Fenerive à Mananjary. Tout le long de la côte Est, sur une longueur de 600 à 700 kilomètres, court une bordure de sable, séparée de la terre ferme par une lagune, qu'alimentent les fleuves descendus des plateaux. Cette lagune est coupée, de distance en distance, par des monticules sableux appelés « pangalanes ». Il n'y a qu'à percer ces pangalanes et à draguer la lagune pour la transformer en un canal naturel. On comprend sans peine les services que rendrait à la colonisation et au commerce un canal qui relierait entre eux les estuaires de tous les fleuves de la côte Est, entre Farafangana et Tamatave ; et l'on ne peut pas en vouloir au gouverneur général de s'être montré bien disposé envers la Société du canal des Pangalanes, pour ne pas enlever à ce projet une chance de succès.

La voie ferrée n'est pas la seule voie de communication ; elle n'est même pas la première que l'on puisse songer à créer en prenant possession d'une colonie. A Madagascar, la pacification de l'île a fait un devoir au général Galliéni de développer avant tout les routes, et de suppléer au réseau ferré idéal que je décrivais ci-dessus par un réseau provisoire de chemins praticables. « Je m'aperçois plus que jamais, m'écrivait-il le 22 juin 1898, combien il serait important que nous eussions des voies de communication rapide, car j'essaie de me mobiliser le plus possible et je n'arrive cependant pas à pouvoir visiter les différentes parties de notre colonie. Or, vous n'ignorez pas que le seul moyen de se rendre compte de la situation et des besoins de chaque région, c'est de la parcourir en détail, d'interroger les habitants, de voir par soi-même en un mot. Cela m'est bien difficile avec les moyens rudimentaires dont nous disposons. » Dès son arrivée, le général Galliéni fit commencer un peu partout la construction de routes et la transformation en chemins praticables des quelques « pistes » qui existaient déjà du temps des Hovas. M. Jully nous a donné, dans une conférence, un tableau vécu de ce grand effort du début. « Jusqu'aux postes les plus reculés, dit-il, l'élan se communiqua. Le chef avait dit : il faut des routes : et partout il y eut des routes. Certes, elles étaient loin d'être construites suivant les règles de l'art. Des coudes brusques, des montées trop rapides, des erreurs de tracé dénotaient l'inexpérience des conducteurs improvisés; mais on pouvait passer partout, les vivres pouvaient aller partout. Je vous avoue que nous autres vieux Malgaches, si souvent embourbés dans les fondrières d'antan ou chancelants jadis sur les troncs d'arbres jetés par dessus les torrents, nous appréciâmes le changement. Il fallait voir avec quel zèle chacun poussait son tronçon de chemin : il y avait un plaisir touchant à suivre le sergent qui, dans un coin perdu, vous initiait à sa route, vous montrait les talus gazonnés et la bordure garnie de plantations. » Pendant ce temps, la route charretière de Tamatave à Tananarive s'établissait grâce à l'habile direction du colonel Roques, tandis que, parti de Mavetenana en décembre 1897 avec vingt-cinq voitures Lefèvre, le colonel Lyautey, chargé d'améliorer la route de Majunga, arrivait à Tananarive « rênes en mains ».

Depuis lors les travaux ne se sont pas ralentis. Quelques journaux ont prétendu que la route de l'Est n'était pas un travail sérieux, s'effondrerait aux premières pluies, était à peine commencée : ce sont autant d'erreurs, et l'on vient d'avoir la preuve que cette route, qui sera complètement terminée dans 3 ou 4 mois, constituait un travail superbe et durable. Le général Galliéni et son escorte se sont en effet rendus de Mahatsana, non loin d'Andevorante, à Beforona dans 2 grands automobiles à 6 places ; à Beforona, ils sont montés dans des filanzanes pour accomplir les 40 kilomètres de route qui seuls restent à construire et, de Moramanga, deux autres automobiles les ont conduits jusqu'à Tananarive. Et ne croyez pas qu'ils soient « restés en panne » : ils ont marché, sur toute la longueur de la route terminée, à une vitesse moyenne de 17 kilomètres à l'heure. Ce n'est pas là sans doute, selon la pittoresque expression de nos agents cyclistes, une vitesse « anti-réglementaire et subversive » ; mais cela n'en prouve pas moins que, dans 3 ou 4 mois d'ici, on pourra aller de Tamatave à Tananarive en 4 jours. Quant à la route de Mavetenana à Tananarive, exécutée avec des ressources beaucoup moindres, elle est aujourd'hui roulable pour les voitures sur toute sa longueur et les plus lourds convois y passent sans accroc : elle fait le plus grand honneur au capitaine Moriès, qui y consacre depuis plusieurs années une énergie infatigable. La compagnie Suberbieville est en train de réparer, dans ses ateliers d'Ambonio (rade de Majunga), des canonnières datant de l'expédition, pour les transformer en remorqueurs et en bateaux de passagers qui remonteront la Betsiboka et l'Ikoupa jusqu'à Suberbieville : 4 remorqueurs étaient finis en juillet dernier ; 3 autres devaient l'être 2 mois après. Ainsi, dans très peu de temps, pour ne pas dire dès maintenant, Tananarive sera accessible, des deux côtés, par des voies commodes et relativement rapides. Enfin, pour ne pas laisser complètement dans l'ombre la marine, qui aurait le droit de s'en étonner, je signalerai au moins la partie du programme de travaux publics qui prévoit des travaux d'appontement, de dragage, de balisage, d'éclairage dans les ports de Tamatave, Diégo-Suarez et Majunga, et la mise en état d'un certain nombre de ports secondaires, afin de développer le cabotage, si nécessaire à la prospérité de l'île.

J'ai signalé les difficultés que l'exécution de travaux aussi considérables suscitait relativement à la main-d'œuvre. En abolissant la corvée à la veille de les entreprendre, le général Galliéni a obéi au principe, si vrai, proclamé par le colonel Thys, aide-de-camp de S. M. le roi des Belges, dans son rapport sur les chemins de fer aux colonies et dans les pays neufs : « Il y a lieu, dans l'intérêt des chemins de fer à construire, d'employer la main-d'œuvre libre et volontaire, et d'utiliser celle-ci dans des conditions qui rappellent celles qui sont usitées dans les pays de vieille civilisation. » Mais on s'est demandé si le gouverneur général emploierait la main-d'œuvre militaire, dont le colonel Thys a dit fort justement qu'elle était « de la main-d'œuvre volontaire enrégimentée », et comment il l'emploierait. Le colonel Lyautey a fait dernièrement sur « l'emploi de la main-d'œuvre militaire à la construction des voies de communication », un rapport que nous pouvons considérer comme la réponse à cette question. L'auteur considère l'emploi de la main-d'œuvre militaire en pareil cas comme avantageux et pratique, mais à une condition : c'est qu'on l'emploie seulement comme encadrement, comme direction, comme surveillance, et qu'on ne lui fasse mettre, à proprement parler, la main à l'œuvre que pour certains travaux techniques. Il appuie son opinion, d'abord sur des raisons d'ordre matériel : faible rendement de la main-d'œuvre européenne aux colonies, considérations d'économie, d'hygiène ; ensuite sur des raisons d'ordre moral. « L'Européen, dit-il, doit toujours apparaître à l'indigène comme un être d'une race supérieure, or, l'esclavage a beau avoir été supprimé dans toutes nos possessions, il n'en est pas moins vrai que certaines besognes sont et seront encore longtemps considérées comme serviles. Tels sont certainement au premier rang les travaux publics. Les indigènes sont accoutumés de temps immémorial à les voir accomplis par force, par corvée. Ils sont en tout cas réservés aux classes inférieures et les plus misérables de la société... Il ne faut à aucun prix que l'Européen apparaisse à l'indigène dans des conditions d'égalité dans des travaux où ils n'ont vu jusqu'ici que des corvéables. » Et, s'élevant à des considérations plus générales, le colonel Lyautey émet cette affirmation qui ne nous rassure pas sur l'opinion que la vue des compagnies de discipline peut donner de nous aux Arabes d'Algérie :

« Le soldat condamné et même, en général, le Français condamné ne doit pas être montré aux indigènes. Il faut, autant que possible, éviter qu'il voie un Français en état de déchéance ; il faudrait même qu'il ne pût pas admettre que cela fût possible, afin de nous conserver tout le bénéfice du prestige de la supériorité de race. » Combien ceux qui s'efforcent de détruire ce prestige en répandant des calomnies sur le compte de nos coloniaux ne devraient-ils pas méditer cette vérité ! Pour conclure au sujet de la main-d'œuvre, les grands travaux sur le point d'être entrepris à Madagascar seront exécutés par de la main-d'œuvre volontaire, soit indigène, soit étrangère (Chinois et Hindous), encadrée, surveillée et secondée, pour tous les travaux délicats, par de la main-d'œuvre militaire.

Quittons Madagascar et ne nous arrêtons qu'un instant à la Réunion, dont un chemin de fer, terminé depuis 1893, suit la côte depuis Saint-Louis jusqu'à Saint-Benoit. Le projet de fermer ce cercle quasi-complet, en desservant les trois communes de Sainte-Rose, Saint-Philippe et Saint-Pierre, avait été mis à l'étude : on dut y renoncer, tant à cause des difficultés naturelles que de la stérilité relative des régions où le chemin de fer devait passer.

Transportons-nous à Djibouti : un chemin de fer, dont une importante fraction est déjà terminée, doit mettre ce port en communication avec Harrar, débouché commercial des provinces-sud de l'Abyssinie et, plus tard, avec Addis-Ababa. C'est en 1896 que M. Chefneux et M. Ilg — ce dernier, sujet suisse et conseiller intime de Ménélik — conçurent le projet de cette ligne, destinée à détourner vers Djibouti les marchandises

qui passaient encore par les ports anglais de Zeïlah,
Boulhar et Berberah. L'avenir commercial de Djibouti
dépend en effet, de ses échanges avec l'Abyssinie, et
le passage de M. Lagarde, du poste de gouverneur de
la côte française des Somalis à celui de ministre pléni-
potentiaire auprès du Négus, montre clairement combien la prospérité d'Obock et Djibouti se confond avec
le crédit de la France à la cour d'Ethiopie. Ménélik,
qui ne désirait, pour des raisons différentes, placer le
débouché de ses états ni à Massaouah, en territoire ita-
lien, ni à Zeïlah, en territoire anglais, ne marchanda
pas son appui à la « Compagnie impériale des chemins
de fer éthiopiens », que MM. Chefneux et Ilg venaient
de former avec des capitaux français ; il lui accorda le
monopole de construction et d'exploitation des voies
ferrées en Abyssinie. De son côté, notre gouvernement
pouvait entrevoir, pour le chemin de fer que cette
compagnie commençait à pousser vers Harrar et Addis-
Ababa, un rôle de premier ordre dans les destinées coloniales de la France : c'était, en effet, l'époque où il
nous était permis d'espérer la formation, entre l'Atlantique et la mer Rouge, d'une ligne ininterrompue de
territoires tombant sous la domination ou sous l'influence française, et dont Djibouti aurait été le point
terminus. Mais, même après la perte de cet espoir, le
chemin de fer de Djibouti à Harrar est assuré d'un bel
avenir ; le commerce de la côte des Somalis avec l'Abyssinie s'est élevé, en effet, du 1er avril 1897 au 31 mars
1898, à 20,768,000 fr., dont 6,935,000 fr. d'exportations
et 13,833,000 fr. d'importations. Et l'on peut prévoir

une augmentation de ces chiffres lorsque le chemin de fer sera terminé : or il l'est aujourd'hui sur une longueur de 135 kilomètres, sur les 315 kilom. qu'il doit compter jusqu'à Harrar. Au point où la voie cesse, c'est-à-dire au delà de Daoualé, des caravanes prennent les marchandises pour les porter à destination ; il en sera ainsi au fur et à mesure de la construction de la ligne, à partir du lieu où s'arrêteront les rails. Désormais, ce n'est pas des accidents de terrain que proviendront les plus grandes difficultés, surtout à partir du point où l'on est arrivé : c'est plutôt des habitants de la région qui reste à traverser. Au mois de juin dernier, en effet, les peuplades somalis riveraines de la voie, alléguant l'inobservance des traités passés avec elles par les entrepreneurs, avaient assassiné 15 ouvriers européens et quelques indigènes. Les travaux durent être interrompus, aucun ouvrier ne voulant plus travailler. Je ne sais pas comment la société a mis fin à cette situation, mais peut-être serait-il prudent de placer à Djibouti une petite garnison, pour la protection de la main-d'œuvre employée à la voie.

Il a fallu la main-mise de l'Europe sur diverses parties de la Chine et la nomination de M. Paul Doumer au gouvernement général de l'Indo-Chine, pour doter ce domaine du réseau ferré qu'il réclame. A l'heure actuelle, l'Indo-Chine ne contient encore que deux voies ferrées : les 70 kilomètres de Saïgon à Mytho en Cochinchine, et les 102 kilom. de Phu-Luang-Tuong à Langson, au Tonkin. C'est encore le général Galliéni qui, pendant le commandement qu'il exerça au Tonkin, mena à bonne fin les travaux de cette dernière ligne. « Ce matin, écrivait en février 1894 un de ses officiers d'état-major, un mandarin de Lang-Tcheou est arrivé dans sa chaise laquée verte pour voir de visu le chemin de fer, l'arrivée du train, toucher et comprendre. Sur le champ, pendant sa visite, les lettrés ont été appelés à lui rédiger en caractères une explication détaillée, et une dépêche partie pour Hanoï a demandé qu'on tirât immédiatement à 100 exemplaires, en chinois, les horaires, tarifs, etc. Ce dont il s'agit, en effet, c'est de détourner, sur le nouveau chemin de fer, le transit de 10.000 tonnes de filés de coton, qui représentent la consommation normale de Lang-Tcheou et arrivent actuellement par Hong-Kong, voie anglaise. » Il y aurait une étude très curieuse à faire sur l'impression que les inventions modernes introduites chez les peuples de civilisation inférieure produisent sur eux. Tandis que ce mandarin s'étonne, questionne, veut toucher et n'en croit pas ses yeux, le Malgache ne s'étonne de rien, ni des automobiles, ni des machines, ni des locomotives ; il se contente de dire : « ça, manière vahaza ». Le « vahaza », c'est le Français.

Après l'achèvement de la ligne de Langson, on entreprit son prolongement dans le sens de la Chine et dans celui d'Hanoï : en Cochinchine, au Cambodge, en Annam, rien n'était entamé. Les multiples richesses de cette colonie constituaient cependant une raison suffisante de parer aux moyens de les écouler vers les centres de consommation ; car, ainsi que M. Doumer l'a fort bien montré à la Chambre, que vaut un produit, quand on ne peut pas le transporter aux endroits où il peut être consommé? Cette raison aurait sans doute suffi à vaincre la lenteur des pouvoirs publics, si la situation financière de l'Indo-Chine ne les avait forcés à l'inaction. Elle était alors aussi difficile que possible, et la loi du 10 février 1896 dut autoriser les protectorats de l'Annam et du Tonkin à emprunter une somme de 80,000,000 fr., affectée tant à la liquidation définitive de la situation financière qu'à l'exécution de divers travaux publics. Au nombre de ces travaux, se trouvait la construction des chemins de fer d'Hanoï à Phulalangthuong et de Langson à la frontière de Chine. Ces travaux ne furent pas poussés avec une bien grande vigueur puisque, à l'heure actuelle, les locomotives ne parviennent que jusqu'à Dong-Dang, au nord, et jusqu'à Dapçau, au sud. Mais, vers 1897, les efforts des autres puissances pour ouvrir la Chine à leur commerce forcèrent le gouvernement à se préoccuper de la situation qui allait être faite à notre commerce en Extrême-Orient. M. Gérard, ministre de France à Pékin, écrivait le 9 juin 1896 à M. Hanotaux : « Le gouvernement de la République, qui, dès le traité de paix du 9 juin 1885, s'était, par avance, préoccupé de la question des chemins de fer en Chine, a saisi l'occasion des négociations engagées à Pékin du mois d'août 1894 au mois de juin 1895, pour lier cette question des chemins de fer à la question même de sa pénétration en Chine par les voies du Tonkin, de l'Annam et du Laos. C'est dans ce dessein qu'a été insérée au 2e paragraphe de l'article 5 de la Convention complémentaire du 20 juin 1895, la disposition suivante : « Il est convenu que les voies ferrées, « soit déjà existantes, soit projetées en Annam, pour- « ront, après entente commune et dans des conditions « à définir, être prolongées sur le territoire chinois. » Dès le mois de juillet 1895, M. Hanotaux chargea M. Gérard de négocier avec le Tsong-ly-Yamen la prolongation du chemin de fer de Langson jusqu'à Long-Tcheou, que la compagnie de Fives-Lille s'offrait à construire. Après de laborieuses négociations, le Tsong-ly-Yamen accorda, dans le courant de mai 1896, à la compagnie de Fives-Lille, la concession sollicitée par le ministre de France, avec quelques restrictions sur la nature des droits consentis. « La concession obtenue, écrivait M. Gérard, est une concession de construction et d'exploitation à forfait au compte et aux risques de la Chine, pendant une durée de 36 ans pouvant elle-même être prolongée et renouvelée. Ce n'est plus la concession absolue demandée dès l'abord comme prolongement en Chine des lignes de l'Annam : c'est du moins une concession assurant le raccordement des deux réseaux dans des conditions propres à laisser intact et respecté le principe inscrit dans l'article 5 de la convention du 20 juin 1895. » Ce n'était là qu'un commencement : le 9 janvier 1897, M. Hanotaux chargeait M. Gérard de réclamer pour la France la faculté de créer des voies de communication entre le Tonkin et Yunam-Fou, en construisant un chemin de fer qui s'amorcerait au Fleuve Rouge, et de prolonger vers l'intérieur de la Chine, dans une direction à fixer ultérieurement, notre chemin de fer de Long-Tcheou.

Les avantages concédés aux autres puissances lui faisaient, disait-il, un devoir de ces exigences. Le prolongement du chemin de fer de Langson sur Nan-Ning-Fou ne fit aucune difficulté : il n'en fut pas ainsi du reste. Enfin, le 11 avril 1898, M. Dubail, chargé d'affaires de France à Pékin, annonçait à M. Hanotaux que le Tsong-ly-Yamen nous avait accordé : le droit de construire un chemin de fer de la frontière du Tonkin à la capitale du Yunnam, le gouvernement chinois n'ayant d'autre charge que de fournir le terrain ; la cession à bail de la baie de Kouang-Tcheou-Ouan pour 99 ans ; la concession du service des postes de l'Empire ; la promesse de ne céder ni louer les trois provinces limitrophes de Kouang-Tong, Kouang-Si et Yunnam. Enfin, le 28 mai 1898, M. Pichon informait M. Hanotaux que la Chine consentait à notre demande de concession d'un chemin de fer partant du port de Pa-Khoi pour aboutir à un point à déterminer sur le cours du Si-Kiang. Telles sont les voies de pénétration dont la France avait obtenu la concession avant les terribles événements qui ont provoqué l'intervention des puissances en Chine.

On aura remarqué qu'il s'est agi à plusieurs reprises, dans les conventions franco-chinoises, de raccorder les lignes concédées à un réseau ferré annamite qui n'existait même pas. La première chose à faire était donc de constituer au plus vite ce réseau et c'est ce que M. Paul Doumer a fort bien compris. C'est par là que la lutte économique des puissances en Chine aura influé sur la construction des chemins de fer indo-chinois. L'Indo-Chine nous avait fourni notre base d'opérations dans cette guerre d'un nouveau genre, elle est le point de départ de notre pénétration dans le Yunnam, le Kouang-Tong et le Koang-Si; c'est vers elle que nous devons tendre à dériver les courants commerciaux de ces provinces. Mais, une fois les produits amenés sur territoire français, il faut pouvoir les écouler vers les ports, et c'est pour cela que des chemins de fer sont indispensables. En 1897 M. Doumer présenta au conseil privé de l'Indo-Chine un vaste projet de réseau ferré, qui donnait satisfaction du premier coup à toutes les aspirations de cette colonie. Il ne s'agissait de rien moins que de traverser du sud au nord toute l'Indo-Chine, par une ligne de chemin de fer partant de Cantho en Cochinchine, pour aller à Yunnan-Sen en Chine, en passant par : Mytho, Saïgon en Cochinchine; Phantiet, Lang-biang, Tourane, Hué, Quanz-Tri, Vinh en Annam; Nam-Dinh, Hanoï, Haïphong, Laokay au Tonkin. C'était un projet très vaste (2,107 kilomètres de voie ferrée), mais nullement chimérique. Ce « Grand Indo-Chinois », comme on l'a baptisé, joignant le sud de la Cochinchine au terme de la ligne qui nous a été concédée en Chine, est véritablement l'artère vitale de l'Indo-Chine et, puisqu'il doit l'être un jour, n'aurait-il pas mieux valu qu'il la fût tout de suite ? M. Doumer, qui pensait ainsi, s'était préoccupé des moyens d'exécuter ce programme, c'est-à-dire de se procurer de l'argent. Ce n'est pas pour d'autres raisons que fut créé, à côté des budgets locaux du Tonkin, de l'Annam, de la Cochinchine et du Cambodge, le budget général de l'Indo-Cine, auquel furent inscrites les dépenses afférentes aux travaux publics d'intérêt général. En outre, cette réforme ne pouvant lui procurer la somme nécessaire à la construction de son réseau, M. Doumer résolut de solliciter du Parlement qu'il autorisât l'Indo-Chine à emprunter cette somme.

Malheureusement, le projet du « Grand Indo-Chinois », parut trop hardi, d'une exécution trop coûteuse, et M. Doumer dut se résigner à le morceler : il se mit d'accord avec le gouvernement sur la construction immédiate des tronçons les plus urgents, les autres devant être exécutés plus tard, petit à petit. La loi du 25 décembre 1898 autorisa le gouvernement général de l'Indo-Chine à emprunter une somme de 200 millions, exclusivement affectée à la construction des lignes de chemins de fer suivantes : 1° Haïphong à Hanoï et à Laokay ; 2° Hanoï à Nam-Dinh et à Vinh ; 3° Tourane à Hué et à Quang-Tri ; 4° Saïgon à Khan-Hoa et à Lang-Biang ; 5° Mytho à Cantho. C'est, comme le dit M. Nicolas, « beaucoup plus que l'amorce du Grand-Indo-Chinois » ; mais il est fâcheux que cela ne le soit pas tout à fait, et pour 70 ou 80 millions de plus, nous aurions pu éviter ces solutions de continuité, qui ne sont que provisoires ; mais, dans notre pays, le provisoire dure quelquefois très longtemps. « Aussitôt que les travaux de ce premier réseau auront été adjugés, dit M. Nicolas, on pourra mettre à l'étude les avant-projets des deux tronçons de lignes complémentaires du Grand Indo-Chinois entre Vinh et Huang-Tri d'une part, entre Kan-Hoa et Tourane de l'autre. » Il ne tiendra certainement pas à M. Doumer qu'il n'en soit ainsi et je souhaite que la durée de son administration lui permette de transformer ces avant-projets en réalités.

En attendant, les travaux d'exécution de quelques-unes des lignes autorisées par la loi sont déjà en train ; des projets sont à l'étude, des pourparlers sont engagés avec des sociétés, relativement aux autres. Même réduites à ce qu'elles sont, ou plutôt à ce qu'elles seront, ces lignes sont tracées de manière à se raccorder avec celles qui nous ont été concédées par la Chine. La ligne Hanoï-Laokai se raccordera à la ligne Laokai-Yunnanfou ; certaines personnes rêvent de la prolonger jusqu'à Souifou, (province du Se-Tchouen), d'où nos communications seraient assurées avec Tchengtou, capitale de la province, par la rivière de Kiating, et avec Tchongking par le Yangtse. C'est un projet dont l'utilité commerciale n'est pas discutable ; mais il ne faut pas oublier que les Anglais, méditant de nous couper la route du Se-Tchouen, ont déjà annoncé que Souifou serait pour la France un nouveau Fachoda. La ligne Hanoï-Langson se raccordera à celle de Langson-Longtcheou-Nanning ; là encore les mêmes personnes suggèrent la prolongation de cette ligne, d'une part jusqu'à Outcheou et Canton, sur le Si-Kiang ou rivière de l'Ouest ; et d'autre part jusqu'à Yulin et à notre nouvelle possession de Kouang-Tcheou-Ouan au sud ; de cette manière, Kouang-Tcheou-Ouan se trouverait relié au Tonkin par une voie ferrée. J'ignore ce qu'il nous sera possible de réaliser de ce programme sans heurter de front les jalousies étrangères : mais ce qui est certain, c'est qu'en reliant promptement l'Indo-Chine aux centres jusqu'auxquels nos conventions avec la Chine nous autorisent à conduire des voies ferrées, nous ouvrirons à notre commerce le débouché du Yunnam, du Kouang-si et du Kouang-tong. Or, le supplément de la *Dépêche coloniale* du lundi 3 décembre 1900 nous rend compte du point où en sont les travaux de ces lignes. On est en train de prolonger le chemin de fer de Langson, d'une part jusqu'à Hanoï et, d'autre part, jusqu'à Nam-quam (porte de Chine); dans le premier sens, les locomotives vont jusqu'à Dapçau et parviendront bientôt à Hanoï même; dans le second, les terrassements et ouvrages d'art sont achevés jusqu'à Nam-quan, les locomotives vont jusqu'à Dong-Dang. On travaille à l'unification de la voie, qui a 0 m. 60 entre Phulangthuong et Langson et 1 mètre sur le reste du parcours. Quant au chemin de fer sur territoire chinois, de Nam-quam à Lang-tchcou, il est à peine attaqué; l'ingénieur de la compagnie de Fives-Lille, M. Gueylard, est sur les lieux et les travaux doivent être maintenant commencés. Ce qui les a retardés, ce sont les difficultés soulevées par les Chinois au sujet de la largeur de la voie; un intérêt à la fois stratégique et commercial exige que cette largeur soit la même sur le territoire chinois que sur celui de la colonie, afin que le tronçon Nam-quam-Long-tchcou soit réellement le prolongement de notre ligne Hanoï-Nam-quam. On assure que ces difficultés sont aplanies. Au Yunnam, l'exode de M. François et de nos nationaux a provoqué quelque retard. Mais l'accord étant complet, avant la révolte des Boxeurs, entre les autorités chinoises et françaises au sujet du chemin de fer, on ne prévoit pas que le prochain commencement des travaux doive amener aucun trouble. En résumé, les derniers et terribles événements de Chine n'ont pas eu une répercussion trop fâcheuse sur la construction de nos lignes. Mais les provinces méridionales de la Chine ne doivent pas absorber toute notre attention et la détourner du Siam. Il y a même des personnes très dignes de foi qui prétendent qu'elles doivent si peu l'absorber que, si la Chine venait à être démembrée, notre part ne serait ni le Yunnam, ni aucune des provinces limitrophes, ni l'île d'Haïnan, mais hors de Chine, au Siam. On sait du reste que les Anglais ne verraient pas cette combinaison d'un bon œil. Quoi qu'il en soit, le point de départ de notre pénétration au Siam est dans le Cambodge, à Pnom-Penh. Il faudrait commencer par conduire la voie ferrée de Saigon à Pnom-Penh, et prolonger cette ligne par Pursat et Battambamg jusqu'à Bangkok. Nous pourrions aussi pénétrer au Siam suivant une autre direction, en prolongeant la ligne actuellement projetée entre la côte annamite et le cours moyen du Mekong jusqu'à sa rencontre avec la ligne existante Bangkok-Korat. En somme, l'importance du réseau ferré indo-chinois est double; il doit hâter et faciliter la mise en valeur de l'Indo-Chine, il doit être l'instrument de notre pénétration en Chine et au Siam, la souche sur laquelle viendront, comme des tiges, se greffer les lignes que nous pousserons dans ces deux directions.

La Nouvelle-Calédonie, cette colonie de tant d'avenir, qui traîne malheureusement le boulet du pénitencier, n'a pas encore de chemin de fer, à l'exception de quelques lignes industrielles, reliant un centre minier au port voisin. Mais la commission des travaux de la colonie a arrêté le projet d'un chemin de fer allant de Nouméa à Bourail, et plus tard à l'extrémité nord de l'île. M. le gouverneur Feillet a résumé, devant le conseil général de la Nouvelle-Calédonie, les deux partis qui s'offraient à la colonie pour résoudre la question des transports. « Nous sommes, dit-il, en présence de deux systèmes : 1° faire une série de voies ferrées perpendiculaires à la côte, et les faire aboutir à des points d'embarquement suffisamment outillés pour permettre l'accostage ; 2° construire aussi près que possible du centre de l'île, à proximité par conséquent des belles régions de terres à culture et des massifs miniers, une ligne qui drainerait les divers produits jusqu'à Nouméa, port outillé pour le commerce extérieur. » Il faut savoir, en effet, qu'une ceinture de récifs forme autour de la Nouvelle-Calédonie une mer intérieure, une sorte de pangalane circulaire, qui offre de certaines commodités au petit cabotage, mais dont la profondeur insuffisante ne permet pas l'accès aux navires d'un fort tonnage. « A mon avis, continue M. Feillet, il faut combiner les deux systèmes. Là où les conditions d'embarquement sont avantageuses, où à peu de frais on peut rendre utilisables à la grande navigation les ports naturels de la côte, on peut, pour le moment tout au moins, se contenter des voies ferrées perpendiculaires. Partout ailleurs, il faut adopter la voie parallèle à la mer, drainant jusqu'à Nouméa les produits que l'initiative privée lui apportera. » Or la ligne projetée de Bourail à Nouméa est précisément justifiée par la nécessité d'amener dans ce port les produits de la côte Ouest, qui sont exploités, en général, à distance de la mer, hors de la portée des navires, auxquels la côte n'offre d'ailleurs pas d'abri sûr. Par là même, elle est assurée d'un trafic suffisamment rémunérateur. Espérons donc que sa construction viendra bientôt développer l'industrie minière, à laquelle les massifs du centre de l'île offrent, dit-on, de belles ressources.

La Réunion ne sera plus longtemps la seule de nos anciennes colonies à posséder son chemin de fer ; du moins, faut-il espérer que la Guyane aura bientôt le sien. M. Levat, ingénieur, a demandé la concession et pris à ses risques l'entreprise d'un chemin de fer qui partira de Cayenne, remontera la rivière Comté et son affluent l'Orapu, gagnera le bassin de l'Approuague et aboutira, par la vallée de la crique Nini, au Moroni ; du Haut-Approuague se détachera un embranchement, qui se dirigera vers l'Oyapoc, en suivant un des affluents de ce fleuve, la crique Yaoué. Je signale, à ce propos, la sentence arbitrale du conseil fédéral helvétique qui vient de clore, à notre détriment, le débat séculaire du contesté franco-brésilien. La zone contestée s'étendait à l'Est et au Sud de la Guyane française proprement dite, sur les territoires compris entre l'Oyapoc et l'Araguary et sur le massif des monts Tumuc-Humac. Ni la France, ni le Portugal d'abord et le Brésil ensuite ne s'étaient beaucoup souciés de la possession de ces territoires, jusqu'au jour où l'on y découvrit des mines d'or. Le Brésil et la France prétendirent alors chacun que ces territoires leur appartenaient en vertu du même traité. Or le traité d'Utrecht donnait pour limite commune à la Guyane française et à la colonie portugaise du Brésil la rivière Vincent Pinçon. Le débat s'engagea aussitôt sur l'identité de cette rivière, dont la dénomination avait disparu de la langue géographique depuis 1713 : La France prétendit que la rivière Vincent Pinçon se confondait avec l'Araguary ; le Brésil, qu'il s'agissait de l'Oyapoc. Après de laborieuses discussions, le litige fut remis à l'arbitrage du conseil fédéral helvétique. Le tribunal arbitral vient de décider : « 1° que la rivière Japoc ou Vincent Pinçon de l'article 8 du traité d'Utrecht est l'Oyapoc qui débouche à l'Ouest du cap d'Orange, et que le thalweg de cette rivière depuis son embouchure jusqu'à sa source constituera définitivement la première des lignes frontières entre le Brésil et la Guyane française ; 2° que l'autre ligne frontière, depuis la source de l'Oyapoc jusqu'au point de rencontre avec le territoire hollandais, sera la ligne de partage des eaux sur les monts Thumuc-Humac, formant la limite septentrionale du bassin de l'Amazone. » Cette sentence, ainsi que le constate la dépêche qui nous l'a transmise, implique une satisfaction quasi-complète pour les revendications du Brésil et n'accorde à la France qu'une légère rectification à la ligne du traité d'Utrecht, en faisant passer la limite par la ligne de partage des eaux entre la Guyane et le bassin de l'Amazone.

Abandonnant le domaine du droit international, où

la Guyane nous a fait entrer, revenons aux chemins de fer et étudions-les en Tunisie. Sous ce rapport, l'œuvre du Protectorat est remarquable. En 1881, il n'existait dans la Régence que deux voies ferrées : celle de Tunis à la frontière algérienne, par la vallée de Medjerda, construite par une compagnie française sous la garantie d'intérêt de l'Etat français ; et la petite ligne de Tunis à La Goulette, concédée à la société italienne Florio-Rubattino. L'administration du Protectorat, confiée à des hommes tels que MM. Paul Cambon et René Millet, ne commença la constitution du réseau ferré tunisien qu'en 1894, mais en poussa activement les travaux. Le plan de ce réseau, dont une bonne partie est aujourd'hui exécutée, est le suivant : constitution de trois réseaux partiels rayonnant de chacun des 3 ports de Tunis, Sousse et Sfax, sur les centres les plus importants de production et de colonisation — mise en communication de ces trois réseaux avec Tunis par des lignes de jonction. Où en sont aujourd'hui la constitution de ces trois réseaux partiels et leur jonction avec la capitale de la Tunisie ? Autour de Tunis rayonnent 4 lignes : 1° la ligne de la banlieue Tunis-La-Goulette-Marsa, Le Bardo ; 2° la ligne de Tunis à la frontière algérienne, avec un embranchement sur Bizerte et un autre sur Beja : ce dernier doit être prolongé jusqu'à Tabarka ; 3° la ligne de Tunis-Pont-du-Fahs, destinée à être continuée jusqu'à El-Kef ; un embranchement s'en détache sur Zaghouan ; 4° la ligne Tunis-Nabeul, qui doit atteindre Kelibia : elle émet un embranchement sur Soliman et Menzel-bou-Lalfa. Ainsi la frontière algérienne,

Tabarka, Bizerte, La Marsa, Menzel-bou-Lalfa, Kelibia, Zaghouan et El-Kef sont les points extrêmes des rayons qui doivent converger vers Tunis ; la frontière algérienne, Beja, Bizerte, La Marsa, Menzel-bou-Lalfa, Nabeul, Zaghouan et le Pont-du-Fahs sont les points qu'ils atteignent actuellement. De Sousse partent deux lignes : 1° la ligne Sousse-Kairouan, qui doit être prolongée jusqu'à Tebessa, en Algérie, par Sbeïtla et Kasserine : un embranchement s'en détache à Kalaa-Srira, qui dessert l'Enfida ; un autre s'en détachera à Kasserine, dans la partie de la ligne qui n'est pas encore faite, et se dirigera sur Feriana ; 2° la ligne Sousse-Mokenine, qui passe par Menzel et Djemal. Le réseau partiel de Sousse figure donc assez exactement une fourche dont les branches, à peu près égales aujourd'hui, deviendront par la suite fort inégales : Kairouan est en effet à une très grande distance de Tebessa, et la ligne qui joindra cette ville à Sousse devra traverser la Tunisie dans toute sa largeur, effectuant, parallèlement à la ligne de la Medjerda, un parcours plus long et plus pénible encore que le sien. Sfax est le point de départ d'une ligne unique, conduisant à Gafsa ; de Graïba se détachera un embranchement sur Gabès. Commencée vers le milieu de 1897, la ligne Sousse-Gafsa, qui n'a pas moins de 250 kil., a été terminée en un an et demi à raison de 60,000 fr. le kilomètre. Elle a été construite sans aucune garantie d'intérêt par la compagnie française qui exploite également les phosphates de Gafsa. « Cette œuvre considérable, disait M. Fallot en 1898, a rendu cette année, qui était une année de famine, d'inappréciables services, en répandant sur la population misérable du sud tunisien une somme de 5 millions de salaires. » C'est de cet exemple que les partisans du Transsaharien concluent à la possibilité de leur projet, dont l'exécution offre en effet de grandes analogies avec celle du chemin de fer de Gafsa. Il est question de prolonger ce chemin de fer jusqu'aux oasis du Djerid. Des trois réseaux que nous venons de passer en revue, deux communiquent déjà entre eux : ce sont ceux de Tunis et de Sousse, par la ligne côtière qui va de Hammamet à Sousse. Le troisième, celui de Sfax, communiquera avec le réseau de Sousse par une ligne qui ira de Menzel à Sfax. Ainsi, on peut prévoir le moment où la voie ferrée longera toute la façade Est de la Tunisie, de Bizerte à Gabès, reliant entre eux trois réseaux d'où se détacheront trois lignes parallèles, allant de la mer à la frontière algérienne. De Sousse, on pourra aller à Tebessa, et de Tebessa gagner la grande ligne Tunis-Oran ; de Sfax, on pourra se rendre à Gafsa, et de Gafsa gagner la même ligne, par Feriana et Tebessa. Le centre et le Sud de la Tunisie seront alors en communications faciles et rapides avec l'Algérie, et nos quatre provinces méditerranéennes ne formeront réellement qu'un seul tout. Pour que le projet fût complet, il faudrait que l'on pût aller de Bizerte à Djerba, afin de rendre quelque prospérité à cet Extrême-Sud tunisien, dont les ressources naturelles et le commerce d'échange avec l'Afrique centrale sont plus considérables qu'on ne croit. Néanmoins, les résultats atteints par le Protectorat en six ans (1894-1900) nous font bien augurer de l'achèvement de ce programme.

Cet effort est d'autant plus remarquable que la construction du réseau ferré tunisien s'est doublée des travaux d'aménagement des quatre ports de Bizerte, Tunis, Sousse et Sfax. « Le réseau des voies de communication, tel qu'il a été arrêté, lisons-nous dans la publication officielle de la Tunisie, assure le trafic commercial de la Régence aux trois ports de Tunis, de Sousse et de Sfax. Il a donc fallu se préoccuper d'aménager et d'outiller complètement ces ports, en se contentant d'apporter des améliorations sommaires et indispensables à tous les autres. On a fait cependant une exception pour le port de Bizerte, encore qu'il ne commande pas, commercialement parlant, un grand rayon d'attraction. Mais, par sa position sur une des grandes routes maritimes de la Méditerranée, il offre, au point de vue du transit, un intérêt considérable, qui justifie les travaux qu'on y a entrepris. » Il s'agit ici, en ce qui concerne Bizerte, de travaux tout à fait distincts de ceux qui ont pour but d'y créer un port militaire, et que la marine poursuit en ce moment même. Je n'ai pas le loisir d'entrer dans le détail des travaux qu'on a dû accomplir, pour aménager et outiller ces quatre ports : construction des quais, des bassins et de la jetée, creusement du chenal, balisage, établissement des phares, construction des hangars, docks, cales de radoub, etc. Qu'il suffise de savoir que ces travaux ont été considérables, puisqu'à Bizerte et à Tunis, il a fallu creuser des canaux mettant en communication, ici la ville avec le lac, là le lac avec la mer ; que ces ports sont aujourd'hui terminés, (celui de Sousse l'a été le dernier), et munis d'un outillage suffisant; enfin que les efforts des ingénieurs ont été couronnés d'un plein succès, si j'en juge par le port de Sfax, à l'inauguration duquel j'ai assisté. Les dépenses nécessitées par l'aménagement de Bizerte, Tunis, Sousse et Sfax n'ont pas empêché l'administration du Protectorat de réaliser, en même temps, quelques améliorations heureuses dans des ports secondaires tels que Tabarca, Mehdia et Gabès.

A ce propos, notons que l'exécution simultanée des voies ferrées et des travaux d'aménagement des ports n'est pas un fait particulier à la Tunisie. C'est un fait qui est ou sera bientôt commun à presque toutes les colonies. Un chemin de fer d'exploitation n'a de raison d'être que si la marchandise qu'il amène sur un point de la côte peut y être chargée par un paquebot. La construction d'une voie ferrée implique donc nécessairement l'aménagement du port où elle aboutit. Aussi, à l'ordre du jour de chacune de nos colonies où un réseau ferré est en construction, nous voyons figurer des travaux destinés à créer ou améliorer des ports.

Il en est ainsi dans l'Afrique occidentale, où l'on voudrait qu'un port, digne de ce nom, terminât chacune des lignes de la Guinée, de la Côte d'Ivoire et du Dahomey, comme Dakar termine celle du Sénégal. Actuellement Konakry, Grand-Bassam, Kotonou sont de véritables plages, tout au plus des rades foraines, dont l'approche est défendue par une barre, en sorte que les navires sont obligés de mouiller au large, sous vapeur, sans défense contre le roulis, qui est constant sur cette côte. Depuis Dakar jusqu'à Libreville, où ils trouvent un abri relatif, les navires n'ont aucun port où se réfugier, ce qui rend cette navigation aussi fatigante que possible pour les hommes et pour le matériel. Ces conditions compliquent aussi les opérations d'embarquement et de débarquement : elles s'effectuent au moyen de pirogues qui franchissent la barre, au risque de chavirer, ou bien, s'il y a un warf, au moyen de mahonnes qui accostent ce warf. C'est le cas pour Kotonou qui est, depuis peu, doté d'un warf. Mais la construction d'ouvrages de ce genre, ne changeant rien à la situation des navires, laisse subsister le besoin d'un port, et ce besoin d'un port se fait d'autant plus sentir qu'un chemin de fer en construction ou projeté doit amener à la côte une plus grande quantité de produits. Aussi voyons-nous que le projet de chemin de fer de la Côte d'Ivoire comporte la création d'un port intérieur dans la baie d'Abidjean, située à mi-chemin entre Grand-Bassam et Dabou, mesurant 4 kilomètres de long sur 2 de large, et profonde de 5 à 16 mètres. Un chenal de 800 mètres, creusé à travers la langue de sable qui sépare la lagune de la mer, donnerait accès à des navires de 2,000 à 3,000 tonneaux. Il faudrait aussi draguer un chenal jusqu'au delà de la barre qui existe partout sur la côte d'Afrique ; il y aurait enfin quelques dragages à faire dans la baie même. La dépense totale est estimée par les capitaines Houdaille et Crosson-Duplessis à 4 millions : c'est un sacrifice médiocre, en comparaison des avantages que la navigation trouverait dans l'existence d'un port entre Dakar et Libreville et, comme je crois qu'on perdrait sa peine à vouloir améliorer Konakry et Kotonou, — à moins qu'on ne transforme en port le lac de Denham entre Ouïdah et Kotonou, — l'exécution de ce projet me paraît opportune. — A Madagascar nous vérifions le même fait, à savoir la création ou la mise en état d'un port au terme d'une voie ferrée construite ou projetée. Forme-t-on le projet d'une ligne reliant Fianarantsoa à la côte orientale? On propose en même temps la création d'un port à l'embouchure du Faraony. Préfère-t-on à cette ligne le tracé par Tamatave? On construit à Tamatave un warf pour permettre aux vaisseaux d'opérer plus commodément leurs chargement et déchargement. Indiquons en passant que cette mesure est encore insuffisante : puisque Tamatave n'est pas soumis au phénomène de la barre, faisons de ce mouillage un véritable port, en creusant dans les récifs qui environnent la pointe Hastie un bassin, permettant de débarquer bord à quai, et aménagé de grues, de hangars, de docks, en un mot, de tout ce qu'il faut pour créer un centre commercial. En Indo-Chine, nous observons la même évolution. Depuis que la côte annamite doit être longée par une voie ferrée, une société s'est constituée pour faire de la baie de Tourane le port de l'Annam. Saïgon est depuis nombre d'années le grand port maritime français d'Extrême-Orient : mais le fait qu'il est un port de rivière, situé à 40 milles à l'intérieur, le fait tenir en suspicion depuis qu'on entrevoit pour son trafic une augmentation considérable. Aussi jette-t-on les bases d'une ville nouvelle au cap Saint-Jacques, où une jetée vient d'être construite. Au Tonkin, Haïphong partage le même discrédit. En Tunisie, j'ai suffisamment montré la corrélation des travaux de la voie ferrée avec ceux des ports où elle aboutit. Sur la côte des Somalis enfin, Djibouti voit son aménagement amélioré depuis le commencement des travaux du chemin de fer de Harrar.

Une étude approfondie des réseaux ferrés coloniaux devrait se compléter d'une étude des travaux à exécuter dans les ports. D'une manière générale, il y a, dans chaque colonie, des ports de premier plan, sur lesquels doivent se porter en premier lieu l'attention et les efforts des administrateurs ; ce sont les têtes de lignes des chemins de fer actuels ou futurs : par exemple, Tamatave, Diégo et Majunga pour Madagascar ; Saïgon, Tourane et Haïphong pour l'Indo-Chine ; Bizerte, Tunis, Sousse et Sfax pour la Tunisie. Il faut les aménager, — quand c'est possible, — de manière à recevoir les grands paquebots postaux, ceux des lignes directes et rapides. Il existe, en second lieu, des ports d'une importance moindre, qui ne sont que le débouché d'une région et non pas d'un pays : Mehdia ou Gabès, Moruadara ou Tullear, Nhatrang ou Quin-Hon par exemple. Il suffit de les aménager de manière à recevoir des bateaux d'un plus faible tonnage qui se livrent au cabotage. En fait, nos compagnies de navigation ne font des services directs entre la métropole et la colonie que sur les ports du premier ordre, et desservent les autres au moyen de lignes annexes, c'est-à-dire de stationnaires ; ou bien encore, ce sont des compagnies locales qui se chargent du service côtier. Il est donc important que projets de voies ferrées et projets de travaux à exécuter dans les ports concordent exactement, fassent partie du même plan et s'inspirent des mêmes considérations économiques.

Nous avons terminé la revue des projets de chemins de fer coloniaux, dans le sens administratif du mot. Mais il est un projet qui, pour n'être inscrit au budget d'aucune colonie, pour n'exister qu'en marge des projets de loi, n'en préoccupe pas moins l'opinion publique, plus peut-être que ceux qui sont à la veille d'être entrepris : c'est le Transsaharien.

Nous ne discuterons pas en détail la question du Transsaharien, résolus que nous sommes de rester sur un terrain essentiellement pratique : non pas que nous considérions le Transsaharien comme une chimère ; mais on peut dire, sans lui faire injure, que c'est une œuvre de longue haleine, un projet à lointaine échéance, alors même que l'exécution en serait immédiatement entamée ; ensuite, c'est avant tout une œuvre stratégique, politique, et accessoirement seulement une œuvre commerciale. C'est en effet l'incident de Fachoda, qui, en ramenant l'attention sur la défense de nos colonies d'Afrique, ressuscita le projet du Transsaharien, germé il y a quelque vingt-cinq ans dans le cerveau d'hommes éminents, qui sont l'ingénieur Duponchel, M. de Freycinet, et le colonel Flatters. La construction du Transsaharien apparut comme une œuvre de toute nécessité stratégique, comme le seul moyen d'unifier notre empire africain, et d'en assurer, le cas échéant, le prompt ravitaillement en troupes, sur tous les points. Peu nous importerait alors de n'être pas maîtres de la mer. « Restituer à notre empire africain sa vraie base qui est l'Algérie et la Tunisie; faire maintenant de la pénétration du Nord au Sud; unifier, par la construction du Transsaharien, notre empire africain, dont l'unité n'existe naturellement que sur les cartes » : tel est, formulé par M. Leroy-Beaulieu, le programme que les promoteurs du Transsaharien s'efforcèrent de faire adopter par le gouvernement. C'était tout un programme politique et militaire, et c'est dans ce sens que l'on a pu qualifier le Transsaharien « d'œuvre capitale, vraiment impériale ». Ce caractère est nettement marqué par M. R. de Caix de Saint-Aymour, dans une correspondance adressée au Comité de l'Afrique française : « Il est parfaitement vrai que l'Algérie ne mène nulle part. Mais il nous faut à cet égard forcer la nature. Il s'agit, pour nous, non d'une œuvre algérienne, mais d'une œuvre impériale, comme ils disent Outre-Manche. Nous avons un intérêt énorme, flagrant, à relier, par une voie que personne ne puisse couper, la mine de soldats incomparables qu'est le Soudan à nos possessions méditerranéennes. » Remarquons en passant que M. Leroy-Beaulieu et M. de Caix de Saint-Aymour ne sont pas tout à fait d'accord sur le rôle respectif du Soudan et de l'Algérie en cas de guerre, le premier se préoccupant de porter au Soudan des troupes d'Algérie, et le second de porter en Algérie des troupes du Soudan. Mais peu importe de savoir celui qui a raison, s'il est vrai qu'un échange de cette nature doit pouvoir s'effectuer.

Nous restreindrions d'ailleurs la portée des arguments de M. Leroy-Beaulieu, si nous les présentions comme le souci pur et simple d'assurer le transport des troupes entre l'Algérie et le Soudan. Ils ont une portée politique beaucoup plus vaste. « Notre empire africain, qui couvre des immensités sur les cartes géographiques, n'existe que de nom. Il se compose de trois tronçons complètement isolés et dont aucun ne peut prêter secours à l'autre : notre Afrique du Nord, notre Sénégal-Soudan, et le Congo-Oubangui. Ces trois massifs ne pourraient être réunis et se prêter une aide réciproque que si nous occupions effectivement le Sahara, et si, imitant les Russes, les Américains, les Canadiens, les Africains du Sud, les Australiens, nous nous étions décidés à construire une ligne ferrée à travers ces solitudes, pour relier les bons pays qu'elles séparent..... L'Algérie-Tunisie, voilà la vraie tête de notre empire africain ; c'est à elle que tout le reste doit être rattaché ; elle seule peut donner le mouvement, l'animation, la cohérence à tous ces membres, les soutenir, les réconforter, les garantir de tout danger. » En même temps que le chemin de fer, auparavant même, devrait être posée une ligne télégraphique qui, jalonnant la future voie ferrée, relierait au réseau algérien les tronçons de lignes télégraphiques établies ou projetées dans nos possessions du Sénégal et du Soudan. Elle nous permettrait d'attendre avec plus de sécurité l'achèvement du chemin de fer en nous affranchissant du tribut que nous payons aux compagnies anglaises de câbles sous-marins.

C'est encore à des considérations stratégiques que se réfère M. Leroy-Beaulieu pour déterminer le tracé et le point terminus du Transsaharien. La question se posait en effet de savoir d'où partirait et où aboutirait ce chemin de fer. Aurait-il son point de départ à Oran, à Alger, à Biskra ou en Tunisie? Se dirigerait-il sur Tombouctou, sur un autre point du Niger (Barroum) ou sur le Tchad? « Nous devons, répond M. Leroy-Beaulieu, tout subordonner à la jonction par la route la plus courte et la plus plane du centre de notre Algérie-Tunisie à la région du Tchad. Le Transsaharien doit avoir son point de départ juste en face de Marseille, c'est-à-dire soit Alger, soit Bougie, soit Philippeville ; il doit, de l'un de ces points, courir par la voie la plus rapide et la plus plane aux environs du Tchad... Ce n'est donc nullement au Niger, soit à Tombouctou, soit à Barroum que doit aboutir le Transsaharien. L'axe de la politique coloniale générale, et particulièrement de la politique française en Afrique, s'est déplacé depuis vingt ans par nos explorations du Chari, de l'Oubanghi, par la prise sous notre protectorat du Baguirmi, du Kanem : c'est au Tchad qu'il faut aller. » Encore le Tchad est-il plutôt une étape, une gare, qu'un point terminus, car le Transsaharien ne s'y arrêterait que provisoirement « pour se prolonger plus tard jusqu'à l'Oubanghi et peut-être jusqu'au Congo. » La raison qui a dicté à M. Leroy-Beaulieu le choix de ce projet est, ainsi que nous le disions, une raison stratégique : « c'est dans la région du Tchad que nous pourrons, s'il en est besoin, défendre efficacement et conserver Madagascar et le Tonkin. »

Comme M. Leroy-Beaulieu s'était en même temps attaché à démontrer la facilité d'exécution du Transsaharien en s'appuyant sur des exemples pris dans les colonies étrangères et dans les nôtres, la campagne qu'il avait menée dans le *Journal des Débats* et le *Journal des Economistes* produisit des résultats importants. Le prolongement des voies ferrées d'Algérie vers la frontière sud de ses trois provinces n'avait jamais cessé, à bon droit, d'être un des thèmes favoris des représentants de l'Algérie au Parlement. Au congrès des sociétés de géographie tenu à Marseille en septembre 1898, M. Etienne avait déploré la lenteur apportée par le gouvernement à l'extension des voies ferrées vers le Sud-Algérien et fait voter un vœu tendant au prolongement du chemin de fer d'Arzeu à Aïn-Sefra jusqu'à Igli. Il présentait déjà sa proposition comme un acheminement vers l'exécution du Transsaharien. « Il faut, disait-il, que nous pénétrions dans les oasis du Gourara, du Touat et du Tidi-Kelt, qui sont avec les régions du Niger et du Tchad dans l'hinterland de notre Algérie, ainsi que le reconnaît le traité conclu avec l'Angleterre en 1890. Il faut enfin que nous atteignions, par le rail et dans le plus bref délai, le Soudan français, afin que de la Méditerranée au Niger et au Congo, l'autorité de la France soit définitivement affirmée. » Le vœu du Congrès de Marseille allait être réalisé plus vite que ne le pensaient ceux qui l'avaient émis. Le rôle brillant réservé à l'Algérie dans le programme politique exposé par M. Leroy-Beaulieu, l'indiscutable vérité des arguments qu'il avait mis en avant frappèrent M. Laferrière, alors gouverneur général de l'Algérie, qui se mit d'accord avec le gouvernement sur l'occupation du Touat. Le vingtième congrès des sociétés de géographie vint se tenir à Alger, en mars-avril 1899. Le gouverneur général déféra lui-même au congrès la question du Transsaharien, dans des termes qui lui donnaient pour ainsi dire la consécration officielle et marquaient l'adhésion du gouvernement à la politique exposée plus haut : « Grâce aux grandes choses accomplies par ceux qui ont porté notre drapeau sur l'Atlas, le Congo, le Niger et le Tchad, la France possède à l'heure qu'il est, dans le continent africain, un empire grand comme l'Europe. L'Algérie, France africaine, devenue elle-même partie intégrante de cet empire, paraît destinée à le relier au territoire de la mère-patrie par les voies les plus courtes et les plus rapides... Qu'on ne traite donc pas le Transsaharien de chimère, sous prétexte que nous ne serions pas en mesure de décider, dès aujourd'hui, par où il passera et où il devra aboutir : s'il n'existe pas encore à l'état de tracé définitif, nous savons qu'il existe à l'état de conception réalisable. » Puis M. Laferrière définissait la tâche à laquelle le gouvernement général pouvait immédiatement procéder, sans attendre le complément d'information nécessaire avant de se lancer dans une aussi vaste entreprise. « En attendant que les solutions espérées soient nées d'un concours d'efforts auxquels je me ferai toujours un devoir de m'associer, en attendant que l'œuvre de l'ingénieur ait été suffisamment préparée par l'œuvre de l'explorateur, l'Algérie n'a-t-elle pas déjà des tâches toutes prêtes, soit dans l'Oued-

Rihr, soit dans la région du Touat? déjà on entrevoit le jour où la locomotive pourra rouler vers Ouargla : ne pourrait-elle pas aussi suivre nos colonnes dans ces oasis dont vous parlait M. de Brazza, et où la nature des choses et les accords diplomatiques nous donnent le droit de planter notre drapeau? »

Ainsi présentée au Congrès, la question du Transsaharien y fit l'objet d'un débat passionné, qui nous paraît être surtout caractérisé par l'entrée en jeu d'un nouvel élément : l'intérêt algérien. « Il ne s'agit nullement, avait dit M. Leroy-Beaulieu, d'un chemin de fer d'utilité, nous ne disons pas locale, mais même régionale. Par conséquent les intérêts de telle ou telle ville, de telle ou telle province sont ici secondaires. Le chemin que l'on doit construire doit être l'analogue du Transsibérien, du Transcaspien, du Transcontinental-Pacifique-Canadien. » Les congressistes au contraire perdirent de vue le caractère national de la question qui leur était soumise et en firent une question algérienne. Quelle sera la tête de ligne du futur Transsaharien? Oran, Alger, Philippeville ou Bône? Quelle ligne vaudra-t-il mieux prolonger vers le Tchad? Celle d'Oran à Igli par Aïn-Sefra, celle d'Alger à El-Golea par Laghouat, celle de Constantine à Ouargla par Biskra? Notez bien que la voie ferrée n'atteint encore ni Igli, ni Ouargla, ni Laghouat. Autant de questions diversement résolues selon que l'orateur était originaire de la province d'Oran, de celle d'Alger ou de celle de Constantine. Les Tunisiens eux-mêmes se mirent de la partie et proposèrent l'établissement d'une voie ferrée qui, partie de Bougrara, atteindrait le point choisi pour terme du Transsaharien, Niger, Tchad ou Congo. Enfin des personnalités indifférentes aux intérêts algériens préconisèrent un tracé Tripoli-lac Tchad. Il existait avant le Congrès divers tracés empruntant le territoire de nos quatre provinces méditerranéennes ; mais, depuis le Congrès, il y eut réellement un tracé oranais, un tracé algérois, un tracé constantinais, un tracé tunisien. Un mot typique fera comprendre cette déviation de la question : défendant le tracé algérois dans une très intéressante conférence prononcée le 11 mai 1900, M. Broussais se demandait « si Alger n'avait pas laissé passer l'heure d'avoir sa place au soleil dans la question du Transsaharien ? » L'intervention de « l'intérêt du clocher » inquiéta à juste titre quelques-uns des promoteurs du Transsaharien ; le principal défenseur du tracé Biskra-Ouargla, M. Georges Rolland, écrivait en effet à M. Savorgnan de Brazza, président du Congrès : « Le spectacle des rivalités entre nos quatre provinces méditerranéennes, alors qu'il s'agit d'une œuvre essentiellement nationale, a déjà fait assez tort à la cause commune pour que nous ne puissions que déplorer de voir raviver de vieilles querelles et de vaines disputes. »

En outre, comme il arrive souvent, la discussion fit surgir plus de difficultés qu'elle n'en élucida. On s'aperçut enfin qu'on avait trop laissé dans l'ombre l'aspect technique et l'aspect économique de la question. Quant au côté technique, on fit observer l'ignorance où nous étions encore de la topographie du Sahara, des difficultés de tout ordre qui peuvent faire obstacle à la construction d'un chemin de fer, des dispositions où seraient les Touareg à l'égard des Européens qui s'établiraient dans leur voisinage. Quant à l'aspect commercial, les exagérations mêmes de quelques personnes relativement aux ressources économiques des territoires traversés, provoquèrent une réaction. M. Flamand, M. Augustin Bernard remirent la question au point en montrant que de telles appréciations étaient au moins sujettes à caution, et que, fussent-elles exactes, elles constituaient précisément une raison décisive d'étudier le tracé avant de l'arrêter. « S'il est vrai, dit M. R. de Caix, qu'un minéral précieux peut se trouver dans la contrée à traverser ; si, grâce à sa présence, le Transsaharien, chemin de fer stratégique et politique, peut devenir du premier coup un chemin de fer commercial et industriel, on conviendra qu'il serait singulièrement maladroit de s'empresser de choisir à priori un tracé, au risque de passer loin des gisements à exploiter. » Le congrès dispersé, de hautes personnalités, le général Cosseron de Villenoisy, M. Marcel Dubois, se faisaient, dans la presse et le monde colonial, l'écho de ces objections, tandis que M. Duponchel défendait l'idée du Transsaharien, son idée.

Cependant nos colonnes s'avançaient vers les oasis du Touat et s'en emparaient, ce que tous, partisans et adversaires du Transsaharien, s'étaient accordés à réclamer comme un travail préliminaire à exécuter sans retard, comme la condition sine qua non « de la pénétration saharienne. » L'occupation d'In-Salah et d'Igli fut accueillie avec joie par les promoteurs du Transsaharien, qui y virent comme un premier jalon posé sur la route qui doit un jour faire communiquer l'Algérie et le Soudan. Elle réjouit aussi les partisans d'une offensive plus ou moins franche contre le Maroc, car c'est là un aspect de l'occupation de l'Extrême Sud-Oranais qu'il ne faut pas laisser ignorer. « Le chemin de fer vraiment stratégique et politique, avait dit M. A. Bernard, c'est évidemment le chemin de fer du Sud-Oranais au Touat par la vallée de l'Oued-Saoura, qui surveillera le Maroc, comme le Transcaspien surveille la Perse. » Et M. R. de Caix commentait ainsi ce passage : « La construction de cette ligne aurait l'immense avantage d'affirmer notre politique à l'égard du Maroc, et rien ne serait plus fatal à l'avenir de notre Afrique du Nord que d'envisager dès à présent, de faire envisager par les autres, la possibilité de notre abdication et de notre désintéressement dans certaines éventualités. » Tel est le lien, encore assez lâche, qui rattache cette question de la pénétration saharienne à la question marocaine. Le premier enthousiasme tombé, l'occupation d'Igli et d'In-Salah a suscité d'amères critiques dans le monde militaire et colonial. La plus sérieuse vise les dépenses considérables qu'exige le ravitaillement par caravanes des garnisons laissées dans nos nouveaux postes, dépenses qui semblent disproportionnées avec le bénéfice que nous retirons de l'occupation du Touat. N'eût-il pas été préférable de porter simultanément en avant la voie ferrée et l'occupation militaire, d'établir des postes fortifiés au fur et à mesure de la construction de la voie, les postes protégeant le chemin de fer et le chemin de fer ravitaillant les postes? On conçoit qu'en présence de telles critiques, le gouvernement et les promoteurs de cette expédition aient hâte de tirer de l'occupation du Touat tout l'avantage économique et politique qu'elle est susceptible de rendre, en y faisant arriver sans retard le chemin de fer. Et voilà que l'expédition du Touat, après avoir reçu une impulsion puissante de la campagne menée en faveur du Transsaharien, réagit à son tour sur elle : le prolongement de la voie ferrée jusqu'à Igli et Ouargla dans un bref délai apparaît comme le véritable moyen de faire taire les critiques que nous résumions. Mais ces « Sahariens » sont-ils autre chose que des amorces du Transsaharien ? Pourront-ils même subsister longtemps dans cet état de fragments, de tronçons ? Sans doute, même réduits à cela, ils ne peuvent être considérés comme des entreprises stériles. « Les diverses amorces du Transsaharien, écrit M. Georges Rolland, n'ont-elles pas chacune leur valeur propre comme lignes de pénétration régionale ? » Mais il est évident que malgré ces services régionaux et partiels, la véritable utilité de ces lignes dépend de la complète exécution du plan dont elles sont le principe. Cette constatation évidente suffit à entretenir l'espoir des partisans du Transsaharien ; enfin, voici la mission Foureau-Lamy de retour en France, et sans doute elle nous rapporte sur le Sahara, sa topographie, ses populations, ses ressources, des notions beaucoup plus complètes que celles que nous avions.

On ne soupçonne pas ce que l'ingéniosité ou l'imagination d'un faiseur de plans est capable d'enfanter.

Voulez-vous aller de Paris à Tombouctou en huit jours? Embarquez-vous pour le cap Sainte-Anne (cap Blanc), débarquez à Sollerville et montez dans le rapide de Sollerville. Préférez-vous traverser l'Afrique dans sa longueur? Abordez aux rives du lac de Bougrara (Tunisie), transformé en un port merveilleux, et prenez le Grand-central africain ou Transafricain qui vous conduira à Loango (Congo français) par le lac Tchad et l'Oubanghi (4950 kil.). Ce n'est pas par défaut d'audace que pèche cette conception : mais il ne faut pas être trop sceptique, et qui sait si la prochaine exposition coloniale ne nous réserve pas la surprise de dîner dans le wagon-restaurant du Transsaharien, tandis qu'une toile de fond fera défiler sous nos yeux des paysages d'oasis et des infinis de sable?

En attendant, il est de toute nécessité de commencer sans retard l'exécution des projets autorisés par le Parlement et mis au point par les ingénieurs. Je ne me dissimule ni l'importance, ni les frais de pareils travaux ; j'avouerai même que, ce qui m'a rendu cette étude si attachante, ce sont les projets vastes et grandioses que, dans chaque colonie, on entrevoit derrière les projets ou les réalités de l'heure actuelle, comme un horizon illimité à travers une porte entr'ouverte : Bangkok et Yunnam-Fou reliés à travers l'Indo-Chine française, parcourue dans toute sa longueur ; Saint-Louis du Sénégal et Kotonou réunis à travers la boucle du Niger ; l'Algérie communiquant avec l'Afrique occidentale française par dessus le Sahara ; la Tunisie coupée, de l'est à l'ouest, par trois lignes transversales et longée, du nord au sud, par une ligne parallèle à la côte ; l'Emyrne accessible par ses quatre versants, au moyen de lignes dessinant sur le sol une rose des vents. Sans doute, quelques-uns de ces ouvrages sont de véritables travaux de géants : mais ce ne sont pas seulement les colonies françaises, c'est le monde entier qui a inscrit à son ordre du jour des milliers de kilomètres de chemins de fer. Il suffira, pour s'en rendre compte, de citer les noms du Transsibérien, du Transcaspien, des chemins de fer de Chine, d'Asie Mineure, du Sud de l'Afrique, de la ligne du Cap au Caire. Il importe à la France de ne pas se laisser distancer : elle y aura d'autant plus de peine qu'il lui faut d'abord rattraper l'avance qu'elle a laissé prendre à d'autres puissances coloniales.

« Il viendra un temps, écrit Loti, où la terre sera bien ennuyeuse à habiter, quand on l'aura rendue pareille d'un bout à l'autre et qu'on ne pourra même plus essayer de voyager pour se distraire un peu. » On serait presque tenté de lui donner raison, en voyant l'effort colossal que les nations civilisées sont en train de faire dans leurs colonies. Toutefois, nous devons précisément nous tenir en garde contre la tendance à faire trop semblable à ce qui existe chez nous. Nous avons, en France, une tendance fâcheuse à transporter des habitudes et des choses de la métropole dans des pays auxquels elles ne sont nullement appropriées. Une gare, une voie ferrée, un matériel roulant, sont pour nous des types classés, catégorisés, auxquels nous ne semblons pas admettre que l'on puisse rien changer. De modifications peu importantes en apparence peuvent cependant résulter des économies considérables de temps et d'argent. « Ce qu'il faut dans les pays nouveaux, dit M. J. Borelli à propos du Dahomey, c'est non le chemin, mais le sentier de fer ; c'est un outil bon marché, d'une exécution facile, d'une exploitation simple. Il ne faut pas faire grand : ce serait la ruine ; il faut faire pratique : ce sera la richesse. » Cette thèse a été soutenue, avec des arguments définitifs, par le colonel Thys, dans un rapport à l'Institut colonial international. Le colonel Thys, qui est bon juge en la matière, puisqu'il a fait le chemin de fer du Congo belge, estime que, dans la construction des chemins de fer en pays neufs, une fois les conditions de sécurité et de bon fonctionnement assurées, il faut beaucoup sacrifier à la rapidité et à l'économie du travail. Il se déclare partisan de la voie étroite de 1 mètre, $0^m,75$ ou même $0^m,60$, de préférence à la voie large qui a été adoptée aux Indes, en Sibérie ($1^m,076$), et trop souvent dans nos propres colonies. « Au surplus, conclut-il, notre opinion est que, même s'il était prévu qu'au bout d'un certain temps une voie à faible capacité et à vitesse réduite devra être entièrement transformée, il y aurait encore lieu, très souvent, de l'adopter, afin de gagner du temps et de ne pas immobiliser des capitaux pouvant plus utilement être employés à d'autres buts coloniaux. Dans les colonies, les questions de temps priment tout. Là où tout est à faire, il ne faut pas chercher surtout à faire parfait, il faut chercher à faire vite. Nulle situation au monde ne nous a jamais mieux paru justifier l'adage — et nous croyons ainsi bien résumer toute notre pensée — : le mieux est l'ennemi du bien. » Je ne peux que souscrire à ces paroles pleines de bons sens et indiquer, en terminant, une autre raison d'aller vite. Rencontrant un jour le colonel Thys à Bruxelles, il me dit qu'il cherchait une formule qui résumât son opinion sur l'opportunité de créer sans retard des voies ferrées aux colonies. Nous la cherchâmes ensemble et voici la formule qui nous parut rendre le mieux notre pensée : « En Europe, le chemin de fer est la résultante d'un mouvement commercial ; aux colonies, il le précède et le suscite. »

***

En examinant les statistiques coloniales, on est amené à diverses constatations faites pour nous inquiéter : on remarque que la France ne trouve dans ses colonies qu'un débouché très médiocre ; que nos colonies ne fournissent à la métropole qu'une faible part de son approvisionnement en produits exotiques, tandis qu'elles en exportent une grande quantité sur les marchés étrangers ; enfin, que le peu qui nous est destiné parvient dans nos ports sous pavillon étranger. Les deux premières de ces questions relèvent de la législation douanière ; la dernière se réfère à la loi sur la marine marchande. J'avoue que mon patriotisme ne s'émeut pas en voyant une certaine quantité de nos produits coloniaux alimenter les marchés étrangers, et que je considère au contraire comme une chose heureuse, que les colonies ne voient pas en la métropole un débouché unique et obligatoire. Mais je voudrais qu'elles pussent voir en celle-ci un débouché ouvert à leurs produits : l'entrée en franchise des produits coloniaux, que M. le Myre de Villers vient de proposer dans son rapport sur le budget des colonies, est certainement le meilleur moyen d'attirer sur le marché métropolitain une quantité plus considérable de denrées coloniales, et, par une suite naturelle de cette augmentation, d'amener sur le marché colonial une plus forte quantité de produits métropolitains. Cette réforme mérite donc qu'on s'y arrête.

Par l'examen des statistiques de l'année 1898, on se rend compte que la France a exporté dans ses colonies, moins l'Algérie et la Tunisie, pour 141,813,179 fr., tandis que les importations de l'étranger dans ces mêmes colonies se sont élevées à 142,788,630 fr. On voit également que les colonies françaises ont exporté en France pour 138,999,938 fr. de produits, tandis qu'elles ont exporté à l'étranger pour 140,079,652 fr. M. Le Myre de Villers a résumé la même situation sous une forme un peu différente : « Nos clients indigènes, dit-il, n'achètent les produits de la métropole qu'à raison de 3 fr. 54 par tête ; la part de l'ensemble de notre domaine colonial dans l'importation des principaux produits exotiques ne dépasse pas 10,61 0/0 et 4 0/0 pour les produits qui contribuent plus particulièrement à enrichir celles de nos possessions d'outre-mer dont l'avenir nous paraît le mieux assuré. » Il importe évidemment de faire cesser cet état de choses dont les adversaires de la politique coloniale prennent texte, pour lui dénier toute utilité matérielle et, par suite pour la condamner.

« Il faut, écrivait M. Méline en 1892, que nos colonies offrent aux produits français des débouchés de plus en plus larges ; sans cela la politique coloniale serait radicalement condamnée. Il n'y a qu'une seule voix en France sur la nécessité d'apporter un esprit de plus en plus positif et pratique dans la direction de nos affaires coloniales. » Un des futurs membres du cabinet Méline, M. Turrel, dans son rapport sur le budget des colonies pour l'exercice 1896, constatait que la part de la France dans le commerce général de ses colonies en 1894 avait été inférieure de 46 millions à celle de l'étranger (213 millions contre 259) ; que sa part dans les importations de ses colonies avait été de 29 millions inférieure à celle de l'étranger (95 millions contre 124) ; sa part dans les exportations inférieure de 17 millions (118 millions contre 134) ; enfin que la balance du commerce n'était favorable à nos colonies que de 10 millions vis-à-vis de l'étranger, alors qu'elle leur était favorable de 23 millions par rapport à la France. Il oubliait de tirer de ce bilan protectionniste la seule conclusion qu'il comportât, à savoir la prompte liquidation de notre domaine colonial. Du moins, M. Turrel doit être un peu plus rassuré aujourd'hui que la balance du commerce, (puisque aussi bien, il faut raisonner encore sur ces vieilleries) est favorable à la France, qui a vendu à ses colonies plus qu'elle ne leur a acheté. En 1895, un autre futur membre du cabinet Méline, M. Henry Boucher, exposait, à l'occasion des crédits de l'expédition de Madagascar, la doctrine de l'école protectionniste en matière coloniale.

Lorsque vous nous dites que vous allez ouvrir dans les colonies des débouchés à la production française, c'est là une singulière erreur. Ce ne sont pas des débouchés que vous créez à la production française ; ce sont, au contraire, les portes de la France que vous tenez ouvertes à des produits plus privilégiés, parce qu'ils nous arrivent sous le couvert du bon marché de la main-d'œuvre. En sorte que, quand vous envoyez un jeune soldat du Puy-de-Dôme ou des Basses-Alpes dans ces pays nouveaux, quand vous l'envoyez servir, avec l'honneur de la France, ses prétendus intérêts, savez-vous quel est le résultat de ses efforts ?

Il entrebâillera la porte des colonies aux produits français ; il ouvrira toutes grandes les portes de la France aux jaunes, aux noirs qui s'y abritent sous notre drapeau, aux étrangers qui ne se mêlent à eux que pour nous desservir. Il ira mettre en concurrence ce jaune ou ce noir, qui se nourrit d'une poignée de riz valant 0 fr. 20, avec son père, avec son frère, qui ont peine à vivre dans la mère-patrie, dont ils supportent toutes les charges, avec un salaire de 1 fr. 50 par jour.

Voilà la toison d'or de ce victorieux !

Ne parlons donc pas d'intérêt matériel dans la politique coloniale telle que vous l'entendez, ce serait un leurre.

Voilà bien l'argumentation étroite et jalouse des protectionnistes, qui confondent dans leur inimitié la concurrence étrangère et celle de nos propres colonies, qui s'alarment d'une prospérité dont nous voudrions pouvoir nous féliciter ; qui considèrent comme néfaste l'affluence des produits coloniaux sur le marché de la métropole, et comme un mal la pénurie à laquelle nous cherchons un remède.

Le bon sens proteste contre un pareil réquisitoire, et, si la politique coloniale est une pure aberration, du moins admettra-t-on que la France la partage avec un certain nombre de puissances d'Europe et même d'Amérique, qui, depuis les plus grandes jusqu'aux plus petites, sont en proie à la même folie. Les protectionnistes sentent bien qu'il est difficile de faire admettre que le monde civilisé tout entier déraisonne, et ils se mettent en quête des moyens susceptibles de faire tourner la politique coloniale à l'avantage des infortunés agriculteurs et industriels français. Ces moyens sont d'ingénieux tarifs protecteurs, frappant les produits étrangers à leur entrée dans nos colonies et, quand cela est nécessaire, les produits de nos colonies à leur entrée en France. J'avoue que je ne m'explique pas la tendance qui consiste à représenter la colonisation et le commerce colonial comme les enfants gâtés du régime protectionniste, et que je me sépare entièrement sur ce point de mon éminent collègue M. Marcel Dubois. M. Le Myre de Villers vient précisément de constater, dans son rapport, les détestables résultats du tarif douanier de 1892. Il fait observer que, la France ne pouvant se substituer sur le marché colonial à toutes les nations étrangères, l'établissement de tarifs prohibitifs à l'entrée de nos colonies n'est pas un moyen de remédier à la situation qui l'inquiète ; il montre au contraire les dangers d'une protection outrancière, qui a pour conséquences d'augmenter les frais de l'administration des douanes, de diminuer les recettes de la colonie, et surtout de renchérir la vie matérielle des habitants, c'est-à-dire de restreindre la somme que chacun peut dépenser en achats. « Il ne faut pas oublier, dit-il, que la population indigène est le facteur par excellence de la prospérité de nos colonies. Si nous voulons des colonies prospères, nous devons vouloir cette population heureuse et satisfaite. Pour la satisfaire, il faut ménager ses goûts et ses préférences, et ne pas lui rendre la vie trop coûteuse. » Mais ces raisons n'arrêtent pas les protectionnistes, dont un certain nombre, ne se contentant pas du moyen que nous venons de repousser, demandent le retour pur et simple au pacte colonial et à son corollaire inévitable, la surtaxe de pavillon ou du tiers pavillon. C'est à se demander tout simplement s'ils comprennent ce qu'ils désirent. Ce système, qui est tout l'opposé d'un pacte, mais au contraire un acte d'autorité arbitraire et brutal de la métropole à l'égard de ses colonies, consiste dans l'interdiction faite aux colonies d'importer des marchandises étrangères et d'exporter à l'étranger des marchandises de leur crû : pour parler un langage approprié à l'esprit du système, *Sa Majesté fait très expresses inhibitions d'importer aux îles des marchandises autres que celles du crû de France et d'exporter à l'étranger des marchandises du crû des îles.* En retour, les obligations de la métropole envers ses colonies se réduisaient à un régime d'exception en faveur de leurs produits (1). Une loi de 1814 vint compléter cet organisme en frappant d'une surtaxe, dite

---

(1) Dans le volume de la collection, *Le Sénégal-Soudan*, rédigé par les soins du Comité local d'organisation de l'Exposition de 1900, nous lisons à la page 15 une excellente définition du pacte colonial : *Tout de la métropole, tout à la métropole, tout par la marine métropolitaine.*

surtaxe de pavillon, les denrées tropicales introduites en France sous pavillon étranger. Le pacte colonial réserve donc à la métropole tout le commerce d'importation et d'exportation de ses colonies : mais il réduit celui-ci à un échange de matières premières, exportées des colonies dans la métropole, et d'objets fabriqués, importés dans les colonies par la métropole. Le classique exemple des galions qui apportaient les lingots d'Amérique en Espagne et en repartaient avec un chargement d'objets fabriqués, nécessaires à la consommation des indigènes, offre le type idéal de ce commerce. Les défenses édictées par l'Angleterre et par l'Espagne pour prévenir la naissance de l'industrie locale sont une conséquence logique et nécessaire du pacte colonial. L'expérience de ce système a été faite : à l'Espagne, il a coûté toutes ses colonies, c'est-à-dire le Mexique, l'Amérique du Sud moins le Brésil, et la majeure partie des Antilles ; au Portugal, il a coûté le Brésil ; à l'Angleterre, les États-Unis ; il a entravé pendant longtemps le développement des vieilles colonies de la France, ces îles dont nous parlions tout à l'heure. Je ne crois pas qu'il soit nécessaire d'insister davantage pour montrer que ce n'est pas là une solution très désirable. Pour moi, je ne reconnaîtrai jamais à un parlement métropolitain le droit d'enlever à ses colonies la liberté d'exporter où bon leur semble. Et d'autre part, si fervent colonial que je sois, je ne sacrifierai jamais au commerce colonial de la France, le commerce bien plus considérable qu'elle fait avec les autres puissances : c'est pourtant ce qui résulterait des représailles qu'une protection exagérée ne manquerait pas de nous attirer.

Passons donc à l'examen d'une solution raisonnable : celle de l'entrée en franchise des produits coloniaux, que préconise M. Le Myre de Villers. L'honorable député de l'Indo-Chine s'est dit qu'il y avait une corrélation évidente entre la quantité de produits français qu'achetaient nos colonies et celles de produits coloniaux que celles-ci nous vendaient. « Partout, dit-il, la même question se pose : augmenter la faculté d'achat de nos clients indigènes. Ceux-ci, pris dans leur masse, ne sont pas accoutumés à l'épargne. Ils achètent dans la limite de leur faculté d'achat. Pour augmenter cette faculté d'achat, il faut développer la production et par conséquent l'exportation des produits du crû, afin de créer une circulation monétaire aujourd'hui absolument insuffisante. »

Il ne dépend pas de nous d'ouvrir des débouchés aux produits de nos colonies en Allemagne et en Angleterre : mais il dépend de nous de leur ouvrir le débouché de la France. Il faut donc que les produits des colonies entrent en France en franchise, comme les produits de la France entrent en franchise dans les colonies : autrement dit il faut établir les rapports commerciaux de la métropole avec ses colonies sur la base de la réciprocité. De cette manière, les colonies, vendant davantage à la métropole, lui achèteront davantage. A l'appui de sa thèse, M. Le Myre de Villers cite deux exemples frappants des effets qu'on peut attendre de ce régime. Le premier est celui de Ceylan. Il y a vingt-cinq ans, cette île ne produisait pas une once de thé ; en 1898, le thé y couvrait 147,310 hectares, fournissant une exportation de 57 millions de kilos. On pourrait essayer quelque chose de semblable dans notre possession de l'Annam qui convient très bien à la culture de cette plante, ainsi que nous avons pu nous en convaincre par les produits qui ont figuré à notre exposition coloniale. Quelques-uns de nos concitoyens, établis en Indo-Chine, ont envoyé 137,391 kilos de thé en France en 1898, mais déjà ils éprouvent des difficultés pour conserver sur notre marché la petite place qu'ils s'y sont ainsi faite. C'est que moins heureux que le thé de Ceylan en Angleterre, le thé de l'Annam n'entre pas en franchise en France. Le second exemple est celui de la Tunisie. La loi du 19 juillet 1890 a accordé la franchise en France à ses quatre principaux produits. Depuis, ces produits viennent presque entièrement en France. Et quelle est la conséquence? C'est que la Tunisie, en retour, demande aujourd'hui pour 11 millions de produits français de plus. Le trafic aller et le trafic retour entre deux pays ont donc une répercussion inévitable l'un sur l'autre. Il faut étendre à tout notre empire colonial une expérience aussi concluante.

Je souscris de plein gré à la proposition formulée par M. Le Myre de Villers, et je souhaite que l'opposition des protectionnistes ne l'empêche pas d'aboutir : car il faut s'attendre à voir reproduire contre cette réforme les arguments de M. Henry Boucher sur la concurrence faite par les colonies à la métropole. « S'il est deux choses qui me semblent devoir disparaître, disais-je moi-même en 1896, c'est la limitation des envois de denrées que peuvent nous expédier nos possessions d'outre-mer, comme la faculté reconnue aux conseils généraux de certaines colonies de frapper de taxes douanières les produits français. » Il n'y a qu'un point, ou plutôt qu'un mot sur lequel je ne suis pas d'accord avec M. Le Myre de Villers : c'est sur la dénomination que lui-même et beaucoup d'autres à sa suite ont donnée à sa réforme. « On doit désormais considérer la France et les colonies, dit-il fort justement, comme un tout à intérêts unis, les colonies étant au point de vue commercial le complément de la France, la production coloniale fournissant le complément de la production de la France. Il faut que les produits de nos colonies entrent en France en franchise, comme les produits de la métropole entrent en franchise dans nos colonies. » Mais il ajoute, en guise de conclusion : « Ce serait le pacte colonial. » Non, ce ne serait pas du tout le pacte colonial, et je ne pense pas qu'il soit nécessaire de reprendre l'explication que j'en ai donnée plus haut, pour montrer les différences fondamentales qui séparent ce régime antédiluvien de celui que préconise M. Le Myre de Villers. Autant l'extension à toutes nos colonies du régime appliqué depuis 1890 à la Tunisie serait une réforme heureuse, autant le rétablissement du pacte colonial serait une œuvre néfaste et ruineuse. Avec une loi sur la marine marchande datant de Colbert et une législation douanière datant de Philippe II, nous n'aurions plus qu'à amener notre pavillon devant celui des autres nations. Mais ce n'est pas du tout le rétablissement du pacte colonial que propose M. Le Myre de Villers, contrairement à ce qui a été dit dans la presse, par une fausse interprétation de ses paroles. Dites à la rigueur : ce sera le pacte colonial *moderne*. Ce n'est pas là une simple querelle de mots, car une assimilation qui existe dans le langage ne tarde pas à se produire dans les faits.

Que l'on accorde donc l'entrée en franchise des produits coloniaux, et je n'y vois qu'une difficulté grave d'ordre purement fiscal ; mais, une fois cette concession faite, qu'on ne s'efforce pas de la rendre inutile par des restrictions de tout genre, des retouches incessantes à la loi, des fantaisies douanières du goût de celles auxquelles on nous a habitués depuis 1892. La marchandise coloniale, comme toutes les marchandises, se dirige vers les points où elle a chance de trouver une vente assurée et lucrative. Il faut pour cela de *grands marchés* et je ne crois pas qu'on puisse m'accuser d'exagération, si j'affirme que gouvernements et parlement ont tout mis en œuvre, non seulement pour enrayer le développement des *grands marchés*, mais pour restreindre les marchés existants, en négligeant systématiquement les moyens les plus élémentaires et les seuls aptes à développer notre marine marchande et son aliment indispensable, le fret de sortie. Pourquoi donc le port d'Anvers est-il devenu le principal marché de l'ivoire, du cacao et du caoutchouc ? Pourquoi Hambourg est-il parvenu à détrôner Bordeaux et Marseille comme grand marché des graines oléagineuses ? Parce que les Belges et les Allemands ont profité de nos folies économiques et de l'indifférence du parlement à l'égard des questions commerciales pour détourner ces marchandises à leur profit. Pourtant la formation de grands marchés est nécessaire, aussi bien dans les colonies que dans la métropole. Comment ne s'est-on pas préoccupé plus sérieusement de cette question majeure à la Chambre et dans le gouvernement? Comment n'a-t-on pas encore, à l'imitation des Anglais, des Allemands et des Russes, créé des ports francs en Algérie, en Indo-Chine et ailleurs? Les Allemands, qui sont plus jeunes que nous dans la colonisation et dont le régime douanier se rapproche du nôtre, n'ont pas mis longtemps à comprendre l'importance des grands marchés dans leurs colonies, et ils ont créé un port franc à Kiao-tchéou le lendemain de leur prise de possession. Ils ont également su prendre les mesures nécessaires pour avoir une marine marchande puissante. De leur côté, les Russes ont établi un port franc à Talienwan. Qu'attendons-nous pour suivre ces excellents exemples, et comment M. Doumer, qui est un homme d'initiative et de progrès, a-t-il pu résister aussi longtemps à cette séduisante tentation?

L'étude du régime douanier des colonies en appelle une autre, qui est inséparable de la première : c'est celle des moyens propres à développer notre marine marchande. Une marine marchande nombreuse, puissante et moderne est le corollaire de l'expansion coloniale, la conséquence d'un vaste empire d'outre-mer. La nôtre s'étiole de jour en jour davantage et bientôt mourra d'anémie. Et depuis trois ans, conseil supérieur de la marine, commission extra-parlementaire travaillent sans succès à mettre d'accord constructeurs de navires et armateurs : le temps passe, nos concurrents gagnent sans cesse du terrain, et nous ne savons pas imposer silence à nos mesquines passions pour sauvegarder les intérêts supérieurs de notre pays.

Notre pavillon devient de plus en plus rare dans les mers qui baignent nos possessions de l'Inde, d'Indo-Chine, d'Océanie, de la côte occidentale d'Afrique, des Antilles : ces colonies sont obligées de recourir au pavillon étranger pour assurer leurs relations avec les pays qui les avoisinent. Les paquebots-poste de la compagnie des Messageries maritimes, quelques cargo-boats de la compagnie Nationale et de la compagnie des Correspondances fluviales du Tonkin constituent seuls à peu près toute notre flotte marchande dans les ports d'Extrême-Orient. C'est là tout ce que nos colonies d'Asie et d'Océanie ont à leur disposition pour effectuer leurs échanges avec la Chine, le Japon, les îles de la Sonde, l'Australie, etc. Encore les navires de ces compagnies ne dépassent-ils pas Shangaï, en sorte que toute l'Asie septentrionale reste en dehors de la navigation française. Seule de toutes nos possessions d'Océanie, la Nouvelle-Calédonie est l'objet d'un service direct, assuré par les Messageries maritimes. Je lis dans la *Quinzaine coloniale* du 10 octobre 1900 que la colonie de Tahiti vient de traiter avec « l'Oceanic Steamship Company » en vue de l'établissement d'un service à vapeur entre cette île et San Francisco, moyennant une subvention de 150,000 fr. payée à cette compagnie. Il paraît que ces conditions, autant que les bénéfices espérés, font de cette convention une affaire très avantageuse pour l'Oceanic. « Il nous sera permis de regretter, écrit fort justement le rédacteur de la *Quinzaine*, que ces bénéfices n'aillent pas à notre marine marchande et que le pavillon français soit éliminé, dans ces parages lointains, déjà trop désertés par lui, d'une situation avantageuse, à laquelle il pouvait prétendre. La faute n'en est pas, nous le savons, à la colonie, qui, avant d'accueillir les offres de l'étranger, a fait tout ce qui dépendait d'elle pour provoquer celles de nos armateurs. Ceux-ci, par timidité sans doute, n'ont pas répondu à ses appels, et force lui a été, malgré ses répugnances, de s'adresser au dehors pour assurer la création d'un service au bon fonctionnement duquel ses intérêts vitaux sont liés. Cette abstention de l'armement français est éminemment regrettable. Elle n'est malheureusement pas un fait isolé. C'est ainsi que, par manque d'initiative, par crainte des aléas notre marine marchande se voit, depuis plusieurs années, reléguée peu à peu à un rang secondaire. » Je ne peux absolument pas m'associer aux conclusions de cet honorable rédacteur, comme je l'ai fait à ses regrets. La faute n'est pas plus à nos armateurs qu'elle n'est à la colonie. Mettez nos armateurs sur un pied d'égalité avec les armateurs étrangers, et, s'ils continuent à s'abstenir, vous pourrez alors les accuser de timidité et de défaut d'initiative. Jusque-là n'accusez que le Parlement et nos divers gouvernements qui n'ont encore rien fait pour améliorer la situation de notre marine marchande, dont la décadence leur est signalée depuis fort longtemps. Ils sont d'autant plus coupables, que le remède à cette décadence, en ce qui concerne les colonies, consiste en quatre réformes immédiatement et facilement réalisables, dont ils ont été maintes fois saisis, et dont l'exécution n'attend plus qu'un vote.

Ces quatre réformes, que j'ai été heureux de retrouver dans le rapport de M. Le Myre de Villers, sont relatives à la composition des équipages, aux primes à la navigation, à la francisation des navires, à la délivrance des brevets de capitaine et de mécanicien.

1° Sur le premier point, la loi de 1893 oblige nos armateurs à composer les équipages de leurs navires, pour les trois quarts, de Français ou de sujets français. Cette obligation les mettant dans une infériorité notoire vis-à-vis des armateurs allemands et anglais, qui peuvent composer leurs équipages comme ils l'entendent et naviguent ainsi à des frais beaucoup moindres. On m'a objecté que le Ministre de la marine n'a laissé subsister la condition de nationalité qu'à l'égard du capitaine (circulaire du 25 novembre 1895). C'est vrai, mais sans préjudice des deux autres conditions exigées par la loi : un permis de navigation annuel délivré par l'autorité consulaire ; des capitaux aux deux tiers français. La facilité accordée par la circulaire ministérielle vise donc uniquement la délivrance du rôle d'équipage et du permis de navigation : l'obligation relative à la nationalité française des trois quarts de l'équipage subsiste, en ce qui concerne le droit des armateurs à la prime de navigation. Tout au plus une circulaire ministérielle du 26 août 1881 reconnaît-elle le droit de ceux-ci, lorsqu'il leur a été impossible de se procurer sur place des marins français dans la proportion prescrite : mais c'est une question laissée à l'appréciation des commissaires et consuls. Il s'ensuit que nos armateurs coloniaux se trouvent placés dans l'alternative suivante : ou se soumettre à la condition de nationalité, d'où résultent pour eux des charges qui les mettent dans l'impossibilité de lutter avec leurs concurrents étrangers, mais conserver leur droit à la prime, ou profiter des tempéraments apportés à la loi par les circulaires ministérielles, mais alors perdre leur droit à la prime.

L'expérience a prouvé que la faculté de remplacer, dans la composition des équipages, les Français par des sujets français est absolument illusoire : il n'a jamais été possible, en effet, de rencontrer, parmi les indigènes d'Indo-Chine, des marins de haute mer. J'ignore si ces peuples, à un moment quelconque de leur antique civilisation, ont fait preuve de qualités maritimes, et s'il serait possible d'étendre aux Annamites et aux Tonkinois l'ingénieuse expérience qu'un député proposait de tenter sur les Arabes : refaire, en quelque sorte, leur éducation maritime et ranimer en eux les redoutables qualités qui signalaient les Barbaresques. En tout cas, s'il en fut de même de nos sujets d'Indo-Chine, la décadence est encore plus complète, et il ne sert de rien de pouvoir s'adresser à eux. Aussi, tandis que la compagnie des Messageries maritimes, dont les grands paquebots comporteraient de toute façon des équipages en majorité composés de Français, conserve son droit à la prime, malgré l'élément chinois qu'elle emploie sur ces mêmes paquebots, un modeste armateur colonial, dont les navires, d'un moindre tonnage, ne comportent qu'un faible élément français, devra faire venir ses équipages de France, à grands frais, ou bien, s'il n'en a pas les moyens, perdre son droit à la prime. En signalant cette situation, la Chambre de commerce de Saïgon (délibération du 6 janvier 1897) proposait de restreindre la condition de nationalité aux éléments suivants : le capitaine, le second capitaine, le chef-mécanicien, le deuxième mécanicien, le maître d'équipage. La Commission des armements du conseil supérieur de la marine marchande, le 1er avril 1897, s'appropriait ce vœu, en y ajoutant « un minimum de deux inscrits maritimes français pour la manœuvre comme pour la machine. » Un projet de loi conforme à ce vœu, et concerté entre le gouvernement et le conseil supérieur de la marine, a été déposé par M. l'amiral Besnard ; il attend encore son tour dans les discussions de la Chambre.

2° En vertu d'un décret rendu pour l'application de la loi du 30 janvier 1893, un navire ne peut toucher, avant sa rentrée en France, que les 4/5 des primes acquises, perd même cette faculté au bout de 5 ans, et la liquidation de ce qui lui reste dû ne peut avoir lieu qu'après son retour en France. Or les navires des armateurs coloniaux sont d'un trop faible tonnage pour affronter sans danger une aussi longue navigation ; en les supposant indifférents à ces risques, la même raison les empêche d'accomplir ce voyage avec un fret rémunérateur, le charbon nécessaire à la traversée absorbant la plus grande partie de l'emplacement; en tout état de cause, c'est une interruption de plusieurs mois dans leur service. En fait, la disposition du décret de 1893 prive les armateurs coloniaux du bénéfice de la prime. Rien ne serait plus simple que de garantir la liquidation de la prime intégrale, sans l'obligation du retour en France, à tous les navires ayant leur port d'attache dans nos colonies.

3° Il résulte de diverses circulaires ministérielles que les colonies ne peuvent jamais accorder que des francisations d'un genre spécial, dites francisations « exceptionnelles » et francisations « provisoires ». La francisation exceptionnelle est celle qui est accordée en vue d'une navigation déterminée et restreinte, connue sous le nom de « cabotage local. » (Lettre de M. le Ministre de la marine du 23 mars 1878). La francisation provisoire est celle qui est accordée à un navire étranger devenu propriété française, en vue d'un voyage unique et déterminé: le voyage du port colonial où il se trouve à un port de France où la francisation définitive peut seulement lui être accordée (circulaire du 4 avril 1878). Les navires de nos armateurs coloniaux étant, la plupart du temps, dans l'incapacité d'entreprendre ce voyage, la francisation accordée par les colonies se réduit, en fait, à la francisation exceptionnelle concernant le cabotage local. Il s'ensuit qu'un navire acheté dans une colonie française par un armateur français ne sera pas considéré comme navire français en dehors des limites du cabotage local; il restera sous le coup des lois et règlements applicables à la marine étrangère, s'il aborde dans un port français situé en dehors de ce rayon, ou si, d'aventure, il se rend dans un port métropolitain sans avoir obtenu la francisation provisoire. « Il est de principe, dit une circulaire insérée au répertoire de législation de la Cochinchine, qu'aucun navire ne saurait être réputé français dans la métropole, s'il n'a satisfait, dans la métropole même, aux conditions exigées pour la francisation. » Cette doctrine absolue interdit à nos armateurs coloniaux de profiter des occasions avantageuses que leur offrent les ventes, fréquentes dans les ports d'Extrême-Orient, de navires appropriés à la navigation de ces parages. Il convient d'observer que de tels achats ne causent aucun préjudice à nos constructeurs nationaux, à qui les armateurs coloniaux ne s'adressent jamais, en raison du prix auquel leur reviendrait un navire neuf construit en France. Rien de plus simple encore que de décider, par une loi, que la francisation définitive et absolue pourra être acquise sur place, soit auprès de l'administration locale, soit auprès du consul français, aux navires étrangers achetés par des Français, soit dans nos colonies, soit dans un port étranger situé dans un rayon déterminé.

4° Le décret du 1er février 1893 exigeant, pour conduire les machines d'une force supérieure à 300 chevaux, au moins deux mécaniciens brevetés en France, l'un de première, l'autre de seconde classe, nos armateurs coloniaux sont forcés de faire venir de France leurs chefs-mécaniciens. Aux frais du voyage et aux salaires, qui sont dus pendant la traversée, viennent souvent s'ajouter, pour l'armateur, les frais du rapatriement de ces officiers — si, comme cela s'est vu maintes fois, ceux-ci élèvent de nouvelles prétentions après leur entrée en service — ou une majoration de leurs appointements, s'il en passe par leurs exigences. La faculté de recruter les chefs-mécaniciens parmi des Français domiciliés dans la colonie, et offrant de sérieuses garanties, épargnerait aux armateurs des frais considérables. Ne serait-il pas, du reste, équitable que les mécaniciens, arrivés dans la colonie avec le brevet de deuxième classe, pussent obtenir, sans se déplacer, le brevet de la classe supérieure? La présence de ces deuxièmes ou troisièmes mécaniciens, aptes à acquérir le brevet de première classe, est fréquente dans les colonies que visitent régulièrement les paquebots des grandes compagnies et les vaisseaux de la flotte. Il serait bien facile d'instituer dans un certain nombre de ports coloniaux des commissions d'examen dont les éléments s'y trouvent déjà, et qui seraient chargées de délivrer les brevets de mécanicien de première et de seconde classe.

Telles sont les mesures que je considère comme indispensable de prendre à bref délai, si nous voulons sauver notre marine coloniale de la ruine qui la menace. Toutes quatre très simples, répondant à un besoin précis, n'attendant plus qu'un vote ou un décret, elles sont orientées vers le même but pratique : diminuer les frais d'armement et de navigation, afin de mettre nos armateurs coloniaux sur un pied d'égalité avec leurs concurrents étrangers. La loi de 1893, cotant le droit de battre pavillon français au prix qu'il mérite, l'a entouré de précautions multiples, qui consistent en obligations et en formalités de divers genres. Rien de plus légitime. Mais si ce droit vaut bien qu'on se soumette, pour en jouir, aux obligations et aux formalités qu'il entraîne, encore faut-il que des empêchements insurmontables ne s'opposent pas à l'accomplissement de celles-ci. C'est pourtant ce principe que le législateur a méconnu, à l'égard de nos armateurs coloniaux, et il n'est que temps, pour lui, de réparer son erreur, dont les conséquences ont été désastreuses.

Comme il est à espérer que la nouvelle loi générale sur la marine marchande, qui est en préparation depuis trois ans, ne tardera pas à être votée par le Parlement, il faudrait profiter de l'occasion pour opérer ces réformes qui s'imposent. Puisque nous nous sommes constitué un empire colonial dépassant quatre millions de kilomètres carrés et une population de 41 millions d'habitants (1) disséminés sur tous les points du globe, il nous faut une marine de guerre pour le défen-

---

(1) Voici la nomenclature de nos colonies avec leur superficie approximative et le chiffre de leur population :

AFRIQUE

	kil. carrés	habitants.
Algérie et Tunisie	820,000	5,500,000
Sénégal et Soudan français .	1,560,000	5,700,000
Congo français	720,000	5,000,000
Madagascar et îles voisines.	502,000	4,000,000
Comores	2,067	48,000
Réunion	1,979	170,000
Obock	6,000	22,000
	3,612,046	20,440,000

dre et une marine marchande nationale pour assurer nos échanges coloniaux.

*_**

La marine marchande, si développée qu'elle fût, ne pourrait jamais suffire à assurer entre la métropole et ses colonies des communications assez rapides et assez sûres. Entre-elles existe un commerce quotidien de nouvelles qui a son instrument propre : les câbles télégraphiques sous-marins. Actuellement, de toutes nos colonies, la Guyane, la Guadeloupe, la Martinique, Saint-Pierre et Miquelon sont les seules qui communiquent

ASIE		
Inde française	508	275,000
Cochinchine	60,000	1,800,000
Cambodge.	100,000	1,500,000
Annam	265,000	5,000,000
Tonkin	105,000	12,000,000
	530,508	20,575,000
AMÉRIQUE		
Saint-Pierre et Miquelon. .	210	6,300
Guadeloupe et dépendances.	1,868	183,000
Martinique	988	175,000
Guyane.	120,000	26,000
	123,066	390,300
OCÉANIE		
Nouvelle-Calédonie. . . .	21,000	56,000
Taïti, etc	4,000	30,000
	25,000	86,000
Total général. . .	4,290,620	41,491,300

directement avec la France, par des câbles appartenant à des compagnies françaises. Pour correspondre avec les autres, la France est obligée d'emprunter des câbles appartenant à des compagnies étrangères, c'est-à-dire à des compagnies anglaises. Quelques-uns de mes lecteurs se souviennent peut-être d'avoir vu à l'Exposition, dans le palais du ministère des colonies, dans la salle affectée au service des postes et télégraphes, un planisphère indiquant le tracé des câbles sous-marins internationaux. On y voyait un enchevêtrement de lignes rouges, dirigées dans tous les sens, mettant l'Angleterre en communication, à travers les mers, avec le Canada, Terre-Neuve, les Etats-Unis, le Mexique, les Antilles, l'Amérique centrale et l'Amérique du sud ; avec le bassin de la Méditerranée, la côte occidentale d'Afrique, la côte orientale, la mer Rouge ; avec le golfe Persique, l'Inde, la presqu'île de Malacca, l'Indo-Chine, la Chine ; avec les îles de la Sonde, l'Australie, la Nouvelle-Zélande. Ces lignes rouges figuraient le réseau des câbles anglais. Perdues dans cet enchevêtrement, apparaissaient quelques lignes vertes, mettant la France en communication avec l'Algérie-Tunisie, avec ses colonies d'Amérique et des Antilles, reliant Mozambique à Madagascar, l'Australie à la Nouvelle-Calédonie. Ces lignes vertes figuraient le réseau des câbles français. Ce planisphère, dont la portée générale dépassait même les communications télégraphiques de la France avec ses colonies, — puisqu'il portait le tracé du réseau international des câbles sous-marins, — montrait les continents et les mers enserrés dans une gigantesque toile d'araignée, patiemment et habilement tissée par les Anglais. Nos visiteurs étrangers ont pu s'en émouvoir au même titre que nos visiteurs français : mais ces derniers n'ont pu voir sans une inquiétude légitime nos communications télégraphiques avec nos colonies livrées aux mains du peuple avec qui nos intérêts coloniaux nous mettent le plus souvent en conflit, abandonnées à la discrétion d'un gouvernement dont l'intérêt a déjà fait taire les scrupules.

Or, voici quelle est actuellement la situation des colonies françaises, au point de vue de leurs relations télégraphiques avec la métropole. Les îlots de Saint-Pierre et de Miquelon ont les premiers communiqué avec la France par le câble Brest-Saint-Pierre, posé en 1869, mais qui passa dès 1872 aux mains de l' « Anglo-American-Telegraph Company ». C'est par un nouveau câble Brest-Saint-Pierre, posé en 1879 et appartenant à la « Compagnie française du télégraphe de Paris à New-York, » que les relations sont actuellement assurées. Construit en Angleterre et posé par des bateaux anglais, ce câble n'offrirait aucune sécurité en temps de guerre, son tracé étant mieux connu de l'amirauté anglaise que de notre propre marine. La Guyane était reliée depuis 1891 à nos possessions des Antilles par un câble français qui, parti du Brésil, atterrissait à Cayenne, à la Martinique, à la Guadeloupe, à Saint-Dominique et venait finir à Cuba : cette ligne sous-marine est aujourd'hui reliée au câble Brest-Cap Cod (Boston), posé en 1898 pour doubler le câble Brest-Saint-Pierre, et appartenant à la « Compagnie française des câbles télégraphiques. » A cela se borne le réseau transatlantique de la France, où pourrait presque dire son réseau sous-marin tout entier. Trois câbles appartenant à l'administration des télégraphes, relient Marseille à Oran, Alger à Tunis, avec un embranchement sur Bône. Le Maroc, sur lequel nous aurions tant d'intérêts à être exactement renseignés, n'est desservi par aucun câble français ; à Tripoli, atterrit uniquement un câble anglais. Nos colonies de la côte occidentale d'Afrique empruntent les câbles de la « West African Telegraph Company, » qui atterrissent à Saint-Louis, Dakar, Konakry, Grand-Bassam, Kotonou et Libreville. Or, les centres où convergent tous leurs embranchements sont Accra, Sierra-Léone et Sainte-Marie de Bathurst, qui sont situés sur territoire anglais. Dans l'océan Indien, pour Madagascar et les Comores, la France est absolument tributaire des compagnies anglaises, puisque le câble Majunga-Mozambique, qu'elle fit poser en 1895, pour ne pas être absolument isolée de son corps expéditionnaire, vient se greffer sur ceux de l' « Eastern and South African Company ». Cette observation s'applique également au câble français d'Obock à Djibouti, qui s'embranche sur ceux de la même compagnie. Pour son immense empire d'Indo-Chine, la France est encore absolument tributaire de la compagnie anglaise, l' « Eastern Extension, Australasia and China Telegraph Company », dont les câbles, qui desservent la côte asiatique de Madras à Shangaï, touchent à Saïgon, Hué et Haïphong. Enfin le câble français qui relie la Nouvelle-Calédonie à l'Australie vient aussi s'embrancher sur le réseau de la même compagnie.

Quant aux établissements français d'Océanie et à la Réunion, ils ne sont pas reliés au réseau international des câbles sous-marins. Il ressort de ce qui précède que les relations télégraphiques de la France avec les plus vastes et les plus importantes de ses colonies sont à la merci de l'Angleterre. Encore la situation paradoxale qui est faite à la France n'est-elle pas ainsi suffisamment éclaircie : car celle-ci paye une somme annuelle de 637,000 francs en subventions aux compagnies anglaises, pour avoir le droit de renseigner la Grande-Bretagne sur toute sa politique coloniale. La France en effet a versé 1,700,000 fr. à la compagnie anglaise qui a posé et qui exploite le câble qui la relie au Sénégal ; elle verse chaque année deux subventions de 300,000 fr. aux deux compagnies propriétaires du câble qui la relie au Tonkin et de celui qui dessert nos possessions d'Afrique entre le Sénégal et le Congo ; elle paie une subvention moins élevée pour le câble qui réunit Obock à Perim. Encore, un progrès a-t-il été réalisé depuis peu de temps : jusqu'à ces dernières années, la France était tributaire de l'Angleterre, même pour la construction et la pose de ses propres câbles. Aujourd'hui, outre l'usine de la Seyne appartenant à l'État, l'industrie des câbles est représentée en France par deux importants établissements — (Société industrielle des téléphones et Etablissements Grammont) — qui peuvent éventuellement subvenir aux besoins des compagnies ou de l'Etat, et disposent du matériel nécessaire pour poser leurs câbles.

Mais dans les premiers jours de décembre 1900, la

plus importante des usines de la Société industrielle des téléphones, celle de Calais, a été complètement détruite par un incendie. Plusieurs câbles étaient en cours d'exécution, les uns commandés par des compagnies étrangères, les autres fabriqués en vue du projet de loi qui attend le bon plaisir de la Chambre des députés.

En regard de cette organisation précaire, plaçons la puissante organisation des Anglais. La création de leur réseau sous-marin a été, de leur part, l'objet d'un de ces efforts persévérants et suivis, dont leur politique ne nous a donné que trop d'exemples. Depuis 1851, date de la pose du premier câble entre Douvres et Calais, plusieurs autres lignes furent d'abord établies entre l'Angleterre d'une part, et la France, la Belgique, la Hollande d'autre part. Presque en même temps, un groupe de capitalistes anglais et américains entreprennent de poser le premier câble transatlantique, destiné à relier Terre-Neuve à l'Irlande. Posé une première fois en 1857 et hors de service au bout de vingt-trois jours, ce câble, grâce à la puissante intervention du gouvernement anglais, fut définitivement établi en 1866. Entre temps (1859), le ministère de lord Derby avait fait procéder sur la fabrication, l'immersion et l'entretien des câbles sous-marins, à une enquête, dont les résultats constituent encore aujourd'hui ce qu'on pourrait appeler la « grande charte » de la télégraphie sous-marine. De 1866 à 1894, onze câbles ont été immergés entre l'Europe et l'Amérique du Nord par quatre compagnies anglaises : la « Anglo-American Telegraph », la « Direct United-States Cable », la « Western Union Telegraph », la « Commercial Cable. »

Quant au réseau de la Méditerranée et de l'Océan Indien, dès 1853 les Anglais se préoccupent d'étendre à l'Inde et à l'Extrême-Orient les bénéfices de la télégraphie sous-marine. A cette date, un Anglais signe avec le gouvernement de Napoléon III une convention par laquelle il s'engage à relier la France à l'Algérie en passant par la Corse et la Sardaigne, et se réserve de pousser ses câbles jusqu'aux Indes. Il exécute en effet ses engagements relatifs à la Corse, à la Sardaigne et à l'Algérie, amorce à ces premières lignes, en 1857, des câbles qui vont faire de Malte le centre du réseau méditerranéen, et, en 1861, les prolonge jusqu'à Alexandrie. Par contre, vers la même époque (1857), échouait la première tentative faite par la « Red Sea and India C° », pour relier Suez à Aden et à Kurrachee (détroit de l'Indus), si bien qu'en 1868, le gouvernement britannique prenait le parti de jeter lui même, entre Kurrachee et Fao (fond du golfe Persique), un câble sur lequel venaient se greffer à Bender-Bushir et à Fao, des lignes télégraphiques terrestres.

En 1870 se fonda, au capital de 4,000,000 de livres sterling, la célèbre « Eastern Telegraph Company » qui, se substituant à trois compagnies moins puissantes, se trouva d'emblée maîtresse des communications télégraphiques avec la côte occidentale de la péninsule ibérique, les bassins de la Méditerranée, de la mer Rouge et de l'Océan Indien jusqu'à Bombay. Elle étendit son action, en doublant les lignes existantes ou créant de nouvelles lignes entre l'Europe d'une part, la côte septentrionale d'Afrique, Malte et l'Archipel d'autre part. Dans la mer Rouge et l'océan Indien, reprenant à son compte la tentative avortée de la « Red Sea and India, » elle jeta trois câbles entre Suez et Bombay, par Souakim, Perim et Aden. Pour toutes les régions situées à l'Est de l'Hindoustan, une compagnie sœur de celle-ci, la « Eastern Extension Australasia and China Telegraph Company », met en communications Madras, sa tête de ligne, d'une part avec la presqu'île de Malacca, les Iles de la Sonde, et le groupe australasien, d'autre part avec l'Indo-Chine française et la Chine jusqu'à Shangaï. Une troisième société sœur, la « Eastern and South African Telegraph Company » dessert la côte orientale d'Afrique, Zanzibar, Mozambique, Delagoa, Natal et le Cap, avec un embranchement sur les Seychelles et sur Maurice. Autour de ces trois puissantes sociétés, sont venues s'agglomérer, en un redoutable syndicat, la plupart des autres compagnies anglaises de télégraphie sous-marine, et entre autres : la « West African Telegraph Company » qui dessert à la fois les colonies françaises, anglaises et portugaises de la côte occidentale d'Afrique ; « l'African Direct Telegraph Company », dont les câbles relient les îles du cap Vert aux établissements anglais et allemands de cette même côte ; la « Europe and Azorès Telegraph Company », reliant les Açores au Portugal ; la « Black sea Telegraph Company », dont le câble va d'Odessa à Kilia ; enfin les cinq importantes compagnies qui constituent le groupe américain. Ces cinq compagnies — (la « Brezilian submarine », la « Western and Brezilian », la « West Coast of America », la « Pacific and European » et l' « Amazon Telegraph Company ») — mettent en communication la péninsule ibérique avec le Brésil, par les îles Madère et du cap Vert; les ports du Brésil, de l'Uruguay et de la République Argentine entre eux; ceux du Chili avec ceux du Pérou; enfin l'océan Pacifique avec l'Océan Atlantique. Tel est le puissant faisceau de sociétés affiliées qui s'est formé autour de l' « Eastern ». En dehors de cette association plus ou moins déguisée ne restent que trois compagnies, dont le réseau est, par sa nature, beaucoup plus indépendant : les câbles de deux d'entre elles ont leur point de départ aux Canaries, qu'un câble espagnol relie seul au continent; ceux de la troisième font communiquer les Antilles entre elles.

Le réseau total de toutes les compagnies ci-dessus mentionnées atteint 85,365 milles marins, soit plus de 250,000 kilomètres; l'ensemble de leur capital est de 800,000,000 de francs. L'Angleterre n'est pas encore satisfaite de ces résultats, et ses efforts tendent en ce moment à l'établissement d'un câble transpacifique, reliant le Canada aux îles Sandwich ou au Japon. Bien que les pourparlers engagés depuis longtemps à ce sujet, bien que les conférences entre délégués de la Grande-Bretagne et délégués du Canada n'aient encore abouti à rien, il est fort probable que ce projet sera un jour réalisé. Jamais l'appui du gouvernement britannique n'a fait défaut à une entreprise de télégraphie sous-marine; il n'a jamais hésité à venir en aide aux Compagnies naissantes, à prendre à sa charge une partie des frais;

il verse actuellement aux Sociétés existantes 5.872.000 fr. de subventions annuelles. « Tout cela, dit M. Depelley, se fait sans bruit, est admis par tout le monde comme une nécessité qui intéresse la prospérité et la défense de l'Empire britannique, et l'on en arrive à avoir la surprise que nous éprouvons nous-même, en constatant, en découvrant presque l'existence de cet immense réseau sous-marin qui nous enveloppe de toutes parts. »

Cette surprise ne nous est plus permise aujourd'hui, car nous avons eu, relativement aux inconvénients politiques d'une telle situation, des avertissements nombreux, cruels quelquefois. Parmi ces avertissements, il en est qui nous furent donnés aux dépens de puissances tierces : ceux-là pouvaient passer inaperçus ; il en est aussi qui nous furent donnés à nos propres dépens : ce furent les plus sensibles. Je ne signalerai que pour mémoire les dépêches de l'amiral Courbet et la nouvelle de sa mort connues à l'ambassade d'Angleterre avant de l'être au quai d'Orsay ; les incidents de Bangkok en 1893 ; la nuit du 11 juin 1894 réservée au ministre anglais à Tanger, pour délibérer avec son gouvernement sur la mort du sultan du Maroc. Des événements plus récents ont encore mieux mis en lumière les inconvénients du recours aux étrangers, pour les communications télégraphiques d'une métropole avec ses colonies. L'Espagne, pendant l'insurrection de Cuba, ne communiquait avec cette île que par un câble appartenant aux Etats-Unis, qui lui déclarèrent la guerre quelques semaines après. La Hollande, ayant à réprimer une insurrection musulmane à Sumatra, était obligée de recourir aux lignes anglaises pour ses câblogrammes. L'Italie, pendant la guerre italo-abyssine, n'avait pas d'autre moyen de correspondre avec Massaouah. Pendant la campagne de Madagascar, on était renseigné à Londres sur les mouvements de notre corps expéditionnaire, avant qu'on le fût à Paris. Les difficultés soulevées par la délimitation du Siam et du Niger ont encore souligné les dangers que peut avoir l'absence de communications particulières avec ces territoires.

Depuis lors, sont venus des avertissements plus pressants, plus sévères. En 1899, l'affaire de Fachoda réalise cette situation paradoxale de mettre la France en conflit avec la puissance à qui elle avait recours pour correspondre avec son ministre au Caire et, par suite, avec la mission Congo-Nil. Je dirai dans un instant quel autre danger plus grave cette affaire fit entrevoir. Moins d'un an après, la guerre du Transvaal venait nous offrir l'exemple le plus achevé de ce qu'on pourrait appeler l'inconvénient politique du monopole anglais. Je ne veux pas parler des traductions plus ou moins fidèles, que fit le War-Office des dépêches de sir Redvers Buller et du maréchal Roberts.

Le 17 novembre 1899, le Bureau International des Administrations Télégraphiques à Berne passait aux Administrations contractantes de l'Union, le télégramme-circulaire suivant dont l'original lui avait été expédié par le Postmaster General de la Grande-Bretagne : « Le Gouvernement de sa Majesté Britannique a jugé nécessaire, par application de l'article 8 de la Convention internationale, de *suspendre à Aden*, aussi bien *qu'au Cap de Bonne-Espérance*, la transmission de *tous les télégrammes en code ou chiffre*, soit des *Gouvernements étrangers*, soit *des personnes privées* pour ou de Zanzibar, Seychelles, Maurice, Madagascar et chaque place dans l'Afrique orientale britannique, Afrique orientale allemande, Mozambique, Delagoa-Bay, Rhodesia, Afrique centrale britannique, Etat Libre d'Orange, Transvaal, Colonie du Cap et Natal. *Télégrammes en langage ordinaire seront sujets à la censure* et ne doivent être acceptés qu'aux risques des expéditeurs ».

L'article 8 de la Convention de Saint-Pétersbourg précité est ainsi conçu : « Chaque Gouvernement se réserve aussi la faculté de suspendre le service de la Télégraphie internationale pour un temps indéterminé, s'il le juge nécessaire, soit d'une manière générale, soit seulement sur certaines natures de correspondances, à charge par lui d'en aviser immédiatement chacun des autres Gouvernements contractants. »

Ainsi les vues politiques de l'Angleterre touchant les câbles atteignaient toute leur portée, car le fait dominateur, impérialiste s'il en fût, de la prohibition de certains câblogrammes se trouvait garanti par une clause de convention internationale, et les Gouvernements devaient accepter le fait accompli : la tutelle britannique. Il en résultait pour la France, en particulier, l'impossibilité de transmettre au Gouverneur général de Madagascar des instructions confidentielles ou secrètes. Il apparaissait en outre que, en cas de conflit avec l'Angleterre, toutes nos colonies sauf Saint-Pierre, Miquelon, les Antilles et la Guyane, se trouveraient isolées le lendemain de la déclaration de guerre, et peut-être même *avant*, par la ruse banale qui consiste à interrompre les transmissions, en prétextant des avaries sur la ligne. Enfin, pour n'omettre aucun des faits dont nous devons tirer un enseignement, personne ne sait au juste pourquoi la première dépêche de M. Pichon ne nous est pas parvenue.

D'ailleurs, à quoi bon insister sur l'inconvénient politique du monopole anglais? Est-ce que chacun, en lisant les journaux, n'a pas éprouvé le doute que fait naître dans l'esprit cette mention, à la fin d'une dépêche : source anglaise? Mais ce qu'on oublie souvent, c'est que nos coloniaux accueillent avec la même défiance les câblogrammes d'agences, qui leur donnent un compte-rendu succinct des événements d'Europe : il y a des événements dont ils préféreraient ne pas attendre le démenti ou la confirmation jusqu'à l'arrivée du courrier de France. J'ai pu me rendre compte de visu que nos voisins d'outre-Manche ne connaissaient pas les lueurs d'espoir que cette défiance nous permet de conserver à la lecture d'une mauvaise nouvelle. Je me trouvais au Caire quand arriva dans cette ville la nouvelle du désastre de Colenso. Les Anglais s'approchaient un à un du télégramme affiché dans l'hôtel et, lorsqu'ils l'avaient lu, l'expression de leur visage, les paroles qu'ils échangeaient entre eux attestaient une entière croyance dans l'authenticité de la nouvelle, une confiance exempte même du léger doute que laisse en général l'étonnement. Je me préparais à savourer l'humiliation de ces vaincus en présence d'un peuple qu'ils dominent contre le droit et les traités : je dois avouer que je fus déçu. Lorsque la musique des highlanders, qui jouait sur la terrasse de l'hôtel, termina son concert par le « God Save », tous les Anglais présents se levèrent et se découvrirent, avec une émotion si réelle, qu'elle en était presque communicative.

J'ai fait allusion tout à l'heure au danger plus grave que l'incident de Fachoda avait rendu sensible, dans la main-mise de l'Angleterre sur les câbles : c'est le danger stratégique. Certaines clauses du cahier des charges imposé par le gouvernement anglais aux compagnies concessionnaires constituent une véritable menace à l'égard des gouvernements étrangers. « Aucune station, dit une clause, ne doit posséder d'employés étrangers, et les fils ne doivent passer sous le contrôle d'aucun gouvernement étranger. En cas de guerre, dit une autre clause, le gouvernement pourra occuper toutes les stations en territoire anglais ou sous la protection de l'Angleterre, et se servir du câble au moyen de ses propres employés. » Ainsi le réseau des câbles anglais passerait, le lendemain d'une déclaration de guerre, en la possession de l'État, entre les mains de qui il deviendrait un instrument stratégique de premier ordre. Dès 1894, M. Harry Alis, dans une série d'articles publiés par le *Journal des Débats*, avait noté la supériorité que la possession des câbles donnerait, le cas échéant, aux escadres britanniques. Tandis que les amiraux anglais peuvent garder une unité de vues dans leurs opérations, pour les amiraux français, le champ d'action se limite à la surface de la mer qu'embrasse leur longue-vue. Les câbles sont autant de chemins de fer stratégiques extra-rapides qui, d'un mot, peuvent amener sur un point faible des forces considérables, ou au contraire disperser ces mêmes forces devant des forces supérieures. On frémit à la pensée de ce que devient le réseau anglais des câbles en temps de guerre : des antennes cachées fouillant les mers, palpant l'ennemi, trouvant le point faible et s'y acharnant jusqu'à la complète destruction ; et, le sort de nos escadres apparaît clairement : enveloppées soudain par des forces trois fois supérieures ou bloquées savamment. C'est à cause de cette supériorité qu'il ne serait pas inutile d'établir promptement une communication télégraphique terrestre entre l'Algérie-Tunisie et nos colonies de la côte occidentale d'Afrique à travers le Sahara.

Outre les avantages que le monopole des communications télégraphiques sous-marines confère à l'Angleterre en cas de guerre ou de difficultés diplomatiques, elle en retire encore un profit véritable en temps de paix. Il est rare qu'au point d'atterrissement d'un câble, le Gouvernement qui a concédé le droit d'atterrissage n'ait pas imposé à la Compagnie concessionnaire la publication quotidienne d'un bulletin, donnant les nouvelles d'ordre général du pays auquel appartient le câble. Ainsi tous les jours le bureau du câble fait paraître sur place, ou transmet à un centre important, un résumé des événements qui se déroulent à l'autre extrémité du câble. Les journaux reproduisent ces nouvelles à l'envi. Or, l'Angleterre possédant les neuf dixièmes des câbles, les nouvelles de ce pays sont répandues dans tout l'univers, et la voix sous-marine se met à parler, mais comme un agent politique, s'attachant à ne mettre en lumière que les événements favorables à son pays, en particulier les faits qui intéressent sa grandeur politique. La déduction à tirer de cette situation est facile. La force même des choses, l'implacable habitude amène ceux qui reçoivent ces nouvelles à s'intéresser à l'Angleterre et aux Anglais ; peu à peu, ils oublient les autres pays, et quand l'occasion se présente, des relations suivies s'établissent avec les citoyens d'un état qui semble tenir une si grande place dans le monde.

Enfin, M. Depelley a très justement remarqué que tout n'est pas sacrifice à l'intérêt politique et stratégique de l'empire, dans les entreprises de télégraphie sous-marine. Une observation attentive du commerce général des colonies anglaises et du développement des câbles anglais, permet de poser en principe que le mouvement commercial d'une contrée est aidé, sinon provoqué par l'établissement de câbles dans son voisinage. C'est ce que prouve la comparaison des chiffres suivants :

	Longueur du réseau des câbles anglais.	Commerce de l'Angleterre avec ses colonies.
Années 1874	92.000 kil.	3.932.000.000 fr.
— 1884	181.037 kil.	4.971.000.000 fr.
— 1894	276.462 kil.	6.121.000.000 fr.

Cette correspondance dans les milliards, par lesquels se solde le commerce de l'Angleterre avec ses colonies, et les kilomètres, qui représentent son réseau de câbles, ne surprendra pas, si l'on songe que Londres est devenu le « grand marché des nouvelles » ; que des renseignements rapides et précis, transmis par les câbles, sur la production agricole ou industrielle d'autres contrées, sur le cours des marchandises en vente dans les marchés les plus lointains, permettent aux spéculateurs anglais de donner une base sûre à leurs opérations, ou de transformer Londres en un marché réel de certaines marchandises. Il n'est donc pas exagéré de dire que la concentration, entre les mains de compagnies anglaises, des câbles télégraphiques sous-marins, place l'Angleterre dans une situation privilégiée, au triple point de vue de sa politique coloniale, pour ne pas dire de la politique générale, de ses intérêts commerciaux, et de sa sécurité en cas de guerre maritime.

Pour échapper à cette dépendance, quelle a été l'attitude de notre gouvernement ? Il serait injuste de dire qu'il n'a rien fait : mais c'est là qu'apparaît l'infériorité de notre méthode politique sur celle des Anglais. Au lieu de l'effort énergique, constant, suivi, que j'ai montré tout à l'heure, nous ne trouvons chez nous que des efforts intermittents, timides, sans suite. En 1886, l'administration des télégraphes se propose de relier Madagascar à la Réunion et à la côte d'Afrique, avec l'arrière-pensée de prolonger plus tard ces lignes par Obock et Tunis jusqu'à Marseille : le projet est arrêté devant le Parlement. En 1887, nouvelle tentative, couronnée du même insuccès, pour relier la France à ses colonies des Antilles et d'Amérique par le câble Brest-New-York. En troisième lieu vient le projet des Açores, qui tendait à empêcher l'Angleterre de mettre encore la main sur cet archipel, point d'attache d'une valeur inappréciable au milieu de l'Atlantique, pour des câbles dirigés vers les deux Amériques : M. Depelley, chargé de porter aux Cortès portugaises les propositions de la France, parvient à faire rejeter par elles les offres des Compagnies anglaises; mais le contrat qu'il rapporte et qui assure aux Français le droit exclusif d'atterrissage aux Açores, est repoussé par les pouvoirs publics en France et, quatre mois après notre abandon, est posé le câble anglais qui fonctionne aujourd'hui entre le Portugal et les Açores. En 1892 et 1893, pour la première fois, je crois, des usines françaises fournissent à l'Administration des télégraphes les câbles que celle-ci fit poser entre Marseille d'une part, Oran et Tunis de l'autre. En 1893, un câble français relie la Nouvelle-Calédonie au réseau international par l'intermédiaire de l'Australie. En 1895, le gouvernement doit faire hâtivement poser le câble Majunga-Mozambique, dont j'ai dit le rôle pendant l'expédition. En 1896, la Chambre des députés vote la création d'une ligne reliant Brest au littoral des États-Unis par un câble, auquel seront rattachées nos colonies de la Guyane et des Antilles : c'est l'embryon du réseau transatlantique dont j'ai parlé plus haut. Cette courte énumération nous mène jusqu'aux projets actuellement pendants.

Dans son rapport sur le budget des Postes et Télégraphes pour 1900, M. Berteaux consacrait une douzaine de pages à la création d'un réseau de câbles français. Le 27 novembre 1899 fut adopté par la Chambre un projet de résolution dans le même sens.

Le gouvernement rédigea alors un projet de loi, au sujet duquel M. Ordinaire a déposé son rapport, au nom de la commission des colonies, le 19 juin 1900. Le projet du gouvernement comporte la création de lignes allant l'une d'Oran à Tanger, Ténériffe et Saint-Louis; l'autre de Hué à un point à déterminer au nord de Hong-kong (ce devait être le port d'Amoy); la troisième de Tamatave à la Réunion. Sont également prévues des lignes sous-marines pour le golfe du Bénin et la côte du Congo français, ainsi qu'une somme d'un million pour l'extension et l'amélioration des lignes télégraphiques terrestres de nos colonies de l'Afrique occidentale. « Ce projet, fait très justement remarquer *la Quinzaine coloniale*, ne peut être qu'un commencement : car, s'il donne satisfaction, en ce qui concerne l'Afrique occidentale, il est encore incomplet pour nos possessions d'Extrême-Orient, et on peut dire, avec l'exposé des motifs gouvernemental, que « ce résultat acquis, de nou-
« velles extensions du réseau sous-marin s'imposeront
« à notre examen ». Telle est aussi l'opinion formulée par M. Maurice Ordinaire, au nom de la Commission des colonies. Le rapporteur souscrit à l'établissement d'un câble d'Oran à Tanger; mais, au lieu de racheter à la « Spanish national », selon l'intention du gouvernement, la ligne Ténériffe-Saint-Louis et de la raccorder à celle de Tanger, M. Ordinaire préférerait la création d'une ligne directe entre Brest d'une part, Saint-Louis ou Dakar de l'autre. Sur cette ligne pourrait venir s'em-

brancher un câble Saint-Louis-Cayenne, à moins que le gouvernement préfère acheter le câble de la « South American C° », qui se dirige sur Pernambouc : ainsi serait constitué un réseau Sud-Atlantique français. De Saint-Louis pourrait partir une seconde ligne, desservant nos possessions du golfe du Bénin et du Congo, la Réunion et Madagascar : il ne serait pas impossible de relier la grande île au Sénégal par un câble, qui toucherait à Kotonou, à Loango et, si cela est nécessaire, à Mossammedès. Ce câble pourrait être prolongé, à travers l'Océan Indien, jusqu'en Indo-Chine : si des communications par câbles français pouvaient être établies avec cet empire, il serait évidemment suffisant de rattacher Madagascar à un seul des deux réseaux, oriental ou occidental. C'est qu'il n'est pas facile à la France de poser un câble entre elle et l'Indo-Chine. M. Doumer se propose bien de réunir, aux frais du gouvernement général, Saïgon aux îles Poulo-Condor, et Haïphong à Kouan-Tchéou-Ouan par un câble et par une ligne terrestre, traversant la presqu'île de Léi-Tchéou-Fou. Mais, pour permettre à la France de correspondre avec l'Indo-Chine par une voie plus sûre que celle des câbles anglais, le moyen le plus pratique serait peut-être de rattacher Hué et Haïphong, par des câbles français, à Vladivostok ou à Port-Arthur, c'est-à-dire au réseau russe. Si les Américains réalisaient bientôt leur projet de câble transpacifique Manille-San-Francisco, nous pourrions relier Hué aux Philippines. La même solution nous permettrait de soustraire la Nouvelle-Calédonie à la tutelle anglaise, en dirigeant sur elle un embranchement du transpacifique américain : sinon, il nous faudra la relier au réseau indo-chinois. Tels sont les desiderata de la commission des colonies : on voit qu'ils vont bien au delà des propositions du gouvernement.

Aussi, un nouveau projet de loi, dû à l'initiative parlementaire, a-t-il essayé de donner satisfaction à quelques-unes des exigences que je viens d'indiquer et à d'autres, que l'expédition de Chine a fait surgir.

Tout dernièrement, on a distribué à la Chambre une proposition de loi de MM. Meyer, Christophe (Isère), Pourquery de Boisserin et autres, tendant à l'établissement des lignes télégraphiques sous-marines suivantes :

Dans l'Océan Atlantique. — Ligne Rochefort-Dakar ; ligne Dakar-Buenos-Ayres ; ligne Dakar-Kotonou ; ligne Kotonou-Libreville ; ligne Libreville-Mossamédès.

Dans l'Océan Indien. — Ligne Tamatave-Saint-Denis.

Dans les mers de Chine. — Ligne Saïgon-Poulo-Condore ; ligne Saïgon-Macao ; ligne Macao-Amoy ; ligne Amoy-Wousung ; ligne Wousung-Port-Arthur ; ligne Port-Arthur-Takou ; ligne Saïgon-Pontianak ; ligne Pontianak-Batavia.

Dans la Méditerranée orientale. — Ligne Bizerte-Ergastiria ; ligne Ergastiria-Sébastopol ; ligne Ergastiria-Beyrouth.

On voit que ce projet satisfait à un grand nombre des exigences formulées par le rapport de M. Ordinaire, notamment en ce qui concerne la mise en communication directe de la France avec toutes ses possessions de la côte occidentale d'Afrique ; de ces dernières avec l'Amérique du sud ; de l'Indo-Chine avec les îles de la

Sonde d'une part, avec les côtes de Chine et le réseau des câbles russes d'autre part; de Madagascar enfin avec la Réunion. Je ne m'explique pas pourquoi il ne prévoit pas le prolongement du câble au delà de Mossamédès jusqu'à Madagascar. En dehors de ce réseau colonial, l'idée de prendre pied dans la mer Noire, dans l'Archipel, et de ne pas laisser la Syrie à la merci du câble anglais de Chypre, me paraît excellente.

Nous sommes donc en bonne voie, à la condition que toutes ces belles propositions ne restent pas trop longtemps à l'état de projets, et que la Chambre se décide à leur donner quelques instants d'attention. Il ne faut pas qu'elle se laisse induire en erreur par l'argument spécieux, qui consiste à présenter la rupture d'un câble comme une opération très facile. Des raisons sérieuses, les unes d'ordre juridique international, les autres d'ordre naturel, empêcheraient nos navires de couper les câbles anglais, en cas de guerre. Il ne faut pas non plus que nous nous laissions arrêter par des difficultés d'ordre matériel et financier. D'après des données sérieuses, j'estime à 340 millions le capital minimum qui doit être engagé pour créer un réseau de câbles français, susceptible d'entrer en concurrence, commercialement parlant, avec les câbles anglais. On ne doit pas songer à faire assumer par l'Etat une entreprise pareille. Faire appel à l'épargne publique et monter une société, sans se préoccuper de la qualité et de la nationalité des souscripteurs, ne me semble pas non plus une solution pratique. Il faudrait constituer une société composée d'actionnaires exclusivement français et sachant d'avance qu'ils devraient s'attendre à une concurrence sans scrupules avec les compagnies anglaises.

Le rôle de l'Etat vis-à-vis de ces Compagnies se bornerait à exiger la nationalité française des actionnaires et à imposer à cette compagnie les clauses suivantes, qui ne sont que la reproduction des clauses imposées aux compagnies anglaises par le gouvernement de la Reine :

1° Le câble proposé ne doit, en aucune station, posséder d'employés étrangers ; de même les fils ne passeront dans aucun bureau et ne pourront être sous le contrôle d'un gouvernement étranger ;

2° Le Gouvernement ne prendra aucun engagement ni aucune responsabilité en ce qui regarde le câble, au delà du paiement du subside ;

3° Les dépêches du Gouvernement doivent avoir la priorité lorsqu'elle est demandée ;

4° En cas de guerre, le Gouvernement pourra occuper toutes les stations du territoire français ou sous la protection de la France, et se servir du câble au moyen de ses propres employés.

Le premier et le quatrième paragraphes pourraient être fortifiés en établissant un roulement dans les bureaux des Compagnies, des miroiristes de l'Etat, fonctionnaires assermentés qui, dans le cas d'une tension diplomatique soudaine, se trouveraient à leur poste.

Enfin, dans le cas où l'Etat demanderait l'établissement de certains câbles, il lui appartiendrait d'accorder à la Compagnie une subvention. Telles sont les conditions dans lesquelles on peut concilier les intérêts de l'Etat avec ceux des capitalistes qui auront fondé une entreprise de télégraphie sous-marine. A la condition de n'être pas engagée avec trop de timidité, — ni, cela va sans dire, avec trop de témérité — la création d'un réseau de câbles sous-marins français peut devenir, au sens commercial du mot, une bonne affaire. Dans tous les cas, il n'y en aurait pas de plus patriotique.

Il ne me reste plus qu'à examiner la question de l'Enseignement colonial, question dont l'importance et l'urgence s'accroissent de jour en jour. Elle se présente sous trois formes principales : l'*Enseignement agricole*, l'*Enseignement commercial* et l'*Enseignement médical*.

A maintes reprises, j'ai constaté la présence d'un obstacle qui paralyse l'essor et le succès des entreprises formées pour la mise en valeur agricole de nos colonies : c'est l'absence d'un enseignement destiné à préparer les aspirants colons à leur existence, en leur fournissant la science indispensable à la création et à la réussite de leurs exploitations. Cette lacune se fait d'autant plus vivement sentir que l'on voit s'augmenter le nombre des jeunes gens qui subissent l'attraction de la vie coloniale, et que l'encombrement des carrières métropolitaines détourne vers elle.

Je sais que de savants spécialistes ont peu de goût pour l'enseignement agricole colonial pratiqué dans la métropole, et qu'ils soutiennent que ce genre de connaissances ne peut s'acquérir que sur place. Je me permettrai de leur répondre qu'il en est de l'enseignement agricole colonial comme de tous les enseignements. Il faut commencer par acquérir des connaissances générales, avant de se spécialiser et d'être apte à pratiquer telle ou telle culture sous tel ou tel climat. Le métier d'agriculteur-colon est un métier comme les autres, plus difficile même que les autres. Il faut donc l'apprendre, et c'est à la mère-patrie à fournir cette instruction et cette éducation. Il convient de mettre le public en garde contre cette légende qu'il suffit d'aller aux colonies pour y faire promptement fortune. On doit y aller avec l'intention d'y chercher un emploi rémunérateur de ses énergies et de ses connaissances, pour s'y faire, en travaillant, une existence honnête, relativement facile et plus large, en tout cas, qu'on ne l'eût pu rêver dans la métropole. C'est dire qu'il faut partir armé de toutes pièces pour la lutte, et qu'on ne peut y réussir qu'à cette condition.

Puisqu'il en est ainsi, peut-on espérer que, spontanément, des colons expérimentés, pourvus des aptitudes et des connaissances nécessaires, se rendront sur les points les plus divers du globe, pour entreprendre les cultures infiniment variées qui peuvent y être pratiquées. Ce serait trop attendre de l'esprit d'initiative. Il est à craindre que, si la colonisation agricole ne reçoit pas des pouvoirs publics l'impulsion et l'aide qu'elle est en droit d'en attendre, le développement ne soit lent. Plus d'un colon, ayant à payer des écoles coûteuses, à subir des échecs dus à son inexpérience, se rebutera, et, au lieu d'en accuser l'insuffisance de ses connaissances techniques, s'en prendra au sol, au climat, aux conditions économiques.

Si de semblables échecs venaient à se produire, ils pourraient, par leur répercussion, avoir des conséquences néfastes et marquer un temps d'arrêt dans le développement de la colonisation agricole. Le rôle du gouvernement est donc de prévoir ces insuccès possibles et de les éviter, en montrant à chacun le parti que l'on peut tirer de l'exploitation du sol, lorsque celle-ci est bien conduite et repose sur la base solide de la pratique éclairée par la science.

D'ailleurs, ne serait-il pas anormal de ne pas accorder à cette agriculture naissante un peu de l'aide puissante qui depuis tant d'années déjà est prodiguée à notre vieille agriculture métropolitaine? C'est grâce à l'organisation si complète de l'enseignement agricole, qui part de l'école primaire pour aboutir à l'enseignement supérieur donné à l'Institut agronomique, en passant par les écoles pratiques et les écoles nationales; c'est grâce à l'organisation du service des recherches, qui comprend les champs d'expériences, les stations agronomiques, les laboratoires de hautes études; c'est grâce enfin aux hommes éminents qui s'appellent Boussingault, Berthelot, Schloesing, Deherain, et à leurs merveilleuses études, que notre agriculture s'est transformée. Cette transformation gagnant de proche en proche est allée chercher jusqu'au moindre paysan, dont elle a secoué la torpeur, qu'elle a débarrassé de sa routine aveugle, et qu'elle a conduit bientôt à l'adoption des meilleures méthodes. Ces résultats sont aujourd'hui tangibles : le blé a doublé ses rendements, le bétail s'est amélioré, la vigne a triomphé de terribles fléaux. Comment peut-on concevoir qu'une agriculture nouvelle, bien plus difficile que l'agriculture pratiquée en Europe, puisse se passer de tous ces renseignements, qui se dégagent de travaux et de recherches incessants? Comment peut-on imaginer que cette agriculture nouvelle, qui n'a même pas pour guide la saine et vieille tradition dont bénéficiaient nos cultivateurs, puisse se développer sans direction, sans auxiliaire, et sans soutien?

Ces observations si souvent renouvelées, mais qu'il n'est jamais inutile de répéter, viennent enfin d'être prises en considération par les pouvoirs publics. Si la question n'est pas résolue, du moins est-elle aujourd'hui sur le point de l'être. Toutes nos colonies devront bientôt être dotées de Jardins d'essais, dont le rôle consistera à essayer la culture des plantes, à les adapter au climat local, à rechercher les espèces les plus appropriées, à guider le colon dans le choix d'une méthode agricole, et à l'aider dans ses débuts en lui donnant des plants tout préparés, ce qui lui permettra de franchir plus aisément la pénible période de la mise en train. Muni de plants tout faits, dès la première année, il les installera sur le sol de sa concession : il gagnera du temps, et atteindra plus facilement, avec un capital moindre, le moment tant désiré de la récolte.

Il y a longtemps que les Anglais, les Hollandais, les Russes, les Allemands, les Belges, ont organisé des jardins d'essais dans leurs colonies, et des jardins botaniques coloniaux dans la métropole même. Il y a longtemps qu'en France même, la nécessité de ces établissements nous a été démontrée, leur rôle défini, leur fonctionnement expliqué. Néanmoins, je ne crois pas qu'en dehors de la Cochinchine, de la Tunisie, du Congo et peut-être de la Guinée, aucune autre de nos colonies possède un jardin d'essai méthodiquement organisé. « Nous sommes censés avoir, dans la plupart de nos colonies, des jardins d'essai, écrivait M. J. Chailley-Bert en 1898. Le plus souvent ce ne sont que des jardins d'agrément ; on y fait venir de belles plantes ou de savoureux légumes pour orner les tables du gouverneur et de ses amis. » Je crois que même ces jardins d'agrément ne sont le fait que de quelques colonies privilégiées, déjà avancées dans leur développement agricole ; et d'ailleurs je verrais sans déplaisir les jardins d'essais de nos colonies se doubler de jardins d'agrément, où la population européenne pût se délasser, comme elle le fait à Alger, sous les splendides allées du parc d'Hussein-Dey. Mais, cette réserve faite, je reconnais que l'organisation de nos jardins d'essai coloniaux est tout à fait précaire, et que leur direction laisse souvent beaucoup à désirer. Des traits, comme le suivant, que rapporte M. Chailley-Bert, font voir que l'intérêt même, la raison d'être d'établissements de ce genre échappent à une foule de gens. « M. Heckel expédiait à une de nos colonies des graines précieuses. Mais, disait-il, qui en prendra soin? Qui les surveillera? — Oh, lui répondit-on, il y a là-bas un caporal qui s'y entend à merveille. » Je sais que nos caporaux sont bons à tout ; il ne faut cependant pas trop leur demander, et il est grand temps de doter toutes nos colonies de jardins d'essai méthodiquement organisés, de leur donner une direction à la fois scientifique et pratique, comme celle que M. Dybowski a donnée au jardin d'essai de Tunis, enfin de les mettre à même de rendre à nos colons les services que j'énumérais tout à l'heure.

Mais pour que l'action des jardins d'essais soit efficace, il est de toute nécessité qu'une impulsion générale leur soit imprimée. Il n'y a pas à songer, en effet, à doter chacun de ces jardins d'essai d'un état major d'hommes de science, capables d'étudier les difficiles problèmes de la mise en culture du sol. C'est la raison pour laquelle il me semble que l'enseignement agricole colonial ne peut être tout entier donné sur place, dans la colonie, et qu'il comporte, pour premier organe, un établissement d'enseignement pratique dans la métropole. Cette opinion est partagée depuis plusieurs années par nombre de personnalités coloniales. En 1898, M. Chailley-Bert proposait, dans un petit livre intitulé *l'Éducation et les colonies*, d'ajouter à cinq ou six de nos centres d'enseignement agricole une section d'agriculture coloniale, où les jeunes gens qui se destinent à la colonisation seraient venus passer un an. Après cette année d'enseignement métropolitain, pendant laquelle ils eussent acquis des connaissances générales, ces jeunes gens fussent allés étudier sur place la culture spéciale à laquelle ils se destinent, dans la colonie française ou étrangère où cette culture est le plus développée. Ainsi, l'année d'enseignement métropolitain se fût complétée d'une ou plusieurs années de mission dans une contrée tropicale, ou de stage dans un jardin d'essai colonial. Ce système, qui offrait l'avantage de n'exiger la création d'aucun organisme nouveau, présentait l'inconvénient de la dispersion.

Mieux vaut centraliser l'enseignement métropolitain dans un seul établissement. En février 1898, un Nantais, M. Durand-Gosselin, informait le préfet de la Loire-Inférieure qu'il mettait à sa disposition : 1° un domaine, sis aux portes de Nantes, d'une valeur de 400,000 francs, et une somme de 300,000 francs, pour la création d'une école d'horticulture; 2° un million de francs pour la construction de serres destinées aux cultures coloniales et pour l'aménagement du domaine. L'Union coloniale française, consultée par le donateur, la Chambre de commerce et le conseil municipal de Nantes émirent des vœux, en conformité desquels le conseil général de la Loire-Inférieure, dans sa séance du 26 août 1898, manifesta l'intention de donner, dans l'établissement projeté, une part prépondérante à l'enseignement des cultures coloniales. Il a, enfin, nommé une commission chargée de lui présenter un projet, après avoir visité l'Institut botanique de Kew (près de Londres), et le collège colonial de Hollesley-Bay. Le gouvernement, de son côté, n'avait pas attendu ce moment pour agir : il avait chargé plusieurs agronomes de missions d'études, parmi lesquelles les plus fécondes en résultats furent celles de M. Lecomte aux Antilles et à la Guyane, de M. Bourdarie au Congo, et de M. Milhe-Pontingon, aux jardins d'essai de Kew (Londres), de Bruxelles et de Berlin. Sur les rapports que lui firent ces Messieurs, le ministre des colonies, M. Trouillot, nomma une commission appelée à se prononcer sur la création d'un établissement métropolitain destiné à étudier les cultures coloniales.

Telles sont les circonstances à la suite desquelles un jardin colonial a été créé à Nogent-sur-Marne. Il doit, ainsi que le dit son décret d'organisation (28 janvier 1899), *rechercher les questions d'intérêt général, et guider les jardins d'essais des colonies dans leurs recherches et leurs travaux.* Le Jardin colonial a pour mission de répondre à quatre exigences différentes :

1° Il doit tout d'abord renseigner.

Un futur colon se présente, il a de l'argent, quelques connaissances générales. Que fera-t-il? Où ira-t-il? Sera-ce en Indo-Chine, pour cultiver le thé ou le riz, au Soudan pour se livrer à la culture du coton ou à l'élevage, au Congo pour produire le cacao ou la vanille, à Madagascar pour exploiter le caoutchouc ou élever du bétail, en Nouvelle-Calédonie pour planter du café? Il n'en sait rien. Il faut donc l'aider à faire son choix, guider son esprit, puis faciliter ses recherches, préciser ses aptitudes, proportionner ses desseins au capital dont il dispose. Seul un organe technique peut fournir sur ces divers points des renseignements précis. Dès aujourd'hui, le service de renseignements fonctionne régulièrement, et chaque jour de futurs colons viennent s'y documenter.

2° Le Jardin colonial doit en outre faire l'inventaire des produits utiles fournis par nos colonies. Il possède des laboratoires où sont faites des recherches sur l'utilisation des matières premières ; où sont étudiés les procédés nouveaux pour l'utilisation des produits les plus importants, tels que le caoutchouc, les cotons, les guttas ; enfin où sont tentées des expériences, en vue d'apprendre comment les plantes doivent être cultivées, quelles espèces et quelles variétés il faut choisir de préférence. Mais ces recherches manqueraient de portée pratique, si elles n'étaient accompagnées d'expériences en grand faites dans les colonies elles-mêmes. Et c'est pour cela qu'il a paru indispensable de placer les Jardins d'essais sous l'autorité du Jardin colonial, en sorte que celui-ci puisse demander à ceux-là de faire des expériences en se conformant aux indications précises qu'il leur fournit. Les produits de cultures ainsi faites dans des conditions déterminées, sont de nouveau envoyés au Jardin colonial, où ils sont étudiés comparativement.

3° Le Jardin colonial multiplie les plantes nouvelles et les répand dans les colonies. Au courant de toutes les publications, en rapport avec les établissements scientifiques du monde entier, il est à l'affût des questions nouvelles ; il se procure des graines de tous les végétaux utiles produits par nos colonies ; il envoie les semences capables de supporter le voyage, ou, pour les espèces trop délicates, il les transforme en plantes qui sont expédiées en serres portatives. 4° Enfin, le Jardin colonial instruit les jeunes gens, praticiens ou sortant des écoles ; il les met en contact avec la matière coloniale. Les laboratoires recevant chaque jour des envois nouveaux, ceux-ci sont étudiés, classés, et concourent à former l'instruction des jeunes gens attachés à ces laboratoires. Ce n'est là encore que l'embryon d'un service d'enseignement ; car il faudra bien qu'un jour cette inégalité qui existe entre l'enseignement de l'agriculture métropolitaine et celui de l'agriculture coloniale cesse. Dès lors, le Jardin colonial n'aura plus qu'une faible transformation à subir pour devenir cet organe d'enseignement. Les jeunes gens sortant des écoles d'agriculture, munis de ce bagage d'enseignement agronomique qui est la base de toute exploitation raisonnée, viendront s'y spécialiser pendant une année ou deux. Le Jardin colonial sera pour l'agriculture coloniale ce qu'est l'école forestière pour la sylviculture. Enfin pour que l'organisation soit complète, il est nécessaire que tout ce qui fait partie de l'agriculture, aussi bien la mise en valeur du sol que le régime forestier, que l'amodiation des concessions, que les encouragements à accorder, que les maladies à combattre ou les bonnes méthodes à propager, fassent partie des attributions d'un service central. La question est dès aujourd'hui posée, puisque, cette année, une inspection générale de l'agriculture coloniale a été créée. Il n'y a plus qu'à mieux préciser ses attributions et à élargir ses fonctions pour obtenir l'organisation d'un service complet.

Pour favoriser le développement du jardin de Nogent, les commissaires de nos colonies, d'accord avec les gouverneurs, et avec l'autorisation de M. le Ministre, ont tenu à augmenter ses collections et lui ont fait don d'une partie des objets et produits ayant figuré à l'exposition et se rapportant principalement à l'enseignement agricole.

Les plans, cartes, documents graphiques et statistiques et les objets d'ethnographie ont été offerts à l'Office colonial dont le rôle, différent de celui du jardin de Nogent, vise principalement le commerce, et dont la direction est confiée à mon ancien collègue à la Chambre, l'honorable M. Auricoste. Les renseignements les plus complets sur l'Office colonial sont contenus dans le volume consacré à l'exposition du Ministère (chapitre III).

Les colonies ont ainsi témoigné une fois de plus le désir de voir prendre à ces deux établissements, et à bref délai, une extension en rapport avec les services qu'elles en attendent.

Si notre enseignement agricole colonial n'est qu'à l'état naissant, notre enseignement commercial colonial présente de graves défectuosités.

Je n'ai nullement l'intention de critiquer notre Ecole coloniale ; mais son rôle principal est de créer des fonctionnaires, et elle le remplit avec autant de conscience que de succès. Il n'est que juste de proclamer que notre personnel de fonctionnaires coloniaux, grands et petits, s'acquittent de leur tâche avec beaucoup de dévouement et d'intelligence. Le temps est heureusement passé où nos gouverneurs et fonctionnaires de tout ordre étaient recrutés parmi les épaves de la politique, et se trouvaient ainsi appelés à jouer, dans nos colonies, un rôle auquel ils n'étaient que très imparfaitement préparés. Nous avons réalisé, pour nos fonctionnaires coloniaux, comme pour nos consuls, des progrès auxquels les étrangers se plaisent à rendre hommage plus encore peut-être que nous-mêmes.

Je ne me plains donc pas des fonctionnaires, mais je regrette de ne pas pouvoir recruter le personnel de jeunes gens dont le besoin augmente et augmentera au fur et à mesure de la mise en valeur de notre domaine, et je voudrais essayer d'expliquer la cause de cette pénurie, car ce n'est pas la bonne volonté qui fait défaut. Notre loi militaire place les jeunes gens disposés à partir pour les colonies, dans une situation plus difficile encore que ceux qui se rendent à l'étranger. Les articles 81 et 82 de la loi du 15 juillet 1889, qui déterminent les règles applicables au service militaire dans les colonies, constituent un véritable obstacle à la mise en valeur de nos possessions, en empêchant le recrutement des jeunes gens disposés à prendre cette carrière. Cette remarque ne date pas d'aujourd'hui, puisqu'elle s'est produite au lendemain de la promulgation de la loi, et qu'une pétition des mieux motivées fut adressée à ce sujet, en 1896, au Sénat et à la Chambre des députés. En 1897, M. Mercet, président de l'Union coloniale, et M. Chailley-Bert, secrétaire général, se rendirent devant la Commission de l'armée, et lui exposèrent leurs griefs contre la loi de 1889 : le président, M. Mézières, leur fit espérer le vote d'une loi leur donnant satisfaction. Le 30 avril 1900, M. J. Chailley-Bert adressait à M. Mézières, président de la Commission de l'armée, à M. le général de Galliffet, ministre de la guerre, et à M. Lannes de Montebello, rapporteur de la loi sur l'armée coloniale, de nouvelles lettres, dans lesquelles il reprenait ses arguments contre les articles 81 et 82 de la loi militaire. Résumons-les. Tandis que l'article 50 de la loi de 1889 exempte du service militaire le jeune Français qui émigre hors d'Europe, dans un territoire étranger, les articles 81 et 82 obligent le jeune Français qui veut émigrer dans une colonie française à satisfaire d'abord à l'obligation militaire : il en résulte pour lui un avantage évident à émigrer dans les pays étrangers plutôt que dans les colonies françaises. La loi de 1889 dispense bien de deux années de service sur trois le jeune Français qui va s'établir dans une de nos colonies, mais à deux conditions qu'il lui est très difficile de remplir : la première, c'est qu'il ait fixé son domicile dans la colonie avant 19 ans, âge auquel son parti n'est généralement pas pris et où le séjour dans un pays tropical est dangereux pour lui ; la seconde, c'est qu'il réside dans la colonie pendant dix ans consécutifs, condition qui est généralement en opposition directe avec les nécessités de son emploi. Les remèdes à ces inconvénients sont faciles : ou bien assimiler, au point de vue de la loi militaire, le Français qui émigre dans une colonie à celui qui émigre en pays étranger ; ou bien les soumettre l'un et l'autre à l'obligation d'une année de service, mais en les autorisant à l'accomplir à dix-huit ou dix-neuf ans au plus tard, de manière à leur laisser le temps de se préparer, délivrés de toute obligation, à la carrière coloniale ; ou bien permettre au jeune colon d'accomplir son année dans une milice locale ; enfin reculer jusqu'à vingt et un ans l'âge auquel le jeune Français devra avoir fixé sa résidence dans la colonie, et introduire de sérieuses facilités dans l'obligation du séjour consécutif. Ces modifications très simples sont une sorte de condition préalable, sans laquelle les réformes projetées dans l'éducation et dans l'enseignement risquent de ne servir à rien.

Pourquoi, nous demande-t-on souvent, ne prenez-vous pas vos employés parmi les élèves diplômés sortant des Ecoles supérieures de commerce ? Je n'hésite pas à répondre que la composition des Ecoles supérieures de commerce s'est totalement transformée depuis qu'elles bénéficient des avantages de la loi militaire. Les programmes d'entrée comme ceux de sortie sont devenus beaucoup plus difficiles, et une grande partie des jeunes gens n'ayant pas réussi à Polytechnique, Saint-Cyr ou Centrale, s'y présentent, afin de ne faire qu'un an de service militaire. Le niveau des études s'est très certainement élevé, mais le personnel qui fréquente ces Ecoles s'est tellement modifié qu'elles ne remplissent plus que très imparfaitement le but que nous nous étions proposé en les créant. La difficulté des examens en éloigne forcément la majeure partie des jeunes gens appartenant aux familles peu fortunées, n'ayant reçu qu'une instruction modeste, et qu'il faudrait cependant y attirer, puisque c'est parmi eux qu'on recrute les employés de commerce disposés à s'expatrier.

A Paris, comme à Lyon et à Marseille, on a essayé de parer à cet inconvénient en instituant des cours coloniaux, professés soit par des universitaires, soit par des maîtres improvisés, au nombre desquels je m'honore d'avoir figuré pendant une année. A Paris, c'est l'Union coloniale qui prit l'initiative de ces cours, organisés à la Sorbonne. A Marseille et à Lyon, c'est la chambre de commerce. Celle de Marseille a pris sur ses propres ressources la somme nécessaire pour créer six Chaires d'enseignement colonial de divers ordres, confiées à des universitaires, et dans lesquelles domine numériquement l'enseignement consacré à l'histoire des produits végétaux, minéraux et animaux de nos possessions d'outre-mer. En voici les titres : 1° Histoire des produits végétaux coloniaux ; 2° histoire des produits animaux et parasitologie des plantes et des animaux ; 3° Minéralogie et géologie coloniales ; 4° Histoire et géographie coloniales ; 5° Législation et économie sociales ; 6° Climatologie, épidémiologie et hygiène coloniales. Depuis la fondation, en octobre 1900, d'une section coloniale à l'Ecole de commerce de Marseille, cette section conduit ses élèves à ces cours. Des sociétés privées, telles que la Société pour la défense du commerce, la Société de géographie, ont aussi ouvert des cours à Marseille. Mais je crains que ces cours, comme ceux de Paris et de Lyon, ne répondent pas exactement aux besoins que je signale en ce moment. C'est sans doute un excellent moyen pour former progressivement une opinion sur les questions coloniales et y initier le grand public, mais je ne crois pas que l'on puisse espérer trouver dans les auditeurs de ces cours, quelque assidus et attentifs qu'ils soient, les éléments du recrutement d'un personnel colonial.

Aussi l'initiateur même des cours professés à Paris, M. Chailley-Bert, conseille-t-il aux jeunes gens, qui se destinent à la carrière commerciale dans les colonies, de passer une ou deux années en apprentissage chez un commerçant de la métropole. Sans doute, un jeune homme qui aurait bien profité des cours dont je viens de parler, et se serait initié aux affaires dans une maison de commission, par exemple, constituerait une excellente recrue pour nos comptoirs coloniaux. A cela il n'y a qu'un mais : c'est que les commerçants n'acceptent généralement pas de faire l'apprentissage d'un jeune homme, qui ne peut leur être que d'une très faible utilité. Je crois donc qu'il conviendrait de mettre un enseignement commercial et un enseignement colonial également pratiques à la portée des jeunes gens, qui veulent devenir commis ou représentants de commerce aux colonies, dans des écoles spéciales et libres, et d'attacher l'exemption des deux années de service militaire, non pas au fait de sortir de ces écoles avec un diplôme, mais au fait de s'établir dans une de nos colonies, après en être sorti. Mais il faut avant tout modifier les articles 81 et 82 de la loi militaire.

La nature même des choses, l'état d'isolement relatif dans lequel sont appelés à vivre les jeunes coloniaux, l'initiative que ces conditions d'existence leur impose, rendent indispensable pour eux une instruction spéciale, très simplifiée au point de vue de certaines matières figurant dans les programmes des écoles supérieures, et portant principalement sur la comptabilité, la correspondance, les marchandises, les arbitrages et la connaissance approfondie d'une langue étrangère.

Cette nature d'instruction commerciale est donnée depuis longtemps aux jeunes gens allemands et suisses, et c'est pour cela qu'on trouve dans ces pays une véritable pépinière d'excellents employés. Il n'est que temps d'imiter cet exemple si nous ne voulons pas rester tributaires de l'étranger pour l'organisation de nos comptoirs et de nos factoreries.

Il serait injuste de ne pas mentionner parmi les œuvres que l'initiative privée a déjà accomplies dans cet ordre d'idées, le Musée et l'Institut colonial de Marseille ; l'honneur en revient au Dr Heckel, leur fondateur et directeur. Ces mots d'Institut ou de Musée colonial ne représentent à bien des gens, selon leur imagination, que des collections de flèches empoisonnées, ou des graines d'arachide dans une soucoupe. L'établissement du Dr Heckel répond au contraire à un besoin véritable. Le but qu'il s'est proposé est « de faire le bilan de nos richesses naturelles coloniales connues et inconnues ; de les mettre en évidence dans des collections méthodiquement et géographiquement classées; de les étudier enfin et de les faire connaître dans une publication périodique, à caractère nettement scientifique, qui leur permette de prendre dans le commerce ou l'industrie de la métropole une place proportionnée à leur valeur. » Les produits envoyés de nos colonies à l'Institut colonial de Marseille y sont analysés, étudiés, comparés à d'autres, scientifiquement classés, puis exposés, avec leur analyse et les divers renseignements recueillis à leur sujet, dans les vitrines du Musée colonial. Les industriels et les commerçants viennent se rendre compte des applications dont ces produits sont susceptibles, des ressources qu'ils présentent. Les fonctionnaires coloniaux viennent s'enquérir du genre de recherches qu'il y a lieu de faire dans les contrées de leur ressort. La Chambre de commerce s'en rapporte à l'Institut colonial, pour la réponse aux demandes de renseignements qu'elle reçoit de tous les points du monde, sur la valeur vénale et industrielle de certains produits exotiques. Enfin l'Administration des douanes le consulte sur la catégorie à laquelle il convient d'assimiler une foule de produits nouveaux, arrivant à Marseille sous des noms indigènes ou fantaisistes. Je ne parle pas des services que rendent sa bibliothèque et sa bibliographie. L'Institut et le Musée colonial du Dr Heckel ont su se rendre, depuis 1893, d'une utilité si incontestable, que des subventions lui ont été accordées par le ministère des colonies, par la Chambre de commerce, par le conseil général des Bouches-du-Rhône et par la ville de Marseille, qui se propose de lui faire construire un local beaucoup plus spacieux que celui où il est actuellement installé.

Un autre enseignement qu'il est indispensable d'organiser au plus tôt, c'est l'enseignement médical colonial. La plante humaine a besoin, comme les autres plantes, d'être soigneusement cultivée, et on ne la transporte pas impunément des bords du lac du bois de Boulogne à ceux du lac Tchad, ni même du lac Alaotra, à Madagascar. Puisqu'on prend la peine d'acclimater les plantes, ce serait bien le moins qu'on procurât aux jeunes Français qui s'expatrient les meilleures conditions d'hygiène et de sécurité.

M. le Dr Raphaël Blanchard, professeur à la faculté de médecine, a exposé tout récemment devant les membres de l'Union coloniale française et du Comité de Madagascar, qu'avait réunis le dîner mensuel de ces sociétés, toutes les raisons qui militent en faveur de l'établissement d'un enseignement de la médecine tropicale.

Il a montré, d'une façon saisissante, l'intérêt capital qu'il y avait, si l'on voulait le succès complet de l'œuvre coloniale, à combattre efficacement les maladies spéciales aux pays tropicaux; or, le succès dans cette lutte ne peut être obtenu que si l'on a des médecins ayant étudié spécialement ces maladies, que les médecins d'Europe ignorent d'ordinaire complètement.

Les Anglais ont compris cette nécessité d'un enseignement spécial; ils ont installé à Londres et à Liverpool des écoles de médecine tropicale. Les Américains, les Belges, les Italiens les ont imités de façon plus ou moins complète. Quant à nous, nous n'avons encore rien ou presque rien fait qui puisse être mis en parallèle avec l'œuvre anglaise. Cette lacune, préjudiciable à nos intérêts coloniaux comme à nos intérêts scientifiques, il la faut combler. Nous ne devons pas envoyer pendant plus longtemps aux colonies, des médecins très dévoués, mais à qui on n'a rien appris de ce qui leur serait nécessaire, et nous devons, en outre, nous efforcer de continuer nos belles découvertes scientifiques dans un domaine où, ces derniers temps, le corps médical anglais en a fait de superbes.

L'enseignement qu'il convient d'établir pour faire cesser notre infériorité, la section de bactériologie et parasitologie du 13ᵉ congrès international de médecine l'a défini, en adoptant par acclamation un vœu dans ce sens.

Le Conseil de la Faculté de médecine de Paris, très favorable à ce projet, a, le 22 novembre dernier, autorisé son doyen à recevoir les sommes qui pourraient lui être offertes pour assurer ce service nouveau. Ce sont ces sommes qu'il faut trouver. M. Etienne, qui assistait au dîner de l'Union coloniale, a déclaré qu'il demanderait à la Chambre une subvention pour cette œuvre nouvelle. Nous ne doutons pas que tous les députés, à quelque opinion qu'ils appartiennent, ne répondent à l'appel du député d'Oran ; mais le concours des particuliers ne sera probablement pas superflu.

En Angleterre, le gouvernement ne s'est pas désintéressé de la création des Ecoles de médecine tropicale ; mais ce sont des particuliers qui en ont pris l'initiative, qui ont couvert la plus grande partie de la dépense et qui ont, de plus, assumé tous les frais des missions scientifiques envoyées à la côte occidentale d'Afrique pour étudier le paludisme. Nous devons suivre encore cet exemple ; ce sera d'autant moins difficile que les donateurs généreux auxquels on pourra s'adresser n'auront qu'à suivre leur propre exemple, et à se rappeler les Œuvres d'humanité et de préservation sociale qui tirent d'eux seuls toutes leurs ressources, tous leurs moyens d'action. Tout permet donc de croire que, prochainement, nous serons dotés de l'enseignement médical colonial qui nous manque.

Je suis tout à fait d'accord avec M. le Dr Blanchard sur le principe de la création d'un enseignement médical colonial. Mais je ne pense pas que Paris soit la ville où l'on doive organiser d'abord cet enseignement, et en tout cas que ce soit la seule. Dans une communication présentée au Congrès des sociétés de géographie tenu à Marseille en septembre 1898, M. le Dr Heckel exprimait le vœu que l'on créât des cours et des cliniques d'hygiène et de pathologie coloniales dans un certain nombre de Facultés de médecine, afin d'apprendre aux jeunes docteurs coloniaux les notions spéciales à leur carrière, ainsi qu'aux agents et fonctionnaires coloniaux les précautions indispensables à leur santé. J'estime que Marseille, en sa qualité de premier port colonial de France, de petite métropole coloniale, devrait être une des premières universités dotées de cet enseignement. Cette pensée ne m'est pas inspirée par un misérable amour-propre de clocher, mais par la présence à Marseille d'un nombre de coloniaux plus grand que partout ailleurs et, par suite, d'un nombre également considérable de cas pathologiques coloniaux. Ce sont les raisons pour lesquelles il me semble que c'est par Marseille que l'on doit commencer cette innovation. La municipalité l'a compris, et elle a voté, en juillet 1899, la somme nécessaire pour la création de cinq cours coloniaux à l'Ecole de médecine de la ville.

**

Je ne voudrais pas que l'on déduisît de cette énumération de desiderata que je suis une sorte de « docteur Tant-pis » et que je nie les progrès accomplis. Loin de là... Personne plus que moi ne les constate avec joie et avec espoir, personne n'a suivi avec plus d'intérêt l'évolution qu'a subie l'idée coloniale et le caractère utilitaire qu'elle a revêtu dans ces dernières années. On ne peut oublier que les résultats financiers de notre commerce colonial se traduisent déjà par un total assez respectable, puisqu'en y comprenant l'Algérie et la Tunisie ce mouvement commercial dépasse 1,154 millions. On ne peut oublier non plus que le commerce de toutes nos colonies, sauf la Martinique, la Guadeloupe, la Réunion et les comptoirs de l'Inde, est en augmentation continue. Le commerce extérieur de l'Indo-Chine représente, en 1899, 253,361,782 francs contre 229,955,325 francs, en 1898, 205,417,953, en 1897 et 177,485,701, de 1893 à 1897, année moyenne; celui des possessions françaises de l'Afrique occidentale, y compris le Congo, 129,206,045 en 1899, contre 117,739,362 francs en 1898; 74,486,677 en 1892; celui de la Tunisie, 105,211,701 francs en 1899; environ 97 millions en 1898, contre 54 millions et demi en moyenne de 1881 à 1889 et 23 millions avant l'occupation française; celui de Madagascar 35,962,055 francs en 1899, contre 26,602,365 en 1898, 22,701,305 en 1897 et 17,593,882 en 1896.

De pareils résultats ne permettent plus de nier l'utilité de la politique coloniale, et cette utilité a même désarmé l'hostilité qu'elle rencontrait encore de temps à autre, au sein du Parlement. C'est que l'on commence à comprendre que la colonisation, comme l'a dit le colonel Monteil, « est la solution pacifique d'un problème économique », et que l'exploitation de notre domaine colonial nous récompensera bientôt des sacrifices que sa création nous a coûtés. Nous sommes déjà loin du temps où Jules Ferry était traité de « Tonkinois », où les ministères étaient renversés parce qu'ils avaient eu l'audace de demander des crédits pour une expédition coloniale. Je me souviens qu'en 1892, à propos de la discussion soulevée à la Chambre par les crédits de l'expédition du Dahomey, M. Paul Déroulède s'écria : « *Nous n'avons pas à faire couler le sang de nos soldats pour quelques marchands de Marseille qui commercent sur la côte de Bénin. Votre politique coloniale est une politique de missionnaires et de commissionnaires !* » Cette étrange sortie fut alors accueillie par bon nombre d'applaudissements. Qui donc aujourd'hui oserait prendre en mauvaise part l'appréciation de M. Déroulède sur la politique coloniale ? Qui donc ignore l'intérêt politique et pratique qui s'attache à la protection des « missionnaires et des commissionnaires », à la possession de territoires qui offrent de vastes débouchés à l'activité et à l'industrie nationales, fournissent au commerce un aliment de plus en plus considérable et augmentent le prestige de la France ? Si quelqu'un regrette le sang versé pour l'acquisition des colonies, il n'ose plus le dire et l'opportunité de la politique coloniale n'est heureusement plus contestée. Nous avons donc fait un grand pas, mais il ne faut pas rester en chemin. Nous devons aviser aux moyens indispensables pour parfaire notre œuvre et récolter après avoir semé. Nous devons mettre notre législation en harmonie avec nos besoins nouveaux, et forger l'outillage nécessaire pour faire mouvoir les multiples rouages de notre nouvelle et puissante machine.

*
* *

En terminant, qu'il me soit permis de répondre à quelques critiques et de signaler quelques éloges, qui ont été adressés à l'exposition coloniale, et que la notoriété de leurs auteurs a particulièrement signalés à nos yeux. M. Maurice Talmeyr s'est demandé, dans un article intitulé « l'Ecole du Trocadéro » et publié dans la *Revue des Deux Mondes*, si l'exposition des colonies françaises et étrangères avait bien atteint son but d'enseignement, si elle nous avait bien enseigné l'exotisme? « L'exotisme, dit M. Maurice Talmeyr, n'était pas une des petites parties de l'exposition. Il y abondait, y fourmillait et nous l'y retrouvions à chaque pas. Temples hindous, gourbis sauvages, pagodes, souks, ruelles algériennes, quartiers chinois, japonais, soudanais, sénégaliens, siamois, cambodgiens : c'était un bazar de climats, d'architectures, d'odeurs, de couleurs, de cuisines et de musiques... C'était l'univers dans un jardin! Un territoire grand comme la moitié de l'Europe se condensait en 500 mètres carrés, un désert se résumait en une paillotte, une mer en un bassin. Le nord touchait au sud et le pôle à l'Equateur. Le même courant d'air vous apportait l'odeur des joncs de l'Océanie et des fourrures du Kamchatka. Vous faisiez là, montre en main, le tour du monde en trois heures. » Je répondrai tout à l'heure à ce reproche ; je montrerai qu'il n'a pas tenu à nous que l'exposition de l'empire colonial français disposât d'un territoire plus vaste.

Arrivons tout de suite à ce qui fait l'objet même de la critique que nous adresse M. M. Talmeyr. « Entrez, dit-il, au village dahoméen, feuilletez-y les photographies du Dahomey, puis regardez le village lui-même, ses restitutions et ses exhibitions. Vous percevez très nettement, dans les simples vues du pays, une certaine vie primitive et un certain cadre sauvage. Le ton manque et la perception est incomplète, mais les silhouettes, les reliefs, les grands linéaments se fixent néanmoins dans l'œil. Maintenant, examinez les objets exposés, armes, fétiches, meubles, engins, instruments, ustensiles, et vous ne retrouverez plus aucun rapport entre les ensembles donnés par les photographies et le détail figuré par les objets. Les premiers et les seconds devraient cependant correspondre, s'expliquer, se compléter, concorder, mais ils ne concordent pas. Les photographies vous représentent une contrée, des sites, des mœurs, des figures, des horizons, quelque chose de vivant, qui existe, qui respire. Les objets ne sont que des fragments, des débris, on ne sait quoi d'incompris, d'informe, d'incohérent, qui ne signifie rien et ne se rattache à rien. On ne peut même pas dire que l'idée propagée est fausse. Elle est nulle, elle n'est pas. Vous voyez devant vous des morceaux bizarres, imitant vaguement des têtes d'oiseaux, de lions, de bêtes, de monstres, et l'on vous montre même une façon de grossier guéridon, tout hérissé de flèches et de coutelas qui simule une « table des sacrifices. » Mais tout cela est tellement dépourvu d'âme et de toute âme quelconque, que ce n'est rien. Le sauvage se confond souvent avec le puéril, et tous ces engins de bois ou de cuivre mal dégrossis, sans figure, finissent par friser la mystification. Ils viennent du Dahomey, mais pourraient aussi bien venir de n'importe où, et nous touchons ici à un autre vice d'exhibition d'exotisme, c'est que toutes ces choses exotiques ne peuvent, visiblement, avoir leur vrai caractère, sinon même un caractère, que dans leur milieu, sous le soleil qui doit les éclairer, dans l'air où elles devraient être baignées. Il en est des fétiches, des armes, des dieux, des objets qu'on nous montre là, et même des constructions et des paillottes, d'un torchis trop rose et trop neuf, comme de certaines paroles d'opéra. Elles peuvent servir de prétextes à de puissants effets musicaux, mais ne sont plus que des niaiseries sans la musique. Or, la musique ici c'est le pays même, et nous n'avons que le livret. Un effort, sans aucun doute, et un effort consciencieux, intelligent, a été fait par l'exposant. Il a même probablement réalisé tout ce qu'on pouvait réaliser, mais n'a pas pu exposer l'atmosphère, et c'était l'atmosphère qu'il fallait surtout exposer. »

En vérité, la critique formulée par M. Talmeyr ne s'adresse pas à l'exposition coloniale de 1900, mais à toute exposition coloniale, et même je vais plus loin : à toute exposition. Non, il ne nous était pas possible

« d'exposer l'atmosphère », et jamais le pouvoir des organisateurs d'une exposition coloniale n'ira jusque-là. Nous ne pouvons pas faire que les objets exposés ne soient dépaysés, que les hommes et les choses d'un pays tropical gardent, sous le ciel de Paris, leur aspect et leur caractère véritables. Jamais, dans ce genre de reproductions, nous n'atteindrons la vérité absolue : tout ce que nous pouvons faire est d'en approcher, de rappeler un pays à ceux qui l'ont vu, et d'en donner surtout une idée approximative à ceux qui ne le connaissent point. Est-ce même le pays que nous cherchons à faire connaître ? Est-ce l'atmosphère, comme dit M. Talmeyr, qu'il faut surtout exposer ? Nullement. Ce serait perdre son temps et son argent. Nous n'avons pas dépensé des millions pour donner aux Parisiens l'impression du Dahomey en plein Trocadéro. Ce sont les ressources, les richesses, la civilisation de l'empire colonial français que nous avons cherché à mettre en relief, avec les moyens dont nous disposions. L'exotisme n'a jamais été pour nous qu'un accessoire ; nous n'avons rien épargné pour le rendre aussi fidèle que possible ; mais nous n'avons pas fait consister dans l'exotisme l'enseignement que l'exposition coloniale devait donner. Mettre sous les yeux du public international le tableau matériel, sensible, de ce que sont à l'heure actuelle les colonies françaises en étendue, en variété, en ressources de toutes sortes, naturelles et humaines, industrielles, agricoles et commerciales ; tel fut notre but. Nous avons exposé des produits et des races, dans un cadre aussi fidèlement copié que possible sur le cadre naturel de ces objets et de ces hommes. Dans cet ordre d'idées même, nous avons moins eu la prétention d'apprendre davantage à ceux qui savaient déjà, que d'apprendre quelque chose à ceux qui ne savaient rien. Quant au reste, c'est à l'imagination à l'ajouter. Un musée composé des objets de torture, des armes, des vêtements et des ustensiles du moyen âge est aussi insignifiant que l'exposition des fétiches et que la table des sacrifices de Béhanzin, si l'imagination ne supplée pas à tout ce qui manque pour donner à ces objets leur véritable sens. Plût à Dieu qu'il eût été possible d'organiser l'exposition coloniale en laissant complètement dans l'ombre le côté exotique et en donnant à l'élément ethnographique le caractère sérieux et pratique dont il est susceptible!

La seconde critique émane de mon collègue au Conseil de la compagnie de Suez et ami, M. le vicomte Eugène-Melchior de Vogüé, dans un autre article de la *Revue des Deux-Mondes* : « Le grand effort de l'expansion coloniale caractérise et ennoblit l'histoire extérieure de la France sous la troisième République. L'héroïsme de la race se dépense actuellement dans ces nouveaux empires ; nous fondons sur leur développement nos meilleures espérances de grandeur et de fortune. Il fallait leur faire la part très large dans l'Exposition jubilaire ; il fallait renseigner abondamment notre peuple sur ses acquisitions récentes et trop peu connues. Eh quoi! c'est cela notre immense domaine colonial? ce chaos inextricable! L'Asie et l'Afrique, l'Amérique et l'Océanie, les blancs, les noirs, les jaunes s'enchevêtrant dans ce pêle-mêle de pagodes et de paillottes, tassées à l'étroit sur la pente du Trocadéro. Il faut être de la partie, et bon géographe, pour se reconnaître dans ce dédale. Le profane s'y perd, comme il ferait dans les découpages d'une de ces cartes de géographie dont on brouille les fragments avant de les donner aux enfants, afin qu'ils s'exercent à les recomposer. Et si peu de population devant ces cases, à peine quelques rares figurants! En 1889, on avait amené bon nombre de nègres et d'Annamites à l'Esplanade des Invalides. Rappelez-vous la curiosité enorgueillie de nos Parisiens, quand ils contemplaient leurs « sujets », le petit bataillon jaune qui manœuvrait si gentiment, la tribu des Pahouins qui piroguaient sur la rivière...

« On a reculé devant la vraie solution : une exposition coloniale bien ordonnée, très peuplée, largement espacée dans le parc de Saint-Cloud, sur le modèle de cette instructive représentation du Congo belge que le roi Léopold nous faisait naguère admirer dans le parc de Tervueren. »

Le lecteur n'a qu'à se reporter à ce que j'ai dit plus haut des indigènes, pour se rendre compte qu'ils étaient, à l'Exposition de 1900, plus nombreux et plus divers que ne semble l'avoir remarqué M. de Vogüé. Il y avait des ouvriers de tous métiers et des miliciens de tous pays, et ils fournissaient une matière inépuisable d'observations et d'études. Quant au désordre auquel M. de Vogüé fait allusion, je lui répondrai que nos principales colonies avaient été rassemblées par groupes, et que ces groupes avaient été séparés les uns des autres autant que le permettaient l'exiguité et la configuration accidentée du terrain. Je suis très reconnaissant à M. de Vogüé de ses critiques, car elles m'obligent à expliquer les points faibles de l'exposition coloniale, à soulever un coin du voile qui cachait les multiples difficultés contre lesquelles nous avons eu à lutter, et je ne pouvais en prendre l'initiative. Quand on ne dispose que de quelques milliers de mètres carrés d'un terrain en pente rapide pour figurer des millions de kilomètres carrés de plaines, il est bien difficile d'empêcher que les continents ne se touchent. Sur ce point je suis pleinement d'accord avec M. de Vogüé, pour déplorer qu'un terrain beaucoup plus vaste et d'une configuration toute différente n'ait pas été mis à la disposition des colonies par l'administration de l'Exposition. Je n'ai pas attendu ce jour pour m'en plaindre et n'ai cessé de réclamer, à la Commission préparatoire, contre la part insuffisante et précaire qui était faite à l'exposition coloniale dans le plan général. Les procès-verbaux de la commission en font foi. Aussi, dois-je à mes collaborateurs de déclarer que notre responsabilité commune est absolument à l'abri des reproches qui pourraient nous être adressés de ce chef. Voici ce que je disais au banquet colonial du 4 novembre 1899 :

Oh! Messieurs, je sais bien ce que l'on reprochera à notre Exposition, et ce n'est pas d'aujourd'hui que je fais cette remarque. Notre honorable président le sait aussi bien que moi. Ce qui manquera, c'est de l'espace, de l'air.

Nous avons 16.173 mètres carrés de surfaces couvertes, répartis entre 25 palais ou pavillons, et il est très certain qu'ils seront trop rapprochés les uns des autres, d'autant plus que certains d'entre eux sont de véritables monuments.

Nous eussions souhaité qu'il nous fût permis d'entourer chaque palais ou pavillon d'un espace suffisant pour qu'on puisse grouper tout autour des indigènes et faire vivre le public de la vie coloniale spéciale à chaque colonie. La réalisation de ce rêve n'a pas dépendu de nous, et les efforts de tous les coloniaux ont abouti à la nomination d'une commission qui, après de nombreuses et très intéressantes séances, est arrivée à un résultat que j'ai souvent constaté en matière de commissions : c'est qu'on n'a rien décidé du tout et qu'on s'est incliné devant le fait accompli.

A l'exiguité du terrain et à son extrême déclivité, venaient se joindre l'obligation de respecter la plupart des arbres, et l'époque tardive à laquelle nos crédits ont été votés par le parlement, car nous avions un budget spécial, et l'administration générale de l'exposition n'a participé à aucune de nos dépenses. Il convient d'ajouter qu'elle a encaissé les taxes dont elle a frappé nos exposants, nos bars de dégustation, nos théâtres et autres établissements. Nous étions assimilés aux sections étrangères.

Les arbres du Trocadéro étaient divisés en deux catégories: les *tangibles* et les « *intangibles* », et je garderai un long souvenir d'un jeune bouleau qui avait été classé, je ne sais pourquoi, parmi les *intangibles*, bien qu'il se trouvât en plein sur ce qui devait être la terrasse de la pagode des Boudhas. Il nous a fallu quinze jours de négociations pour obtenir l'autorisation de transplanter cet adolescent, et nous n'avions pas cependant de temps à perdre !!

Le parlement, en effet, ne vota nos crédits que le 31 mai 1899 et M. le Ministre des colonies voulut bien mettre à ma disposition les premiers cent mille francs le 12 juin suivant.

De plus, les subventions coloniales qui nous avaient été promises au moment où le gouvernement me fit le grand honneur de me placer à la tête de l'exposition, n'étaient que des espérances, et il a fallu les convertir en réalités, avant de pouvoir définitivement arrêter des plans et un budget.

Ce ne fut que le 24 juin que nous avons pu procéder à l'adjudication des travaux; comme il fallait s'y attendre, nous n'obtînmes aucun résultat parce que les entrepreneurs avaient déjà plus de travaux qu'ils ne pouvaient en exécuter. Nous sommes enfin parvenus, le 3 juillet, à trouver un entrepreneur général nous offrant garantie et qui consentit un rabais de 6 0/0.

Le 12 juillet, M. le Ministre des colonies voulut bien nous donner son approbation; nous n'étions pas cependant au bout de nos peines, car les clôtures qui devaient nous permettre de commencer les travaux, et dont la mise en place incombait à l'administration générale de l'Exposition, ne furent posées que le 8 août. Il ne nous restait donc que huit mois pour édifier vingt-cinq pavillons ou palais et procéder à leur installation intérieure !! Nous y sommes cependant parvenus, et nous ne faisions pas trop mauvaise figure au 14 avril, jour fixé pour l'inauguration.

Je dois ajouter que, si ma responsabilité était entière, mon initiative était perpétuellement paralysée. Les règlements constituaient un tel labyrinthe de formalités administratives que je n'en serais jamais sorti si M. le Commissaire général, M. Alfred Picard, ne m'avait personnellement aidé avec une bonne grâce et une courtoisie dont je suis heureux de le remercier.

Telles sont les principales stations du calvaire que nous avons eu à gravir. Etait-ce une raison pour jeter le manche après la cognée? Nous ne l'avons pas pensé, et nous avons au contraire essayé, mes collaborateurs et moi, de tirer le meilleur parti possible d'une situation difficile.

Nous n'avons donc aucun désir de récriminer contre des erreurs regrettables sans doute, mais qui n'ont pas empêché l'exposition coloniale d'offrir au public un spectacle instructif et dont il a paru, somme toute, satisfait.

L'affluence des visiteurs, le grand nombre de renseignements qui nous ont été demandés par des personnes appartenant à toutes les classes de la société, — la quantité considérable de notices qui ont été distribuées et vendues, — la faveur dont ont joui nos conférences faites soit dans les divers pavillons, soit dans notre salle des conférences; — le succès du Congrès de la *Ramie* dû à l'initiative de notre collaborateur M. Milhe-Poutingon, — la bonne humeur du public à nos retraites coloniales du mercredi soir, auxquelles prenaient part plus de trois cents de nos indigènes, — nous prouvent que nos efforts n'ont pas été inutiles.

On était du reste très gai, au Trocadéro : on y pratiquait cette douce philosophie qu'inspirent aux coloniaux l'habitude des longues étapes dans la brousse, les difficultés et le manque de confort inhérents à leur existence, et le dévouement sans borne à l'œuvre qu'ils ont entreprise.

La grande fête que les commissaires des colonies françaises ont offerte à MM. les commissaires généraux des nations et des colonies étrangères, dans la salle souterraine du pnom cambodgien, répondait, me semble-t-il, au programme tracé par M. de Vogüé. Il y avait de fort beaux échantillons de tous nos *sujets* et même de nos *sujettes*. On y a chanté tous les chants, dansé toutes les danses de nos diverses colonies, aux sons des orchestres locaux, dans le cadre des merveilleuses ruines d'Angkor Thom, d'Angkor Val, de Prea Rup, de Prea Khane, ingénieusement assemblées et reconstituées par un artiste adroit et un architecte de talent, M. Marcel. Puis enfin, quand est venu le moment de la distribution des récompenses, nous avons eu la satisfaction de constater que nos produits coloniaux avaient fièrement soutenu l'honneur du drapeau dans cette première lutte coloniale internationale. Le jury leur a décerné 1700 récompenses, dont 92 grands prix, 273 médailles d'or, 488 médailles d'argent, 481 médailles de bronze et 366 mentions honorables. L'exposition coloniale aura enfin provoqué la publication que j'ai analysée au début de cette introduction, et dont je peux faire l'éloge d'autant plus à mon aise que tout le mérite en revient à mes collaborateurs.

La presse en général a été pour nous très bienveillante, et des juges les moins prévenus en faveur de l'exposition coloniale y ont vu ce que nous souhaitions qu'ils y vissent : une espérance, le gage d'un avenir glorieux et prospère. J'en citerai deux exemples ; j'emprunte le premier au discours prononcé par M. Albert Petit à la distribution des prix du lycée Janson de Sailly :

« Nous sommes, pour ainsi dire, un peuple « de vieille roche », un peuple gentilhomme, et la galerie de nos ancêtres est formée des chefs-d'œuvre immortels qu'ils nous ont légués. Nous goûtons, à plus juste titre que tout autre peuple, le charme de vivre dans un décor historique. On nous accuse même de nous trouver trop bien dans ce cadre aristocratique et de n'être plus assez des hommes d'aujourd'hui, armés pour la concurrence, et résolus à garder notre place à la table où les nations civilisées se disputent les meilleurs morceaux. Cette place, elle est pourtant large encore, quoi qu'on en dise, et plutôt en train de grandir que de diminuer. Ceux qui visiteront nos pavillons coloniaux hésiteront sans doute à rééditer l'aphorisme classique : « Les Français ne sont pas colonisateurs. » La carte du monde porte partout nos couleurs, anciennes ou récentes. Même les colonies que nos malheurs ou nos fautes ne nous ont pas permis de conserver ont gardé profondément notre empreinte, comme le Canada, qui s'en réclame ainsi que d'un titre de noblesse. Et que dire de toutes nos annexions d'hier : Congo, Tunisie, Indo-Chine, Dahomey, Soudan, Madagascar, conquises en moins d'un quart de siècle, et avec quels faibles moyens !

Objectera-t-on que nous sommes incapables de rien tirer de cet immense empire ? Le grief ne serait pas négligeable, car nous vivons à une époque positive où les considérations de sentiment et même d'orgueil patriotique ne sauraient répondre à tout, ni suffire à tous. Mais le reproche, quoique banal, n'est pas fondé. Compulsez dans chaque pavillon les statistiques, les plans, les cartes, les photographies : partout vous constaterez que les voies ferrées allongent leurs artères vivifiantes, que les oasis surgissent au milieu du désert, que les gisements miniers entrent en exploitation. Ces signes de prospérité peuvent être trompeurs. L'Inde anglaise, par exemple, meurt de faim, en dépit de ses chemins de fer, de ses manufactures, de ses « cultures riches » — qui n'enrichissent qu'une métropole égoïste. Mais on ne meurt de faim nulle part dans nos colonies. Partout la condition humaine a été améliorée par notre présence et par notre action. L'esclavage a été supprimé, les razzias entre tribus ont disparu, la population a augmenté, le sort de la femme a été adouci. La France a toujours porté dans les plis de son drapeau un peu d'humanité et d'idéal. La paix qu'elle assure à ses sujets n'est pas la paix homicide de Rome ou... de Carthage. »

Le second exemple prouve que l'on nous a fait l'honneur de s'occuper de l'Exposition coloniale dans la plus docte et la plus illustre compagnie du monde, pour lui rendre le témoignage le plus flatteur qu'elle ait osé obtenir : celui d'avoir inspiré confiance dans l'avenir de la France.

« *Comment éviter une recrudescence d'orgueil et de foi en la vitatité de la patrie*, a dit M. Paul Hervieu à l'Académie française, — *quand on peut, comme aujourd'hui, d'un seul regard, embrasser par exemple tant de petits palais, symboles d'un immense et tout jeune domaine, dont les fils aux teints d'ivoire, d'ocre ou d'ébène, Tunisiens, Tonkinois, Congolais, Cambodgiens,*

Malgaches, Annamites, Dahoméens, font en même temps sonner à nos oreilles leurs premiers bégaiements de cette langue qui vous a, Messieurs, pour gardiens, le doux parler de la France, notre mère et leur tutrice. »

BIBLIOGRAPHIE DES PUBLICATIONS

ÉDITÉES A L'OCCASION DE

L'EXPOSITION COLONIALE DE 1900

I

Publications de la commission chargée d'assurer la participation du Ministère à l'Exposition.

LES COLONIES FRANÇAISES

Introduction générale, par J. Charles-Roux, ancien député, délégué des ministères des Affaires étrangères et des Colonies. Paris, 1901, 1 vol. in-8 de 248 p. Augustin Challamel, édit., 17, rue Jacob.

I. — *Un siècle d'expansion coloniale*, par MM. Marcel Dubois, professeur à la Faculté des Lettres et Aug. Terrier, secrétaire général du comité de l'Afrique française. Paris, 1901, 1 fort vol. in-8. Augustin Challamel, édit., 17, rue Jacob.

II. — *Organisation administrative, judiciaire, politique et financière*, par A. Arnaud et H. Méray, inspecteurs des Colonies. Paris, 1900, 1 vol. in-8 de 212 p. Augustin Challamel, édit., 17, rue Jacob.

III. — *La Mise en valeur de notre domaine colonial*, par Camille Guy, chef du service géographique et des missions au Ministère des Colonies. Paris, 1900, 1 vol. in-8 de 648 p. Augustin Challamel, édit., 17, rue Jacob.

IV. — *L'Œuvre scolaire de la France aux colonies*, par H. Froidevaux, agrégé d'histoire et de géographie, docteur ès-lettres ; *Survivance de l'esprit français aux colonies perdues*, par Victor Tantet, archiviste-bibliothécaire au Ministère des Colonies. Paris, 1900, 1 vol. in-8 de 356 p. Augustin Challamel, édit., 17, rue Jacob.

V. — *Régime de la propriété, Régime de la main-d'œuvre, l'Agriculture aux Colonies*, par MM. Imbart de la Tour, auditeur au Conseil d'Etat, Dorvault, ancien chef adjoint du cabinet du Ministre des Colonies, Lecomte, docteur ès-sciences, professeur au lycée Saint-Louis. Paris, 1900, 1 vol. in-8 de 604 p. Augustin Challamel, édit., 17, rue Jacob.

II

Le Ministère des Colonies à l'Exposition de 1900. — *Avant-propos*, par J. Charles-Roux, ancien député, délégué des Ministères des Affaires étrangères et des Colonies à l'Exposition universelle de 1900.

Introduction (coup d'œil général sur l'Exposition coloniale), par Scellier de Gisors, architecte en chef de l'Exposition coloniale.

I. — *Monographie du Palais*, par Scellier de Gisors.

II. — *Service géographique et des missions*, par G. Antony, rédacteur au Ministère des Colonies.

III. — *Office colonial*, par Noufflard, chef du service commercial de l'Office colonial.

IV. — *Postes et Télégraphes*, par Laurent, rédacteur au Ministère des Colonies.

V. — *Ecole coloniale*, par Victor Morel, secrétaire général de l'Exposition coloniale, secrétaire du conseil d'administration de l'Ecole Coloniale.

VI. — *Le Jardin colonial*, par J. Dybowski, inspecteur général des Cultures coloniales.

VII. — *Hygiène coloniale*, par le Dr Kermorgant, inspecteur général du service de santé des Colonies.

VIII. — *Le Musée colonial de Marseille*, par le Dr Heckel, directeur du Musée et de l'Institut colonial de Marseille.

IX. — *Les Auxiliaires de la colonisation*, par A. Terrier, secrétaire du Comité de l'Afrique française.

X. — *L'Ecole internationale de l'Exposition*, par Max Choublier, secrétaire de l'Ecole internationale.

XI. — *La Presse coloniale*, par Paul Vivien, président du Syndicat de la Presse coloniale.
1 fort vol. in-8 de 900 p., orné de 150 illustr. Couverture illustr. en couleurs.

Sénégal-Soudan, agriculture, industrie, commerce. Notice rédigée par les soins du Comité local d'organisation de l'Exposition de 1900. Paris, 1900, 1 vol. in-8 de 124 p. Augustin Challamel, édit., 17, rue Jacob.

Une mission au Sénégal, ethnographie, botanique, zoologie, géologie, par le Dr Lasnet, médecin de 1re classe des colonies, Aug. Chevalier, licencié ès-sciences, A. Cligny, docteur ès-sciences, Pierre Rambaud, licencié ès-sciences. Paris, 1900, 1 vol. in-8 de 348 p., orné de 8 planches en couleurs hors texte, 45 illustrations, 8 en-têtes et une carte. Augustin Challamel, édit., 17, rue Jacob.

Le Sénégal, organisation politique, administration, finances, travaux publics, notice rédigée par les soins du service local de la colonie. Paris, 1900, 1 vol. in-8 de 430 p., orné de 1 portrait, 15 cartes et graphiques et 33 diagrammes. Augustin Challamel, édit., 17, rue Jacob.

La Côte d'Ivoire, notice par Pierre Mille, commissaire de la colonie. Paris, 1900, broch. in-8 de 32 p., avec carte et tableau. Typographie Firmin-Didot et Cie.

Exposition de la Côte d'Ivoire, catalogue raisonné par Pierre Mille, commissaire, Delafosse, Daudy et Gentil. Paris, 1900, broch. in-8 de 60 p., ornée de 10 cartes et graphiques et 12 planches hors texte. Couverture illustr. L. Frédéric Hébert, édit., 3, rue des Saints-Pères.

Notice sur la *Guinée française*, par Famechon, chef du service des douanes à Conakry, publiée par les soins du *Comité local* et de M. Victor Gaboriaud, commissaire de la colonie. Paris, 1900, 1 vol. in-8 de 229 p., orné de 29 illustrations, 3 cartes et plans. Couverture illustr. en couleurs.

Notice sur le *Dahomey*, par Jean Fonssagrives, administrateur des colonies, secrétaire général, par intérim, du Dahomey, sous la direction de M. Pierre Pascal, secrétaire général, gouverneur, par intérim, du Dahomey. Paris, 1900, 1 vol. in-8 de 408 p., orné de 71 illustrations, 3 cartes et graphiques. Couverture illustr. en couleurs.

Dahomey et dépendances, historique général, organisation, administration, ethnographie, productions, agriculture, commerce, par L. Brunet et Louis Giethlen, 1 fort vol. in-8, orné d'une carte et de 62 photogravures. Augustin Challamel, édit., 17, rue Jacob.

Congo français, rédigé sous la direction de M. Marcel Guillemot, commissaire-adjoint du Congo. Paris, 1900, 1 vol. de 160 p., orné de 15 illustrations et 1 carte. J. André, éditeur, 27, rue Bonaparte.

Afrique occidentale, notice de la *Compagnie française de l'Afrique occidentale.* Paris, 1900, une broch. in-8 de 94 p., ornée de 1 carte et 11 diagrammes. Couverture en couleurs. Levallois-Perret, imprimerie Crété de l'Arbre, 55, rue Fromont.

Notice sur la *Côte française des Somalis,* par Sylvain Vignéras, rédacteur au Ministère des Colonies, commissaire-adjoint de la colonie. Paris, 1900, broch. in-8 de 87 p., ornée de 27 illustrations et une carte. Couverture illustrée en couleurs. Imprimerie Paul Dupont, 4, rue du Bouloi.

Notice sur *Mayotte et les Comores,* par Emile Vienne, rédacteur au Ministère des Colonies, commissaire de la colonie. Paris, 1900, 1 vol. in-8 de 200 p., orné de 28 illustr. et 2 cartes. Couverture ill. en couleurs.

Madagascar. Paris, 1900, 1 vol. in-8 de 206 p., orné de 68 illust. et 3 cartes. Couverture illustr. en couleurs (publié par les soins des commissaires de la colonie).

Manuel des dialectes malgaches, par A. Jully, délégué technique de Madagascar, 1 vol. in-8° de 180 pages. Paris, 1901, J. André, édit., 27, rue Bonaparte.

Notice sur *la Réunion,* rédigée sous la direction de M. Garsault, commissaire de la Réunion. Paris, 1900, 1 vol. in-8 de 308 p., orné de 38 illustr. et une carte. Couverture illustr. J. André, édit., 27, rue Bonaparte.

Les Etablissements français de l'Inde, par Camille GUY, agrégé d'histoire et de géographie, chef du service géographique et des missions au Ministère des Colonies. Paris, 1900, 1 vol. in-8 de 95 p., orné de 20 illustr. et 5 cartes. Couverture illustr. Imprimerie F. Levé, 17, rue Cassette.

Notices sur l'*Indo-Chine*, Cochinchine, Cambodge, Annam, Tonkin, Laos, Kouang-Tchéou-Ouan, publiée sous la direction de M. Pierre NICOLAS, commissaire de l'Indo-Chine. Paris, 1900, 1 vol. in-8 de 320 p., orné de 5 planches en couleurs hors texte, 121 illustrations, 1 carte et 1 plan. Couverture illustr. en couleurs.

Les missions indo-chinoises à l'Exposition universelle de 1900, par M. Georges SCHWOB, adjoint au commissaire de l'Indo-Chine. Paris, 1901, 1 vol. in-8 de 220 p., orné de 20 illustr. (A paraître).

Notice sur les *Etablissements français de l'Océanie*. Paris, 1900, 1 vol. in-8 de 127 p., orné de 11 illustr. et 1 carte. Couverture illust. en couleurs.

Notice sur la *Nouvelle-Calédonie*, ses richesses, son avenir, rédigée par les soins de l'*Union agricole calédonienne*. Paris, 1900, 1 vol. in-8 de 220 p. Société d'éditions littéraires et artistiques, libr. Paul Ollendorf, 50, Chaussée-d'Antin.

Saint-Pierre et Miquelon, par Maurice CAPERON, chef du service judiciaire des îles Saint-Pierre et Miquelon, gouverneur intérimaire. Dessins de Gaston Roullet et Eugène Le Mouël. Paris, 1900, broch. in-8 de 32 p., ornée de 20 illustrat. et une carte. Couverture illustrée en couleurs. Impression d'art, Pierrefort, 12, rue Bonaparte.

Notice sur *la Martinique*, par Gaston LANDES, professeur au lycée de Saint-Pierre de la Martinique, délégué du comité local. Paris, 1900, 1 vol. in-8 de 150 p., orné de 55 illustr. Couverture illustr. en couleurs.

La Guadeloupe et dépendances, par L. GUESDE, commissaire de la Guadeloupe. Dessins de Eugène Le Mouël et L. Filhol. Paris, 1900, broch. in-8 de 36 p., ornée de 15 illustr. et 1 carte. Couverture illustr. en couleurs. Impression d'art, Pierrefort, 12, rue Bonaparte.

Notice sur *la Guyane*, par E. BASSIÈRES, directeur du jardin d'essai de Baduel, membre de la Chambre consultative d'agriculture, commissaire-adjoint de la Guyane. Préface de M. Ursleur, député. Paris, 1900, 1 vol. de 240 p., orné de 23 illustr. et 1 carte. Couvert. illustr. en couleurs.

Guyane française, notice sur les produits de la Guyane française, réunis par les soins du Comité local de la colonie, et figurant à l'Exposition universelle de 1900, par le Dr G. Devez, licencié ès-sciences naturelles, ancien professeur d'agriculture à Cayenne, professeur de l'Université. Levallois-Perret, 1900, 1 vol. in-8 de 114 p. orné de 2 portraits. Imprimerie Crété de l'Arbre, 55, rue Fromont.

TABLE DES MATIÈRES

Plan et analyse des volumes publiés par la commission. . 1
Un siècle d'expansion coloniale française, par MM. Marcel Dubois et Auguste Terrier 2
La mise en valeur de notre domaine colonial, par M. Camille Guy 6
Organisation administrative, politique, judiciaire et financière, par MM. Arnaud et Méray 8
Le domaine et la constitution de la propriété aux colonies, par M. Imbard de la Tour 9
Le régime de la main-d'œuvre aux colonies, par M. Dorvault 10
L'enseignement aux colonies, par M. Froidevaux . . . 11
L'agriculture aux colonies, par M. Lecomte 12
Survivance de l'esprit français aux colonies perdues, par M. Victor Tantet 13

Le ministère des colonies a l'exposition et les services y afférant 19

Notices spéciales a chaque colonie publiées par les comités locaux et les commissaires des colonies françaises, 20
Le rôle de l'Alliance française et le livre de M. P. Foncin
La langue française dans le monde 23
L'Ecole Berlitz et les résultats de sa méthode à l'exposition. 24

Nos indigènes au trocadéro. 25
Les Indochinois 25
Les Sénégalais et Soudanais 27
Les Tunisiens 28
Les Dahoméens. 29

TABLE DES MATIÈRES

Les Malgaches	31
Vocabulaire franco-malgache de M. Jully, délégué technique de Madagascar	34
Essai d'apprentissage de sept indigènes malgaches	37
Impression produite sur nos indigènes par leur séjour à Paris	38
Une lettre de Gallo-Thiam	41
Missions indigènes coloniales	42
Leur rôle et celui des chefs indigènes dans l'administration des colonies	45
Le régime du protectorat	46
L'annexion à Madagascar	50
Congrès de sociologie coloniale de 1900	54
L'union Indo-Chinoise	55
L'administration de M. Doumer, gouverneur général	57
Travaux publics	60
Budget général de l'Indo-Chine et budgets locaux de la Cochinchine, du Tonkin, de l'Annam, du Cambodge et du Laos	61
La réorganisation du gouvernement général de l'Afrique occidentale française	64
M. le gouverneur général Ballay	65
Le régime des concessions	66
A Madagascar	67
Au Sénégal-Soudan, dans la Guinée, à la Côte d'Ivoire et au Dahomey	71
En Indo-Chine	75
En Nouvelle-Calédonie (M. le gouverneur Feillet)	75
Sociétés de crédit colonial	78
La colonisation par l'armée	79
La méthode du général Galliéni et l'œuvre de ses collaborateurs	80
Le colonel Lyautey	82
L'opinion de M. Lavisse	83
La petite colonisation par le soldat libérable et non libéré	91
Un exemple de « l'organisation qui marche »	93
Les aptitudes de nos officiers à la colonisation	95

Mission de MM. Guyon, Lacaze et Prudhomme	98
Les voies de communication	104
Notre réseau de chemins de fer en Afrique occidentale. .	105
A Madagascar	109
Le canal des Pangalanes	113
Les routes charretières	115
Les automobiles à Madagascar	117
A la Réunion	120
A Djibouti	121
En Indo-Chine	122
En Nouvelle-Calédonie	131
A la Guyane (contesté franco-brésilien)	133
En Algérie-Tunisie	135
Le Transsaharien	143
Le congrès des sociétés de géographie tenu à Alger en mars-avril 1899.	148
L'occupation des oasis du Touat et la pénétration saharienne.	151
L'opinion du colonel Thys sur la construction des chemins de fer coloniaux	156
Le commerce de la France avec ses colonies et le régime douanier de 1892.	157
Rapport de M. Le Myre de Villiers sur le budget du Ministère des Colonies, exercice 1901	161
Le système de la réciprocité et le pacte colonial	166
Les grands marchés	167
Les ports francs	168
La marine marchande aux colonies.	168
Composition des équipages	171
Primes à la navigation	173
Francisation des navires	174
Le brevet de chef mécanicien aux colonies.	175
Cables télégraphiques sous-marins.	178
Situation des colonies françaises au point de vue de leurs relations télégraphiques avec la métropole	180
Le monopole anglais et ses conséquences	182

TABLE DES MATIÈRES

Projets du Gouvernement français	194
Rapport de M. Maurice Ordinaire	195
Proposition de loi de MM. Meyer, Christophe, Pourquery de Boisserin et autres députés	197
Nécessité de la création d'un réseau de câbles français.	199

L'ENSEIGNEMENT AUX COLONIES. 200
    Enseignement agricole 201
    Jardins d'essais 204
    Mission d'études de MM. Lecomte, Bourdarie et Milhe-Poutingon 207
    Jardin colonial de Nogent-sur-Marne, dirigé par M. Dybowski, inspecteur général des cultures coloniales . . 207
    L'Office colonial, dirigé par M. Auricoste 211
    L'Ecole coloniale 211
    Les jeunes colons et la loi militaire 212
    Tentatives privées d'enseignement colonial 214
    Le Musée et l'Institut colonial de Marseille, fondé et dirigé par M. le Dr Heckel 217
    L'enseignement colonial à l'étranger 218
    L'enseignement médical colonial. 218

CONCLUSION. 222
    M. Talmeyr et l'exotisme 224
    Un article de M. le vicomte Eugène Melchior de Voguë dans la *Revue des Deux-Mondes* 228
    Discours de M. Albert Petit à la distribution des prix du lycée Janson de Sailly 235
    Discours de M. Paul Hervieu à l'Académie française . . 236

BIBLIOGRAPHIE DES PUBLICATIONS PARUES A L'OCCASION DE L'EXPOSITION DE 1900. 239

DIJON, IMPRIMERIE DARANTIÈRE

SPES IN LABORE
DARANTIERE

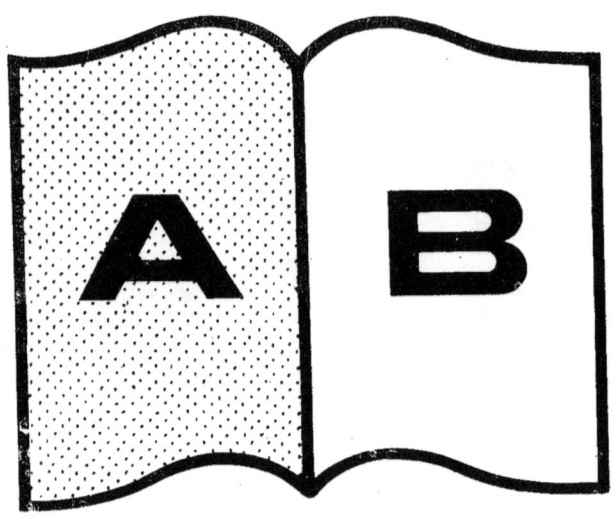

Contraste insuffisant
NF Z 43-120-14

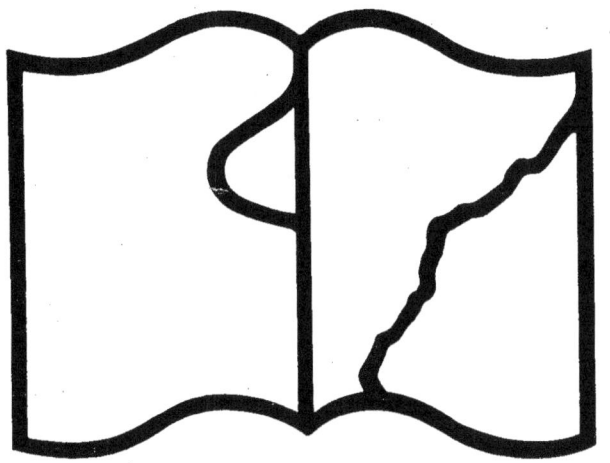

Texte détérioré — reliure défectueuse

NF Z 43-120-11

www.ingramcontent.com/pod-product-compliance
Lightning Source LLC
Chambersburg PA
CBHW070619170426
43200CB00010B/1851

ESSAIS

SUR L'HISTOIRE DE LA VILLE

DE CHINON.

Lk⁷ 2069
A   69

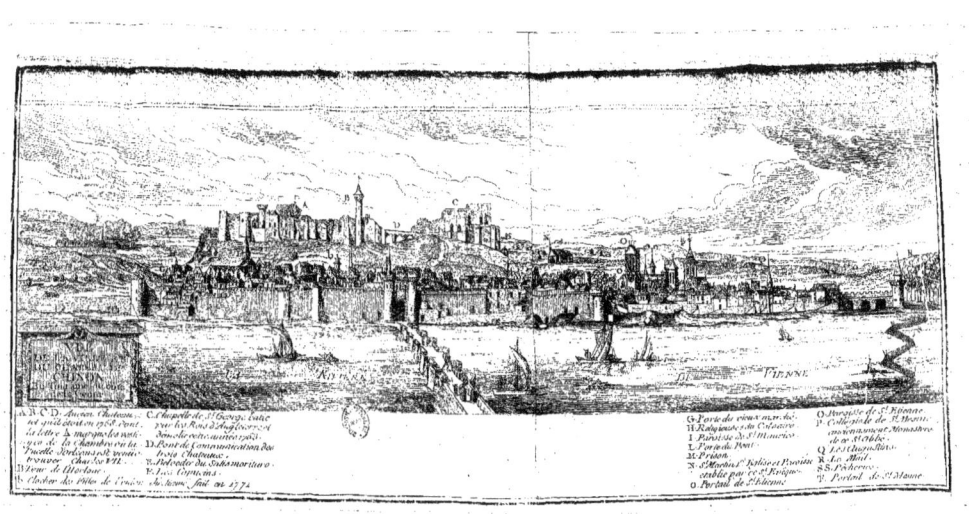

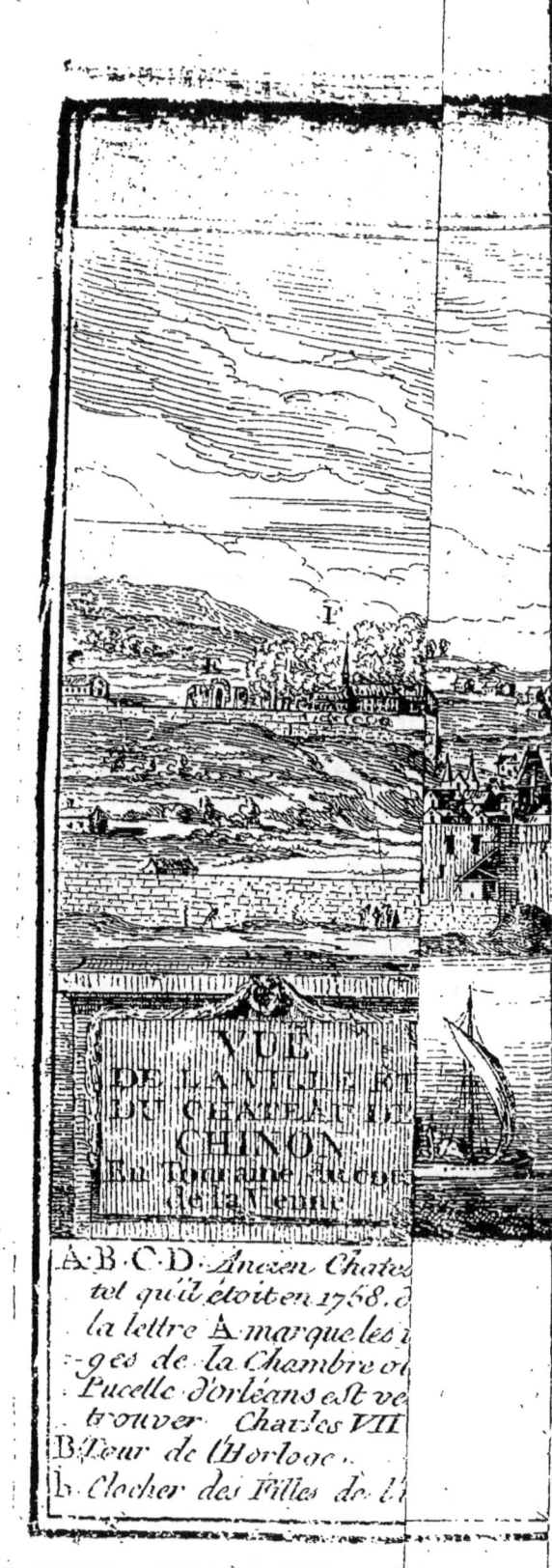

A.B.C.D. Ancien Chateau
tel qu'il étoit en 1758.
la lettre A marque les
-ges de la Chambre ou
Pucelle d'Orléans est ve
trouver Charles VII
B. Tour de l'Horloge.
L. Clocher des Filles de l

Ex dono auctoris.

ESSAIS

SUR

L'HISTOIRE DE LA VILLE

DE CHINON,

Par M. DUMOUSTIER, ex-capitaine commandant du corps d'artillerie, pensionné de l'État, anciennement membre de plusieurs académies de France et d'Allemagne, domicilié de cette ville.

SECONDE ÉDITION

Revue, corrigée et augmentée.

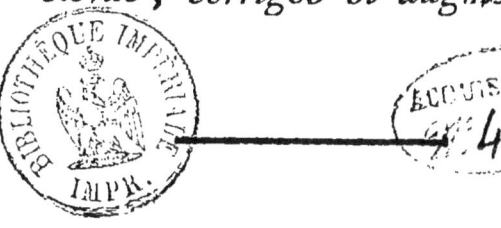

A CHINON,

Chez Coufinhal, libraire.

1809.

AUX HABITANS
DE LA VILLE
DE CHINON.

Un des plus beaux traits du caractère des Français est un tendre attachement pour leur patrie. Ce sentiment fut toujours profondément gravé dans vos cœurs; aussi l'Auteur de ces Essais historiques sur votre ville croit-il pouvoir espérer que vous verrez cet ouvrage avec d'autant plus d'intérêt, que l'histoire du pays que nous habitons ordinairement nous plaît davantage que l'histoire générale, qui, avec des tableaux plus parlans, et avec des époques plus mémorables, nous touche quelquefois moins. C'est ainsi qu'après avoir admiré les palais des grands et leurs superbes dehors, nous revoyons toujours avec plus de plaisir l'humble chaumière qui nous a vu naître, et le champ qui nous a nourris.

Habitans de cette agréable cité! en vous pénétrant d'une vérité aussi naturelle, et du zèle mis dans la rédaction de ces Essais, que chacun de vous doit se procurer pour les transmettre dans leur état actuel à ses enfans, vous ne douterez pas de l'attachement respectueux de celui qui est inviolablement

Votre bien dévoué et affectionné serviteur,

DUMOUSTIER.

PRÉFACE.

L'Auteur qui publie aujourd'hui ces Essais historiques sur la ville de Chinon, a l'avantage de n'avoir pas à se justifier ici de leur donner le jour un peu tard. On sait qu'il n'habite cette ville que depuis qu'il s'est retiré du service, et que le tems de la révolution n'a pas été celui où il pouvait faire des recherches qui auraient été inutiles, ce fléau ayant détruit presque tous les titres qui lui auraient servi pour rendre cet ouvrage plus complet; il n'y va faire usage que des notes qu'il a trouvées, concernant la ville de Chinon et les villes voisines, dans les bibliothèques, et dans les chartriers qui lui ont été ouverts lorsqu'il a entrepris l'histoire du Loudunais. Leur stérilité, malgré l'exactitude de ces recherches, lui a fait presqu'abandonner le projet qu'il avait de les mettre au jour; mais il a considéré que ce serait tout-à-fait les perdre que de les laisser plus long-tems dans l'oubli; il demande ici de l'indulgence pour l'ensemble qu'il leur a donné, sans cependant craindre toute critique attentive, judicieuse et impartiale, sur-tout si elle peut porter quelqu'un à faire mieux que lui. Cet Auteur ne peut presque rien dire du château de cette ville, la plus grande partie des tours qui l'environnent étant aujourd'hui encombrée de pierres, de gravois et de terres. Il y fait une description exacte des vestiges encore existans, au-dessus du village de Cinais, d'un camp romain auquel on n'a pas fait attention jusqu'à présent dans le pays, quoiqu'il soit peut-être le seul en France de son espèce. Il y parle des différens souverains français et anglais qui ont possédé Chinon, et des titres sous lesquels ils en ont successivement joui ; en y rapprochant, autant que possible, les évènemens particuliers qui y ont eu lieu, de ceux dont ils ont pu découler sous les règnes respectifs de ces rois. Ne les avoir pas liés ensemble, c'aurait été opérer dans les premiers une espèce de déchirement, d'autant plus désagréable pour le lecteur, que leurs traits lui auraient paru des effets isolés sans des causes sensibles. L'histoire des possédés de cette ville

PRÉFACE.

y est traitée avec le flegme de la philosophie et de la raison. Il fait mention dans ces Essais de la fondation des églises, des couvens, et autres établissemens qui y existaient avant la révolution, ainsi que de la création des tribunaux et des charges dont ces tribunaux étaient composés à cette époque, pensant que la citation de leurs édits de création peut intéresser les villes qui ont eu de pareilles juridictions. Il n'y parle pas des anciennes redevances et des anciens services militaires auxquels étaient tenu les fiefs qui relevaient autrefois du château de Chinon, les titres qui les concernaient ayant été tous brûlés dans ces derniers tems. Cet auteur, termine ces Essais par les hommages qu'il rend à la mémoire des hommes de lettres que ce pays a vu naître.

Il rapporte aussi, à la suite de ces Essais, plusieurs projets pour cette ville, dont l'exécution honorerait beaucoup les administrateurs qui la soliciteraient auprès du Gouvernement.

L'auteur toujours fidèle et exact dans ses récits et dans ses citations n'altèrera pas, pour plaire à quelques uns de ses lecteurs, les légendes et les titres sur lesquels il se fonde, pour parler des miracles de S. Mexme et S. Dumoustier. Il les invite à ne point lui supposer la prétention de parenté avec ce dernier ; mais à convenir que cette consanguinité est possible..

Des personnes connues pour avoir fait imprimer, lors de la première édition de ces Essais, et avoir répandu à Chinon et aux environs, un accrostiche en latin contre l'auteur de cet ouvrage ont été d'autant plus blâmées de leur inconsidération qu'elles devaient savoir que la littérature est une espèce de théâtre où l'on a le droit de siffler les acteurs qui n'y jouent pas bien leur rôle, mais sans avoir celui de les insulter personnellement. Quelque grande que soit la faute rappelée ici, le repentir sincère qu'en ont eu ceux qui l'ont commise doit aujourd'hui la faire oublier au public que cette diatribe a scandalisé, et à celui qu'elle a voulu calomnier dans la Société.

On a joint ici la perspective de la ville et du château de Chinon telle qu'elle était

PRÉFACE.

quelques années avant la révolution. Depuis ce tems, la sous-préfecture a été transférée dans une partie de la maison des Augustins.

L'ancien hôpital est devenu la caserne de la gendarmerie; cet hôpital est aujourd'hui dans l'ancienne maison du Calvaire.

L'église et la maison des Capucins, l'église de Saint-Jacques, et la superbe tour de l'église de Saint-Étienne ont été détruites de fond en comble dans la fureur de la révolution.

Les maisons des Ursulines, des dames de l'Union-Chrétienne et de la Charité, appartiennent aujourd'hui à des particuliers qui les ont achetées.

L'église de Saint-Mexme a été conservée, et aura sûrement un jour une toute autre destination que celle de son usage actuel.

ESSAIS

SUR

L'HISTOIRE DE LA VILLE DE CHINON.

Un petit manuscrit de cinq à six pages, plein d'anachronismes, qui a été imprimé et publié, il y a long-tems, sur la ville de Chinon, prétend que *Turnus*, après avoir jeté les fondemens de la ville de Tours, bien avant la naissance de Jésus-Christ, fit construire le château du Coudrai de cette première ville, du côté de la place du Vieux-Marché, et que les deux autres petits châteaux qui le suivent du côté du levant furent bâtis long-tems après. Ce roi des Rutules, qu'Énée tua de sa propre main, comme rival dans ses amours pour Lavinie, n'est sûrement pas venu à Chinon pour faire une pareille construction.

Il est certain que ces trois châteaux n'ont pas été bâtis par les Romains. Ces conquérans se servaient indifféremment de toutes les pierres en moilon qu'ils trouvaient dans les endroits où ils voulaient faire quelques constructions. Ils formaient le parement extérieur de leurs murs avec les pierres les plus régulières qu'ils avaient ; ils les façonnaient avec le marteau, sans jamais employer le ciseau ; ils remplissaient le corps de ces murs par une espèce de ciment nommé *beton* ; ils plaçaient horisontalement de larges briques pour faire des liaisons et pour avoir des points d'appui sur ces mêmes murs qui, vu l'irrégularité de la taille de ces pierres, ne présentaient à l'œil qu'une surface inégale.

Les murs actuels de ces trois petits forts n'ont aucune espèce de marque de cette bâtisse ; ils portent plutôt l'empreinte d'ouvrages gaulois ou des Français qui s'établirent dans les Gaules, que celle des siècles précédens. Du tems de ces premiers on voyait beaucoup de forteresses sur des hauteurs, défendues de forts donjons avec des grosses et des petites tours à créneaux et à meurtrières, qui avaient quelquefois des étages souterreins pour rendre moins plongeantes leurs armes de jet. Il y en avait aussi avec des passages voûtés sous terre, par lesquels des hommes armés à pied et à cheval pouvaient aisément sortir pour aller protéger les campagnes des environs. Les Français continuèrent à construire ainsi leurs forteresses jusqu'au commencement du quatorzième siècle, où le Fribourgeois Bertholde Schwartz, cordelier, inventa la poudre à tirer. On ajouta seulement dans le dixième siècle et dans les siècles suivans jusqu'à cette époque, des piliers butans aux murs d'enceinte de ces forts, qui furent changés en d'autres fortifications depuis cette nouvelle découverte.

Voyons présentement si les trois forts composant le château de Chinon ont été autrefois bâtis pour remplir ces principaux objets. Voici la description exacte de ce qui reste aujourd'hui de cette ancienne fortification, dont les tours en grande partie fondues sont encombrées.

Le château de cette ville, qui au dehors ne paraît faire qu'un, est cependant composé de trois parties distinctes et séparées par de larges et profondes douves, autrefois avec des ponts-levis, et aujourd'hui avec des ponts en pierre, pour communiquer du fort du milieu, qui est le plus grand, avec ceux qui le touchent latéralement. Dans la partie du Vieux-Marché et de l'Hospice il y a une tour de plain-pied avec deux étages au-dessous, qui ont chacun un escalier pris dans l'épaisseur du mur, et dans lesquels il y avait un moulin à moudre du blé. On voit l'adhérence de cette tour à un mur du côté de cet hospice et du côté de la ville. Il existe au bout une seconde tour dans laquelle est un escalier au-dessus, de plain-pied pour aller à une tour isolée, peu éloignée, dans laquelle se trouve une coursière en pente souterreine, pour aller à un puits, et qui se prolonge, suivant une tradition locale, jusqu'au Fontenis, à un demi-quart de lieue de Chinon. Il y a dix ans que les officiers de la garnison allaient encore sous le lit de la rivière, par une voûte qui prenait depuis la seconde tour dont on vient de parler, jusqu'à la maison du Plessis près le Vaugaudri, et qui conduisait, assure-t-on, aux souterreins de la Roche-Clermault, à une lieue de cette ville, et de là sous l'ancien château de Loudun éloigné de quatre lieues de celui de Chinon.

Le fort du milieu renferme quelques bâtimens inhabités, à côté desquels on voit le plainpied d'une tour correspondante à celle qui existe encore aujourd'hui à Loudun, et qui n'était qu'un beffroi sur lequel on faisait sentinelle pour observer tout ce qui se passait au loin. Vis-à-vis les bâtimens est la tour d'Argenton, faite long-tems après sur le modèle des autres tours, pour communiquer sous terre du château avec la maison Roberdeau autrefois située au bout du parc de ce nom, qu'habitait la belle Agnès Sorel, lorsque Charles VII, dans son infortune, demeurait au château de Chinon.

On apperçoit encore dans l'intérieur de ce château les vestiges d'une autre tour à côté de celle d'Argenton, avec des étages en-dessous, qui sans doute avaient la même destination que ceux dont il vient d'être question.

On entre dans le fort du milieu par une porte flanquée d'une tour qui a environ soixante pieds de hauteur et autant de profondeur, avec plusieurs chambres au-dessus, dont deux servent aujourd'hui de cage à l'horloge de la ville. Au bout du pont d'entrée est l'ancien fort S. Georges, dans lequel il y avait une chapelle de ce nom. Ces trois forts ont les abords extérieurs très-élevés et très-escarpés. Leurs enceintes fort hautes sont avec des créneaux et des meurtrières, ainsi que quelques-unes des grosses tours et des petites tours qui s'y trouvent intercalées. Les douves qui les séparent sont extrêmement profondes; leurs enceintes ont des piliers butans. Voilà au juste la description des vestiges restant de ces trois châteaux, d'après la visite qui en a été faite par l'auteur de ces Essais, avec M. Herpin l'aîné, étudiant en médecine, qui promet de grands talens à la patrie. Le lecteur pourra juger aisément, d'après cette description, si leur construction rentre parfaitement dans celle dont se servaient les Gaulois pour fortifier leurs places.

Il ne sera pas parlé ici avec détail de l'ancien mur qui descendait de la première porte de ce château sur la place, vis-à-vis la tour du bord de la rivière, à côté de la nouvelle prison, ni des portes adhérentes qui débouchaient sur la place par la rue de l'ancienne prison, et par la basse rue, ni de celles qui étaient au bout du faubourg S. Jacques, et à la tête du pont à *Nonain*, du côté de ce faubourg; leur construction est absolument la même que celle des portes et des murs restant, avec quelques amorces de meurtrières, de créneaux, et avec plusieurs tours. Il en est ainsi de la Porte-des-Prés, à la sortie de laquelle, en faisant en 1793 un fossé de défense contre les Vendéens, on trouva des fondemens qui annonçaient ceux d'un acqueduc pour des moulins à eau qui étaient autrefois à côté de cette porte.

Des écrivains peu dignes de foi ont donné à Chinon le nom de *Caïno*, pour faire croire que Caïn en était le fondateur. Le second fils d'Adam n'aurait pas quitté les bords de l'Eden pour venir faire bâtir en France une ville de son nom. Le mot *Caïno*, tiré de la langue celtique, signifiant en français les mots *antre*, *cave*, *souterrein*, quelques auteurs ont pu penser que cette ville, bâtie sur des souterreins, devait avoir le nom de *Caïno*, comme si l'effet devait être avant la cause. Il est présumable que pour bâtir cette ville, on a dû tirer successivement des pierres dessous son propre sol, comme on le fait encore tous les jours pour la construction et pour les réparations des maisons. Ces singuliers étymologistes ignoraient sans doute que du tems des Romains on ne connaissait que les *Turones* et leur capitale.

François Duchesne, un des pères renommés de l'histoire de France, ne trompe pas ainsi ses lecteurs, lorsqu'en parlant de l'entrée de

Philippe-Auguste dans le Poitou, il dit dans les Gestes de ce roi, tome 5, page 48, édition de 1649, ces mots latins : *rex vero Philippus exercitum suum apud Chinonium duxit ;* il ne dit pas *apud Caïnonem*. Boiste donne à cette ville le nom latinisé de *Chino* dans le dictionnaire de la géographie universelle qu'il vient de publier. Si pour donner un air d'ancienneté aux villes de Langeais, de Montrésor, de Sainte-Maure, de Passavant, de Mirebeau, de Maulevrier, de Beaugé, de Château-Gontier, de Chaumont, de Moncontour et de Faye-la-Vineuse, que Foulque Néra, comte d'Anjou, fit bâtir à la fin du dixième siècle et au commencement du onzième, un auteur changeait aujourd'hui les noms consacrés à ces villes dans le spicilège d'Acheri, tome 3, page 233, cet auteur mériterait le plus grand pyrrhonisme de la part de ses lecteurs. Il en serait ainsi de la ville de Richelieu, nommée en latin *Richolocus*, si l'on convertissait ce dernier nom dans un autre qui paraîtrait plus ancien pour faire oublier que cette ville a été bâtie par le cardinal de ce nom. Tâchons de mettre ici la fondation de la ville de Chinon à la date qui lui convient.

Le manuscrit précité dit que l'accroissement de cette ville n'a été sensible que du tems de S. Mexme, qu'il fait naître d'un ancien gouverneur de Loudun, père de S. Maixent et de S. Jouin, et être celui qui reçut honorablement à Trèves, dont il était évêque, S. Athanase, exilé dans les Gaules pour avoir voulu extirper l'hérésie des Ariens; et après trois ans d'épiscopat être venu à Chinon pour y fixer sa demeure. Ce n'est pas S. Mexme qui fut évêque de Trèves, puisqu'il ne fut jamais évêque; ce fut S. Maximin, effectivement frère de S. Maixent et de S. Jouin, qui était né à Sillé, à une lieue de Loudun, vers la fin du troisième siècle, et qui mourut en 351 à Poitiers, où il était aller voir ses parens, (*ex. SS. Athan., Hilar., Hieron. Greg. Turon. et aliis*), tandis que S. Mexme, suivant le bréviaire actuel du diocèse de Tours, mourut à Chinon vers le milieu du cinquième siècle, c'est-à-dire environ cent ans après S. Maximin. Une légende de la fête de S. Mexme, célébrée le 20 août de chaque année, dit que ce fut par ses prières qu'*Égidius*, général romain, révolté contre sa patrie, qui faisait en 462 (1) le siège du château de Chinon, qu'occupaient alors les Visigots, épouvanté, ainsi que son armée, par un orage extraordinaire et par une grêle affreuse qui tombèrent sur son camp, fut obligé d'en lever le siège, et de laisser par sa retraite la facilité aux assiégés de se procurer des eaux

―――――――――――――――――

(1) Pour la date, Histoire du Bas-Empire, par Lebeau.

et des vivres dont ils manquaient depuis quelques jours. La levée de ce siège, suivant les recherches de feu M. Le Royer de la Sauvagère, ancien colonel, directeur du génie militaire, acheva d'anéantir la puissance romaine dans la province de Touraine. Les Visigots demeurèrent maîtres de ce château jusqu'au moment où, par la défaite d'Alaric, il tomba entre les mains de Clovis, auquel il servit de remparts sur la Vienne. Ses successeurs en ont joui jusqu'à Charles III dit le Simple, sous le règne duquel toute la France fut morcelée par les hauts seigneurs, qui s'en emparèrent. Cette province appartint dès-lors à Thibault, surnommé le Tricheur, comte de Blois, qui habita long-tems le château, et qui l'augmenta beaucoup. On voit encore les vestiges d'un camp de cette même armée au-dessus du village de Cinais, à une lieue de cette ville. Avant d'en faire la description, examinons ici la manière dont campaient les Romains, pour juger si ces vestiges portent réellement les marques de leur castramétation.

Ces conquérans avaient toujours coutume de se retrancher dans leurs camps, dussent-ils n'y passer qu'une nuit, fussent-ils même sur le territoire de Rome. Cette exactitude dans leur propre pays doit faire naturellement supposer celle qu'ils avaient dans toutes leurs opérations militaires. Lorsqu'ils étaient à portée de l'ennemi, ils ne hasardaient jamais de combats que leurs camps ne fussent achevés pour s'assurer une retraite en cas d'échec ; et, s'il était nécessaire, pour en venir à un second combat peut-être plus heureux pour eux.

Leurs camps avaient ordinairement une figure parfaitement carrée ; quelquefois ils avaient celle de parallélogrammes, ou de quelques autres figures rectilignes ; ils étaient plus ou moins spacieux suivant la force de leurs armées ; ils étaient toujours placés à la proximité des bois, des eaux, et des pays fertiles en denrées de première nécessité.

Leurs retranchemens consistaient dans des fossés autour de leurs camps. Les dimensions de ces fossés étaient plus ou moins fortes, suivant que l'ennemi était éloigné ou près de leurs armées, et que cet ennemi était à craindre. Les terres de ces mêmes fossés servaient à former un parapet en dedans. On plantait sur son talus des pieux amincis par un bout pour rendre les retranchemens plus difficiles à aborder. La hauteur de ce parapet variait suivant les circonstances. Lorsque l'ennemi était éloigné, les fossés avaient neuf pieds de large sur sept de profondeur, et le parapet n'avait que trois pieds. Si l'ennemi était près de leur camp, le parapet était de quatre pieds de hauteur, et les fossés avaient douze pieds de largeur sur neuf de profondeur. On augmentait quelquefois les dimensions de ce parapet en se servant de fascines pour le hausser.

Les Romains avaient aussi des camps sédentaires, nommés *castra stativa*. Ces camps étaient ordinairement établis sur des hauteurs d'un abord difficile; ils y ajoutaient des retranchemens faits avec beaucoup d'art, pour se garantir de l'attaque de l'ennemi. Ces conquérans n'avaient pas d'autres quartiers d'hiver.

Voyons présentement si l'ancien monument qui existe au-dessus du village de Cinais a quelques rapports avec la description ci-dessus.

D'après l'examen sérieux que l'auteur des ces Essais a fait de ce monument avec M. Chesnon de Baigneux, président du tribunal de Chinon, et avec M. de Cougni l'aîné, avocat, cet auteur a reconnu que c'était un ouvrage fait de la main des hommes. Cet ouvrage est renfermé par deux grands quadrilatères inégaux qui se touchent. On y voit encore les traces des fossés dont il était environné, au nombre de deux ou de trois, suivant la faiblesse des parties qu'ils étaient destinés à défendre à l'intérieur et à l'extérieur, sans qu'il paraisse aucuns vestiges de parapets élevés en terres, à moins que ces terres ne se soient affaissées sur elles-mêmes par le laps du tems, ou que ces parapets n'aient été fondus depuis ce tems-là, ou que les Romains n'aient supléé à ces parapets par un tas de cailloux énormes qu'on voit encore dans quelques endroits à la hauteur des parapets ordinaires. Cet ouvrage, tel qu'il paraît avoir existé, leur eut sans doute coûté beaucoup plus de peine, ou peut-être ne l'auraient-ils pas entrepris, si les terrains environnans n'eussent pas été couverts naturellement, comme ils le sont encore aujourd'hui, d'une quantité innombrable de cailloux. Il y a dans l'enceinte de cet ancien camp plusieurs parties saillantes au-dehors qui semblent annoncer qu'on s'y réunissait en masse pour opposer une plus grande résistance aux assaillans. Le plateau sur lequel ce camp était assis était tellement avantageux qu'on découvrait de tous ses points, et l'horison sensible au-delà des villes de Saumur, de Loudun, et le développement de toute la ville de Chinon. Les entrées, comme on les voit aujourd'hui, ne se correspondaient pas, sans doute pour présenter une moindre masse d'hommes dans le cas d'une fuite précipitée dans ce camp, ou d'une sortie forcée de ce fort. Aucun corps ne pouvait le franchir, vu la difficulté que présentaient ses parapets impénétrables aux armes de jet, qui devaient s'y émousser, et sur-tout celles qui lançoient de moins loin le javelot de la même longueur à-peu-près du *pilum*, mais beaucoup plus commode, en ce que le combattant, après l'avoir décoché, pouvait le retirer à lui par le moyen d'une courroie qui le tenait attaché pour le lâcher une seconde fois, et ainsi de suite, ce qui ne pouvait être contre les parapets de ce camp, qui devaient épointer toutes les armes qui les atteignaient. Aussi on peut assurer avec vérité qu'il eut été impossible aux Romains de trouver dans les environs de Chinon un lieu plus propre à recevoir un camp que celui au-dessus du village de Cinais, à portée des eaux, des bois, et qui avait derrière lui le pays Loudunais extrêmement fertile en blés de toute espèce. Ce qui peut accréditer l'opinion que ce camp peut n'avoir pas eu des parapets en terre, est l'élévation de terres rapportées que l'on voit encore dans quelques endroits autour de son enceinte extérieure, et qui, ne s'étant pas affaissées, font croire qu'elles n'étaient que des avant-postes pour recevoir les premières attaques de l'ennemi, et pour s'en défendre. Leur entourage ou leurs parapets étaient de cailloux encore entassés les uns sur les autres, comme ceux de ce même camp. Quand il serait vrai que ce qui reste aujourd'hui de cet ancien monument ne suffirait pas pour attester son ancienne existence, une tradition locale, bien soutenue, en convaincrait indépendamment de plusieurs titres de Fontevrault, de Seuilli, et de plusieurs propriétaires, qui tous parlent explicitement de leurs terres joignant à l'*ancien camp des Romains*. M. Lecourt de Gébelin, de l'académie des inscriptions et belles-lettres de Paris, accompagné de feu M. Royer de la Sauvagère, ci-devant cité, et de feu M. Chesnon, maire de Chinon, vint, il y a environ 45 ans, visiter ce camp. Il fit ses observations, qui malheureusement pour l'intérêt de cet ouvrage n'ont pas été rendues publiques; elles eussent sans doute été plus approfondies que celles-ci; aussi l'auteur de ces Essais invite-t-il les Chinonais et les étrangers, pour s'en dédommager, à se transporter sur les lieux pour voir un monument qui présente à l'observateur curieux quelque chose d'imposant, et peut-être unique dans son genre.

Reprenons le fil de ces Essais.

S. Mexme ayant été le disciple de S. Martin, la proximité de Tours, dont celui-ci était évêque, mit à même ces deux Saints de se visiter quelquefois. Ce prélat, animé du goût de son siècle, fit bâtir sur le côteau de Chinon une chapelle qui dans la suite lui fut dédiée, et dont aujourd'hui on voit encore quelques vestiges. S. Mexme, à son retour de l'île Barbe sur la Saône, dont il avait été abbé, enchérit sur cet exemple, en faisant construire dans cette ville un couvent de moines cloîtrés dont il fut le premier abbé, et une église en l'honneur de la glorieuse Vierge Marie, qui depuis fut mise sous son invocation, et que la Révolution a livrée à la plus grande dégradation, faute d'entretien. Ces moines furent quelquefois plus de cent dans ce couvent.

Voici ce que le père Longueval, jésuite, dit de ce saint dans son histoire de l'Église Gallicane, tome 2, page 91.

Il y avait au territoire de Lyon, dans l'île Barbe, sur la Saône, un monastère en l'honneur de S. André plus ancien que ceux du Mont-Jura. Le prêtre Maxime (Mexme) s'y était retiré après la mort de S. Martin, dont il avait été le disciple. Il voulut y cacher ses talens et ses vertus; mais il fut bientôt reconnu, et fut élu abbé de ce monastère. Comme les courses des barbares refroidissaient les charités des fidèles, il avait peine à pourvoir à la subsistance de ses moines, et sa tendresse pour eux lui faisait sentir plus vivement ce qu'ils avaient à souffrir que ce qu'il souffrait lui-même; il prit la résolution de se retirer ailleurs. S. Eucher, qui était alors évêque de Lyon, écrivit à ce sujet à un prêtre nommé Philon; il le charge de se rendre à l'île Barbe, et d'y voir de sa part l'abbé Maxime.

» Nous avons appris, dit-il,
» qu'il veut abandonner ses frères
» sous prétexte que la crainte des
» barbares empêche qu'on ne
» fasse les aumônes accoutumées.
» Dites-lui qu'il nous prépare la
» maison que nous avons donné

» ordre de bâtir, et qu'il tienne
» prêts les livres que nous avons
» demandés, car Dieu aidant,
» nous avons résolu de passer avec
» lui le carême dans l'île, etc. »

Néanmoins Maxime (Mexme) quitta l'île Barbe. En passant la Saône, il tomba dans l'eau avec le livre des Évangiles et les vases du saint ministère qu'il portait au col, c'est-à-dire un calice et une patène; mais il gagna heureusement le bord, et se retira à Chinon, dans la Touraine.

La population de Chinon augmentant de plus en plus, on y bâtit une église paroissiale qui fut consacrée au martyr S. Étienne, et qui fut bénite par S. Mexme. Cette église ayant été démolie quelques siècles après, pour cause de vétusté, une tradition locale qui n'a jamais varié assure que, vers l'an 1450, un marchand de drap, un boulanger et un boucher de cette ville, sans doute fort riches, et dont malheureusement pour la reconnaissance publique on ignore les noms, la firent bâtir de nouveau à leurs dépens telle qu'elle est aujourd'hui, à l'exception de la superbe tour que Charles VII fit bâtir à ses frais, et sur laquelle la Révolution a porté sa main destructrice, comme si la vente des matériaux eut dû beaucoup enrichir ceux qui en provoquèrent la démolition. *Auri sacra fames quid non mortalia pectora cogis.*

Chinon n'eut pas seulement

dans S. Mexme un exemple de piété, de vertus, et d'une vie sainte; Jean Dumoustier ajouta à cet exemple, en se bâtissant sur le côteau, au-dessus de l'église de S. Mexme, une petite cellule, et une chapelle mise dans la suite sous l'invocation de S.te Radégonde. On voit encore aujourd'hui quelques restes de ce second édifice, dans lequel son corps fut déposé, et dont il a été tiré dans la fureur de la Révolution. On l'y a trouvé garni de tous les cercles en fer et des cilices dont les Saints de ce tems se servaient pour se mortifier. On a fait un usage profane de la tombe sur laquelle ce Saint était représenté en relief. Sainte Radégonde, qui s'était retirée vers le milieu du sixième siècle à Poitiers, où elle fonda l'abbaye de Sainte-Croix, eut pour cet anachorète, la plus grande vénération; elle lui envoya à Chinon, où elle vécut quelque tems sous sa conduite, un ornement très-précieux du poids de mille sous d'or, et lui demanda un cilice en échange pour macérer ses membres. Il est dit, dans le Propre en latin des Saints de l'église collégiale de S. Mexme, que Jean lisait et écrivait souvent à l'ombre des arbres qu'il avait plantés lui-même, et dont il avait le plus grand soin. Celui qui après sa mort lui succéda dans son habitation, arracha, dit ce même Propre, prématurément un laurier, un de ses arbres chéris, et en fit un banc pour s'asseoir. Le particulier s'étant repenti deux ans après d'avoir détruit cet arbre, en replanta les morceaux, qui reprirent tellement racine que leurs branches ornèrent pendant plusieurs années le tombeau de S. Mexme le jour de l'anniversaire de sa mort. La fête de S. Jean Dumoustier se célèbre dans le diocèse de Tours le 15 juillet de chaque année. Il est sans doute fort agréable pour l'auteur de ces Essais de répandre aujourd'hui des fleurs sur le tombeau d'un Saint de son nom, auquel il est possible que sa famille ait appartenu par des liens de consanguinité, son nom latin et français, cité dans le Traité de l'Origine des familles distinguées dans les siècles précédens, par le chevalier De la Roque de la Lontière, page 72, édition de Paris de 1678, étant le même que celui de ce Saint dans le Propre dont il vient d'être parlé, ainsi que dans la traduction française de cette pièce latine.

S. Louand, retiré vers le septième siècle dans les environs de Chinon, éprouva en menant une vie solitaire et en renonçant aux vanités de ce monde, combien il est avantageux de suivre la loi du Seigneur, et de s'attacher à lui. Il posséda toutes les vertus dans un degré si éminent, que de son vivant il guérit plusieurs personnes infirmes, qui, après sa mort, firent bâtir dans le lieu même de sa retraite une église paroissiale qui porta son nom jusqu'à la Révolution, époque à laquelle elle fut détruite. Le comte Thibault, seigneur du lieu, pour se prêter à la piété des peuples qui y venaient de toutes parts en dévotion, donna un emplacement, vers le milieu du dixième siècle, à l'abbé de Saint - Florent de Saumur, et y fit appeler, du consentement d'Hardouin, archevêque de Tours, plusieurs moines de ce couvent pour chanter tous les jours les louanges du Seigneur. Ces moines y formèrent le prieuré de Saint-Louand, depuis ce tems-là *nationalisé* par les décrets de l'Assemblée constituante, pour être rendu aliénable comme tous les autres biens ecclésiastiques de la France. La fête de ce Saint se célèbre tous les ans le 5 novembre dans le diocèse de Tours. (*Légende de ce Saint*).

Il y a lieu de penser que, dans le cours des premiers siècles où les moines de Saint-Mexme furent fondés, le relâchement s'introduisit dans leur société comme dans tous les monastères de cette espèce. L'un de ses premiers effets fut le renoncement à la vie commune; en intervertissant ainsi leurs premières règles, ils durent faire d'autres statuts accommodés à la vie libre et aisée qu'ils voulaient mener, en profitant eux-mêmes de la révolution qu'essuyèrent alors les mœurs dans tous les états.

Ces moines, encore pénétrés de leur première qualité, firent des statuts qui établissaient entr'eux une parfaite égalité, qui ne subsista pas toujours. Louis VII dit le Jeune les fit séculariser par le pape Luce II, en 1145; ils furent dans la suite exempts de la juridiction de messieurs les archevêques de Tours. Ils devinrent curés primitifs des cures de la ville et de celle de leur église desservie par plusieurs prêtres sous le nom de curés, qu'ils nommaient. Leur chapitre, sous le nom de collégiale, qui a été détruit par la Révolution, était composé de douze chanoines, parmi lesquels ces archevêques nommaient à la place de chévecier lorsqu'elle était vacante. Ces chanoines choisissaient parmi eux leur grand chantre et leurs théologaux. Ceux-ci étaient obligés, avant l'établissement du séminaire de Tours, d'enseigner la théologie aux clercs qui se destinaient à la prêtrise, et de prêcher ou faire prêcher dans leur église aux fêtes du Saint Nom de Jésus, à celles de la Vierge et de S. Mexme. L'usage du chœur de ce chapitre était de ne pas répondre aux officians dans leurs chants, excepté aux grand'messes. On ne peut pas dire d'où cet usage bizarre tirait son origine. Il n'y a pas plus d'un siècle que les parens de S. Mexme, nommés *Goret*, venaient à Chinon toutes les années sur l'invitation de ces chanoines, et assistaient avec des places distinguées dans leur église à la célébration de la fête de ce Saint.

Quoiqu'une tradition locale assure qu'on les y a vus en sabots et en habits de paysans, il n'en est pas moins certain que la famille *Goret* était d'une ancienne famille noble du Poitou. René Degoret sieur Dessaules, Jean Degoret Delbennes, furent confirmés dans leur noblesse par l'ordonnance de M. Debarentin, intendant de Poitiers, du 10 décembre 1667, *tempus edax rerum*. Que chacun prenne un télescope, et qu'il le tourne exactement autour de lui, il verra dressées sur la surface de la terre, comme on y en a toujours vu, d'anciennes échelles tournées d'un bout sur l'autre, dont autrefois les premiers échelons en montant sont devenus les derniers, et dont ceux-ci sont devenus les premiers. Telle est l'aveugle Fortune, qui souvent fait connaître son instabilité depuis le monarque jusqu'au simple berger.

Sous la seconde race de nos rois, les seigneurs s'étant emparés des bénéfices pour se récompenser eux-mêmes de leurs services militaires, les grands s'approprièrent les abbayes; les seigneurs vassaux de ceux-ci usurpèrent les cures et les petits bénéfices. Les abus furent alors si multipliés, que ces titres sacrés entrèrent dans le commerce des familles, y devinrent sujets à partages, ventes, échanges, arrentemens, comme s'ils eussent été des biens patrimoniaux. Ils imitèrent en cela les Francs, sous lesquels on distinguait, depuis leur entrée dans les Gaules, les domaines en terres saliques et en bénéfices militaires. Les premières qui leur échurent par droit de conquête étaient héréditaires ; les secondes, instituées en bénéfices militaires par les Romains avant la conquête des Francs, n'étaient qu'un don à vie d'où les bénéfices ecclésiastiques tiraient leur origine. L'an 779, Charlemagne ordonna que ceux qui auraient ces sortes de biens paieraient les décimes à l'église ; mais il taxa le cens à un sol pour cinquante manses. Cette date est l'époque à laquelle on commença à aliéner les biens ecclésiastiques.

On ne se contenta pas d'en investir les laïques ; on leur donna aussi les dîmes, les revenus des autels, tels que les offrandes, les oblations, les baptêmes, les sépultures, et même le droit de nommer les curés, d'où sans doute était venu celui de présentation de cures qu'avaient quelques seigneurs avant la Révolution. Jetons présentement un coup-d'œil sur les seigneurs de la ville et du château de Chinon.

Si l'on en croit une ancienne chronique manuscrite de Maillezais, ce fut vers l'an 992 que la duchesse Emme, descendante de Thibault le Tricheur, comte de Blois, dont nous venons de parler, et femme de Guillaume II, duc d'Aquitaine et comte du Poitou, se renferma dans le Château de cette ville, qui lui appartenait, craignant la colère de son mari, qui, en se rendant de la province de Bretagne, s'arrêta quelque tems au château de Thouars pour y faire sa cour à la vicomtesse dont il était éperduement amoureux. Emme ayant quelque tems après rencontré sa rivale dans la campagne, l'attaqua elle-même, la renversa de cheval, après lui avoir fait mille outrages, elle la livra pendant toute la nuit à la discrétion de ses gardes. Elle porta la violence jusqu'à faire enlever de suite son fils du palais de son mari, pour l'avoir auprès d'elle. Guillaume, prince faible, ensevelit ses chagrins dans l'abbaye de Maillezais, qu'Emme avait fondée, et se retira quelque tems après au monastère de S. Maixent. Le duc Guillaume y étant tombé malade, la fit prier d'amener son fils ; elle se fit un peu attendre. Néanmoins ils se reconcilièrent dans cette entrevue, et le duc y mourut dans un âge fort avancé. Cette mésintelligence, qui dura long-tems, est sans doute cause de ce qu'on ne trouve pas de chartes souscrites par ces deux époux pour avoir dans leur château de Chinon des seigneurs vassaux, comme c'était alors l'usage. On ne voit que des comtes d'Anjou et de Touraine, qui y avaient des seigneurs vassaux propriétaires de la justice et de l'utile, qui y tenaient leurs plaids en personne. Le sol leur appartenait tellement, qu'un *Miles de Castro Chinonensi* fonda un monastère auprès et joignant ce château, par charte que souscrivirent le comte d'Anjou et ses frères. Il en était ainsi d'un Gilbert de Loudun, *Gilbertus de Loduno*, et de plusieurs autres de ce nom, qui n'étaient pas les seigneurs de cette ville, mais qui en étaient les vassaux avec la condition d'en garder le château en tems de guerre. Développons cet ancien usage par un exemple plus sensible pour le lecteur.

On trouve dans d'anciens titres de Fontevrault, qu'avant Augier I.er, seigneur de Doué en Anjou, les militaires Menard, vicaire de Doué, *vicarius de*

Doado, Gontier et Odo Fatot, aussi vicaires, prenaient la qualité de *beneficiati in vicariâ de Doado*, et de *beneficiati de castro de Doado* ; c'est-à-dire que ces militaires étaient pensionnés à vie sur les revenus de cette terre par les seigneurs comtes d'Anjou, qui, comme sur celle de Chinon, mettaient toujours des lieutenans qui s'appelaient *Vicaires*, et qui avaient une espèce de juridiction sur l'étendue de leurs terres nommée *vicaria*, d'où sont sans doute venus les noms de *viguier* et de *viguerie* dans les provinces du midi, pour désigner les juges, et les places des juges dans ces provinces.

Geldouin avait mis le siège devant Mondoubleau, qui appartenait à Foulques Néra, dont nous avons parlé page 13. Lorsque celui-ci partit avec Éveille-chien, comte du Maine, pour aller au secours de cette place, ces deux comtes en passant prirent Saumur, et vinrent à Chinon, où ils firent traverser à leur armée la rivière sur un pont de bateaux. Au lieu d'aller droit à leur ennemi, ils mirent le siège devant Montbazon, qui apparnait à Eudes, comte de Blois et de Champagne, allié de Geldouin ; ce qui leur réussit d'autant mieux qu'Eudes, averti que les Allemands étaient descendus dans la Lorraine avec l'intention de faire des incursions sur les terres voisines, alla promptement au secours de cette contrée. Trincant, loudunais, auteur de manuscrits sur ce pays et sur les pays voisins, ne donne pas l'année dans laquelle la prise de Saumur eut lieu, ni celle où le château de cette ville fut commencé par Foulques Néra, comte d'Anjou. Ces deux années ne peuvent être qu'entre les années 987 et 1040, espace de tems que Foulques fut souverain de cette province, que Géoffroi Martel son fils posséda après lui. (*Extrait de plusieurs histoires d'Anjou.*)

Foulques le Rechin, après la prise de Saumur, renferma au château de Chinon pour le reste de ses jours, Géoffroi le Barbu. Ce prisonnier fut mis en liberté vers l'an 1060, par ordre du pape Alexandre II (*Jussu papœ*

Alexandri secundi. Continuateur de Don Bouquet, tome 2, *page* 138). Orderic Vital dit que la détention de Géoffroi fut de trente ans, ce qui occasionna une grande division entre les seigneurs du pays, et une fâcheuse révolution dans l'Anjou et dans les contrées voisines. Foulques fut excommunié pendant plusieurs années. Il se mit néanmoins en possession de la province de Touraine. Les papes de ce tems, et quelqu'uns de leurs successeurs qui, pour leurs intérêts voulaient avoir deux glaives à la main, ayant trop abusé de cette double autorité, les puissances laïques, qui s'en lassèrent, parvinrent peu après à établir la démarcation qui nécessairement doit exister entre la puissance spirituelle et la puissance temporelle.

Lorsque les seigneurs se furent enfin persuadés qu'ils devaient restituer aux ministres des autels les biens dont ils s'étaient emparés sous les règnes précédens, on en vit beaucoup qui les rendirent à leurs anciens possesseurs; en voici deux exemples connus dans les environs de Chinon.

Ewrard de Loudun, chevalier, en donnant à l'abbaye de Bourgueil la cure de Saint-Léger-de-Monbrillais, à deux lieues de Loudun, déclara que cette cure faisait partie de la dot de son épouse. (*Cartulaire de cette abbaye*, *page* 48.)

Hugon, seigneur du château de Loudun, en donnant au mois

d'avril 1060, aux Bénédictins de cette ville, à ceux de Tournus en Bourgogne, et de Cunault-sur-Loire, trois églises de cette première ville, annonça que ces églises faisaient partie de la dot d'Arsende son épouse. (*Copie du titre de donation entre les mains de l'auteur de ses Essais.*) Dans les tems qui avaient précédé ces restitutions, lorsqu'un laïque vendait ces sortes de biens il était obligé d'en donner, à prix égal, la préférence aux évêques et aux curés.

La manière solemnelle dont on avait donné l'investiture de ces biens dans les siècles précédens, ou dont on avait confirmé les donations faites aux églises, n'en avait point du tout imposé à ceux qui s'en étaient emparés. On mettait pour cette cérémonie, sur l'autel ou entre les mains de l'évêque, de l'abbé, ou de l'ecclésiastique qu'on voulait gratifier, un gazon, une cruche d'eau, une crosse, un chandelier, une touffe de cheveux, une clef, une courroie, un denier, une bourse, quelques grains d'encens, une bible, un calice, un missel, une coupe, un pain, un linge, un gobelet, un mouchoir, un marteau, un martyrologe. Ces symboles indiquaient la manière dont le domaine avait été échangé, cédé ou vendu.

Il paraît que les comtes de Touraine, successeurs de Thibault le Tricheur, restèrent paisibles possesseurs de cette province, puisque Géoffroi Plantagenet, qui était aussi comte d'Anjou, avait ordonné en 1109, par son testament, qu'Henri son fils aîné aurait, pendant la vie de sa mère, ces deux comtés avec celui du Maine ; que Guillaume posséderait le comté de Mortagne ; que Géoffroi aurait les villes de Loudun, de Chinon et de Mirebeau, et que Mathilde son épouse jouirait de la Normandie. Cette illustre veuve n'eut pas plutôt cédé cette province à Henri, que Géoffroi se mit en possession du comté d'Anjou. Il en fut bientôt chassé par son frère. Le comte s'en empara de nouveau, lorsqu'Henri alla occuper le trône d'Angleterre, après la mort d'Étienne son cousin, fils d'Étienne comte de Blois, et de la sœur d'Henri I, qui avait usurpé ce royaume sur lui; mais ce roi étant repassé en France marcha vers le Poitou. Après avoir assiégé et pris Chinon, il se rendit maître de ce que Géoffroi lui avait enlevé pendant son absence. Le vaincu abandonna cette ville et ses droits de succession pour une pension annuelle de deux mille livres monnaie d'Anjou, et de mille livres monnaie d'Angleterre, et se rendit au vœu des Nantais, qui le choisirent pour leur comte à la place d'Hoël, qu'ils avaient chassé ignominieusement par mécontentement contre lui, ayant eu besoin de Géoffroi pour les défendre contre Conan, qui voulait remplacer celui qu'ils venaient de renvoyer. (*Rapin-Thoiras, Histoire d'Angleterre; et Bouchet, Annales d'Aquitaine.*)

Chinon ayant passé sous la domination d'Henri, ce roi créa dans cette ville, suivant la chronique manuscrite déjà citée dans ces Essais, une châtellenie royale d'où ressortirent plusieurs villes des environs, et la plus grande partie des communes qui aujourd'hui forment la juridiction du tribunal. Il fit bâtir dans le château les églises de S. Melène et de S. Macaire, détruites par ses successeurs, qui ne voulurent pas, avec raison, que les étrangers, sous le prétexte d'y aller en dévotion, prissent connaissance des fortifications. L'église de S. Georges, qu'il avait également fait construire dans le fort de ce nom, ne fut démolie qu'en 1763. Il fit également bâtir une grande partie de l'église paroissiale de Saint Maurice de cette ville, dont l'autre partie fut achevée long-tems après avec les deniers de la fabrique, comme l'attestait une inscription placée sur le mur, qui en a été ôtée il y a plusieurs années. Ce roi étant obligé de traverser la prairie souvent inondée par les grandes eaux, soit pour aller au couvent de Fontevrault, soit pour se rendre à son château de Montreuil-Bonnin, à deux lieues de Poitiers dont il était comte par Aliénor son épouse, fit construire le pont *à Nonain*, ainsi nommé, dit-on, parce qu'il lui servait pour aller voir plus commodément les *nones* de ce couvent. Il y a plus de quarante ans que ce pont a été détruit comme ne valant plus rien, et a été remplacé par une belle digue, qui, par des considérations personnelles, a été malheureusement faite sans aucune arche, afin de ne pas gâter les prés, que les eaux auraient toujours couverts pour peu qu'elles eussent sorti de leur lit ordinaire. Ce nouvel ouvrage pourra tôt ou tard occasionner de grands dégâts, si l'on n'y remédie pas au plutôt par des arches transversales, et si l'on continue à souffrir que les salpêtriers de la ville jètent toujours leurs vidanges dans la rivière, qui s'en remplira peu à peu. L'amende dont les délinquens sont menacés étant infiniment moindre que le gain qu'ils font en risquant de ne pas les porter plus loin, une amende plus forte arrêterait sans doute le mal qu'ils font sans cesse à l'intérêt public. D'ailleurs le pont qui fait la communication du faubourg S. Jacques a dans sa construction un vice radical. Ses arches, au lieu d'être perpendiculaires aux courans des eaux, ont une obliquité qui empêche dans les grandes crues le libre dégorgement de ces eaux vers l'île Auger. Tout géomètre peut calculer aisément les degrés des angles que ces courans font avec la montée mathématique de ces arches. Ce pont a été construit en même-tems que celui de la

Haye-Descartes, qu'on sait l'avoir été sous le règne de Charlemagne. Les grandes réparations qu'on lui a faites successivement depuis ce tems-là, et la reconstruction de plusieurs arches, ont pu faire penser que sa construction pouvait être plus moderne ; il en est de ce pont comme d'une maison particulière, qui ne devient pas neuve à toutes les fois qu'on la répare.

On ne peut rien dire ici du lit actuel de la rivière qui arrose les murs de la ville, et qu'on croit avoir passé autrefois entre les maisons de la Croix et celle du Pressoir. Cette tradition n'est pas assez sûre pour être une preuve suffisante de cette assertion Cependant l'auteur de ces Essais pense que ce changement de lit a pu avoir lieu du tems de Charlemagne, sous le règne duquel on entreprit beaucoup de travaux de cette espèce, ainsi que les levées de la Loire, qui furent commencées vers l'an 819, et qui ne furent bien avancées que vers le milieu du onzième siècle. Pourquoi l'antiquité est-elle presque toujours obscure pour le genre humain? C'est qu'elle se confond dans sa mémoire avec le présent, qui seul est à lui.

Les uns assurent qu'en 1189 il se fit à Azay-le-Rideau, d'autres disent à Colommiers aujourd'hui Villandry, un traité par lequel Henri renouvela à Philippe Auguste l'hommage qu'il avait déclaré ne plus lui devoir. Deux jours après la ratification de ce traité, Henri mourut au château de Chinon, après s'être fait porter dans une des églises situées dans ce fort, où il reçut le saint viatique aux pieds de l'autel. Son corps fut conduit à Fontevrault par Géoffroi son fils naturel; il y fut enterré dans un petit caveau, sous le chœur des dames religieuses de l'abbaye. Richard son fils, qui revenait du Poitou, ayant rencontré, dit-on, le convoi à la sortie du faubourg S. Jacques, se prosterna de suite devant le cercueil, en signe de repentir d'avoir soulevé les seigneurs de sa domination contre ce père infortuné, parce qu'il craignait qu'il ne le deshéritât en faveur de Jean son frère ou de Géoffroi. Aussitôt on crut voir ruisseler de toutes les parties de ce cercueil le sang de Henri, comme pour annoncer à ce fils ingrat les grands malheurs qui arriveraient sous son règne. Des auteurs aussi crédules prétendent que ce sang fut répandu dans le moment même où Richard parut dans l'église de Fontevrault pour assister aux funérailles de son père.

Ce fils dénaturé succéda à Henri sous le nom de Richard Cœur de Lion. Après s'être enivré de quelques victoires qu'il avait remportées sur Philippe Auguste, il entreprit le siège de Chalus en Limousin, parce qu'Aymar, vicomte de Limoges, avait refusé de lui rendre un trésor considérable qu'un paysan avait, dit-on, trouvé par hasard caché dans la terre, et qu'il prétendait devoir lui appartenir par droit de souveraineté. *Ce trésor, dit l'auteur de l'Histoire du Poitou, page* 38, *t.* 2, consistait en dix statues d'or massif, de grandeur naturelle, représentant un empereur, son épouse et ses enfans, tous assis autour d'une table d'or. Richard, en faisant le tour de cette petite place, fut atteint d'une flèche empoisonnée. Bertrand de Gourdon, qui la lui avait décochée, lui fut amené. Il lui demanda quelle injure il lui avait faite pour avoir voulu lui ôter la vie. Bertrand lui répondit hardiment que Richard avait tué de sa propre main son père et ses deux frères, et qu'il supporterait avec joie tous les tourmens, puisqu'il délivrait d'un tyran les pays qu'il avait inondés de sang et de carnage. Ce roi, après avoir eu la triste satisfaction avant de mourir d'emporter cette place, d'y avoir mis tout à feu et à sang, sans y avoir trouvé le trésor qu'il cherchait, fut amené à Chinon, où il mourut le 6 mars 1199, dans une maison dépendante du château, située au Carrefour, appelé vulgairement le *Grand-Carroi*, dont l'auberge de la Boule-d'Or fait aujourd'hui partie. Son corps fut conduit à Fontevrault, et fut enterré à côté de son père. Ses entrailles furent inhumées dans l'église cathédrale de Poitiers. Son cœur fut porté à Rouen, et fut mis devant le grand autel, dans un tombeau d'argent qu'on vendit depuis pour payer la rançon de S. Louis, fait prisonnier près de Massoure en Egypte, dans une guerre des Croisades. On éleva à Fontevrault un mausolée, le père assis dans un fauteuil, et le fils prosterné à ses genoux. Il est sans doute heureux pour l'ordre public que ce mausolée n'ait pas été d'or ou d'argent massif; on aurait peut-être vu dans ces derniers tems un citoyen qui, se prétendant parent de ces deux rois, leur aurait dit : *Mes chers cousins, il y a assez long-tems que vous êtes ici à ne rien faire, venez dans notre famille pour y être plus utiles.* Ce fut à-peu-près le langage que M. le marquis de Levi tint à Marie Madelaine, de race juive, dont sa famille s'est toujours prétendue parente, lorsqu'il prit la statue massive en argent de cette sainte, dans une église d'une petite ville d'Espagne, dont il venait de s'emparer, et où le Gouvernement français l'obligea de la faire reporter. Les statues de ces rois sont aujourd'hui dans le plus grand oubli ; quelqu'usage qu'on en fasse dans la suite, elles seront toujours celles de souverains. Le grand Charlequint le décide ainsi dans le trait d'histoire qui suit : François I.er, prisonnier en Espagne, joua un jour avec un grand de ce royaume, et lui gagna une somme immense. Cet Espagnol, piqué de sa perte, en payant le roi, lui dit avec beaucoup de fierté : *garde cela pour ta rançon*. Le monarque irrité lui donna sur la tête un coup d'épée dont il mourut. Les parens du defunt demandèrent justice à Charlequint, qui, sachant de quelle manière la chose s'était passée, leur répondit ces mots mémorables : le grand avait tort, *tout roi est roi par-tout*. Ainsi, rois infortunés d'une nation rivale de la nôtre comme Carthage le fut de Rome, vos cendres seront toujours celles de souverains, quelque soit le sort de vos statues. On voit encore dans le caveau de leur sépulture quatre tombes mises sur leur plat; la première porte le nom d'*Henri;* la seconde celui d'*Aliénor*, qui mourut âgée de quatre-vingts ans à Fontevrault, où elle avait pris le voile, et où elle fut enterrée. Le Nécrologe de cette abbaye, dont elle avait été la bienfaitrice, la représente comme une reine qui avait toutes les vertus. La troisième tombe porte le nom de Richard; la quatrième, sans inscription, est sans doute celle de Jeanne d'Angleterre, reine de Sicile et comtesse de Toulouse, qu'on sait avoir été enterrée à Fontevrault. Renée de Bourbon, abbesse, faisant reconstruire en 1504 le chœur de son église, avait ordonné de transporter les tombeaux et les effigies de ces souverains dans la clôture des religieuses. On en changea tellement les dispositions dans la suite, qu'on ne trouva pas, en 1638, le corps de Richard aux pieds de son père, ni celui de Jeanne aux pieds d'Aliénor, comme ils l'avaient été précédemment. Jeanne de Bourbon, abbesse, les fit remettre à cette époque dans leur premier ordre.

L'épitaphe d'Henri était conçue ainsi qu'il suit :

REX HENRICUS ERAM. MIHI PLURIMA REGNA SUBEGI;
MULTIPLICI QUE MODO DUX QUE, COMES QUE FUI.
CUI SATIS AD VOTUM NON ESSENT OMNIA TERRÆ
CLIMATA, TERRA MODO SUFFICIT OCTO PEDUM.
QUI LEGIS HÆC! PENSA DISCRIMINA MORTIS, ET IN ME
HUMANÆ SPECULUM CONDITIONIS HABE.
SUFFICIT HUIC TUMULUS CUI NON SUFFICERAL ORBIS.

Voici la traduction française de cette épitaphe, qui devrait être celle de tous les grands conquérans que l'histoire nous a fait connaître.

> Moi Henri j'étais roi. J'ai soumis plusieurs royaumes ;
> j'ai été a-la-fois et duc et comte.
> L'univers ne suffisait pas a mon ambition ;
> maintenant huit pieds de terre me suffisent.
> Vous qui connaissez la différence que la mort met en moi,
> voyez le sort attaché a la condition humaine,
> un tombeau suffit aujourd'hui a celui a qui l'univers ne pouvait suffire.

En faisant aujourd'hui de ce couvent ancien une maison de force, les cendres de ces souverains seront sans doute dérangées, comme viennent de l'être celles du bienheureux Robert d'Arbrissel, fondateur de l'ordre de Fontevrault, qu'on a trouvées renfermées dans un coffre de plomb, et qui avaient été déposées dans le chœur de l'église des dames religieuses, à côté de celles de Pierre, évêque de Poitiers, qui, suivant l'obituaire de Saint-Hilaire-de-la-Celle, fut inhumé dans l'église de Saint-Cyprien de cette ville, et dont le corps fut transféré dans l'église de Fontevrault sans doute vers l'an 1632, puisqu'en cette année on éleva un mausolée sur le sépulcre de ce prélat, avec l'inscription suivante :

QUE LA POSTÉRITÉ SACHE QU'ICI REPOSENT
LES OS ET LES CENDRES
DU RÉVÉREND PÈRE PIERRE, DE POITIERS,
QUI FUT CONTEMPORAIN
ET L'AMI DU VÉNÉRABLE ROBERT,
FONDATEUR DE CET ORDRE.
CE TEMPLE A ÉTÉ BATI SOUS SES AUSPICES
ET PAR SES LIBÉRALITÉS.

Richard étant mort sans enfans, Arthur, fils de Géoffroi, duc de Bretagne, disputa la couronne à Jean Sans Terre, son oncle, auquel son père n'avait voulu donner que de l'argent en partage, pour quoi il fut nommé Jean Sans Terre; celui-ci s'empara des trésors de l'Angleterre, que Richard avait déposés dans le château de Chinon, et prit possession d'Angers et du Mans. Sa mère le fit ensuite passer par Rouen pour prendre l'épée ducale, d'où il alla se faire couronner roi d'Angleterre à Cantorbery. (*Histoire des Révolutions d'Angleterre, par le Père d'Orléans.*)

Les Annales d'Aquitaine, par Jean Besly, disent que ce roi étant au château de Chinon, où il avait attiré son neveu, jeta par une fenêtre le jeune prince, qui par sa mort laissa son duché à ce *népoticide*. D'autres prétendent, avec plus de vérité, qu'étant en Normandie, il ordonna à Debray, un de ses officiers, d'assassiner Arthur ; ce brave militaire lui répondit qu'il était gentilhomme et non un bourreau. Jean persévérant toujours dans son projet sanguinaire, sacrifia lui-même son neveu, en lui passant plusieurs fois son épée au travers du corps. La duchesse de Bretagne, mère de cet infortuné, indignée de cette action barbare, en porta ses plaintes à Philippe Auguste. Ce roi déjà mécontent de ce que Jean ne lui rendait aucun hommage pour les terres qui relevaient de lui, le fit déclarer, en 1202, par la cour des pairs, atteint et convaincu du crime de parricide et de félonie. Philippe ne tarda pas à exécuter cet arrêt les armes à la main. Il marcha avec une forte armée vers le Poitou et vers la Touraine, pour y rétablir sa domination ; ce qu'il fit en s'emparant de Poitiers, de Tours et de Loudun, où il déconcerta par sa présence les cabales fomentées par Gui de Thouars. Il alla quelque tems après avec son armée à Chinon, qu'il fortifia avec plusieurs autres villes de ces deux provinces, y mit de bonnes garnisons, et retourna à Paris, d'où il revint pour finir une guerre dont le résultat réunit à la couronne ces deux mêmes provinces (*François Duchesne, scrip. hist. gest. de Philip. Aug.*, t. 5, p. 48, *édit. de Paris*, de 1649), et par conséquent Chinon, qui avait appartenu plus de deux cents ans, sans interruption, à plusieurs comtes d'Anjou et de Touraine, et à trois rois d'Angleterre.

Lorsque Louis IX monta sur le trône, en succédant à Louis son père, Thibault, comte de Champagne, le duc de Bretagne, le comte de la Marche, se confédérèrent contre lui. Leur parti s'étant affaibli par la soumission du premier, ce roi conduisit son armée au-delà de la Loire contre ces deux révoltés, et se rendit ensuite à Chinon, où il fit un long séjour avec la reine Blanche, sa mère, et un nombreux cortège de seigneurs. Ces ennemis cherchèrent à l'amuser par les promesses qu'ils lui firent de venir l'y trouver. Ennuyé de les attendre, il les fit citer à la cour des pairs, vint dans le mois de février 1227 à Loudun, d'où il partit de suite pour aller au château de Cursai, à deux lieues de cette ville, et y tint un parlement qui dura vingt jours. Les rébelles ayant reconnu la nécessité de se réconcilier avec lui, se rendirent à Vendôme, où ils obtinrent tout ce qu'ils demandèrent. (*Histoire du Loudunais*, p. 18, *première édition, par l'Auteur de ces Essais*). Il fut néanmoins arrêté par ce traité que ce roi jouirait des villes de Loudun, de Saumur, et de tout ce qui appartenait au comte d'Anjou hors de l'évêché d'Angers, savoir : de Mirebeau, de Candes et de Chinon. (*Blaeu, tome 7, page* 339, *édition d'Amsterdam, de* 1665.)

Sous Philippe V dit le Long les Juifs empoisonnèrent par un concert affreux les puits et beaucoup de fontaines de la France, qu'ils voulaient dépeupler. Ils avaient été poussés à ce crime par les rois de Tunis et de Grenade, qui étaient mahométans, et qui craignaient que ce souverain n'entreprît une nouvelle croisade. Ils furent aidés dans ce projet par les lépreux, qui étaient au comble des richesses, et qui, malgré leur maladie honteuse, portèrent le libertinage à un tel degré qu'ils devinrent bientôt des objets de l'exécration publique. Ils ajoutèrent à la scélératesse des Juifs celle de jeter leurs excrémens dans les puits pour communiquer la lépre à ceux qui en boiraient les eaux. La Haute-Guyenne fut empoisonnée par ces moyens combinés. Les coupables ayant avoué leur crime, cent soixante Juifs furent brûlés en 1321, dans une fosse qu'on avait faite dans l'île, à gauche, en sortant de Chinon par le pont qui conduit au faubourg Saint-Jacques. (*Histoire de France et d'Angleterre, et d'après une tradition locale*).

Chinon n'appartint pas toujours aux rois successeurs de Philippe Auguste. Charles V, étant au bois de Vincennes, donna viagèrement, par lettres du 16 mai 1370, le duché de Touraine à Louis I.ᵉʳ de France, son frère, sans excepter le comté de Chinon; il en fut ainsi de Charles VI, qui donna, en 1386, à Louis son frère, le même duché, avec les comtés de Blois et de Beaumont-sur-Oise. (*Le père Martene; Trésor des anecdoctes, tom. 1.*) En France, sous les rois de la première et de la seconde race, le droit de primogéniture était inconnu. Les domaines étaient à-peu-près partagés entre tous les enfans. On jugea, sous la troisième race, qu'il valait mieux donner aux puînés, des comtés, des duchés, à condition de foi et hommage, et de reversion à la couronne après leur mort à défaut d'hoirs mâles dans eux ou dans leur postérité. Ils n'en étaient pas les souverains ; ils n'avaient que la jouissance annuelle des revenus et de l'utile. Paul-Émile a remarqué que les apanages sont une invention que les rois de France ont rapportée de leurs voyages d'outremer.

Il y avait, avant la Révolution, dans les archives du château d'Azay-le-Rideau, des pièces qui prouvaient que Charles VII, n'étant alors que dauphin, fit pendre *dix-sept vingt quatorze habitans* de cette petite ville aux avant-toits de leurs maisons, qu'il fit brûler après cette expédition, mécontent de ce qu'ils s'étaient rendus précédemment aux Bourguignons. Cette catas-